조영식과 이케다 다이사쿠의
평화 창출 리더십

조영식과 이케다 다이사쿠의
평화 창출 리더십

하영애 편저

올해는 어느 해 보다도 평화 리더십이 중요한 해이다.

몇 해 전부터 시작된 러시아와 우크라이나의 아직 끝나지 않는 전쟁, 자국 우선주의를 표방하며 이민자들을 추방하는 미국 사회, 양안(兩岸)을 사이에 둔 대만과 중국의 위기 관계, 북의 핵무기 개발로 한 치 앞을 알 수 없는 남북한 대치 등. 이러한 국내외적 문제는 일찍이 조영식과 이케다 다이사쿠가 공히 주장했던 전쟁의 폐단과 강한 유엔의 역할을 다시금 요청하게 된다. 전쟁이 없다고 평화스런 것은 아니다. 인간으로서 안전하고 행복하고 보람을 느끼며 자신의 일을 할 수 있는 사회가 올 때 조영식은 평화스런 사회라고 했다. 그는 또 평화는 개선보다 귀하다(Peace is more precious then triumph)고 설파했다.

세계평화운동의 거장 조영식은 교육을 통한 평화운동, 유엔을 통한 평화(Pax UN)을 세계평화의 기치로 세계대학총장회(IAUP)와 밝은사회국제클럽(GCS International)을 창설했으며, 1999 서울 NGO 세계대회와 수많은 국제회의를 개최하고 기조연설을 통해 평화의 당위성과 평화 실천 운동을 강조했다. 특히 미원 조영식은 1981년에 '세계평화의 날(The International Day of Peace)'을 유엔에서 제정하는 데 실질적 역할을 했다. 제3차 대전이 일어날 70년대 말의 상황에서 미소 양국으로 하여금 대화와 타협과 협력을 이끌어내어 세계평화 창출에 리더십을 발휘하는 커다란 족적을 남겼다. 그러나 그가 평생동안 그토록 그리워하던 남북통일을 못 본 채 2012년 타계했다.

일본 소카대학의 설립자 겸 국제창가학회(SGI) 회장 이케다 다이사쿠는 토인비, 주은래, 고르바쵸프, 조문부를 비롯한 세계의 저명한 학자와 종교인, 정치인들과 평화, 교육, 문화, 종교 등 다양한 주제로 1대 1 대화를 나누었다. 그 내용을 저서로 출판하여 세계의 독자들에게 폭넓게 읽혔다. 또한 전쟁과 원수폭의 참혹함에 대한 국내외의 수많은 전시회를 통해 세계인들에게 평화의 중요성을 일깨운 리더십을 발휘했다. 평화, 인간, 교육과 불교를 평생 중요시했던 이케다 회장도 2023년 우리 곁을 떠났다.

이러한 의미에서 두 분의 평화 창출 리더십은 앞으로 더욱 필요하다. 조영식의 평화 창출 리더십은 2024년 그 빛을 발하기 시작했다. 경희대학교 미주 동문들의 요청으로 학교법인 경희학원이 조영식의 호를 따서, 미원 평화상(Miwon Peace Prize)를 제정했으며 11월에 시상식을 가졌다. 첫 수상단체는 만델라 대통령이 창립한 The Elders 이며 본상 트로피 외에 부상으로 미화 20만 불이 지급되었다. 미원 평화상은 지속적으로 추진된다. 또한 이케다 다이사쿠 탄생 100주년에 즈음해서는 연구회의 문집 발간 외에도 세계 각국에서 그의 다양한 평화 활동을 조명할 것이다.

특히 이번 연구회 총서 제4권에 실은 일본 소카대학교 다시로 야스노리 이사장님의 글은 이케다 다이사쿠와 조영식을 이해하는 데 커다란 지침이 되리라고 생각한다. 이를 비롯해 이 책은 다음과 같은 주제를 다룬다.

제1부는 조영식과 이케다 다이사쿠의 만남의 역사와 의의(제1장) 그리고 평화를 키워드로 한 사상적 비교(제2장 및 제3장)를 주제로 한다. 3명의 저자들은 역사적 만남 과정에 직접 참여했거나 두 사람의 사상과 깊이 관련되는 분야를 연구해 왔으며 일본과 한국의 고등교육과 학계에 헌신적으로 이바지해 온 사회 지도자이다.

제2부는 조영식과 관련된 주제를 조명한다. 그가 심혈을 기울여 추진한 사회운동인 밝은사회운동의 원리와 의의(제4장), 생애에 걸친 도전과 성과(제5장), 부인 오정명 여사의 리더십(제6장), 그리고 그가 지도자 중의 지도자 육성을 위해 설립한 평화복지대학원에서의 배움과 평화 여정(제7장)이다. 모두 조영식과 직접 인연을 맺은 저자들이다.

제3부는 이케다 다이사쿠와 관련된 주제를 조명한다. 그의 심층적인 평화이념의 구조와 과정, 실천의 체계적 이해(제8장), 이케다가 추진한 가치창조 교육인 창가교육의 원류와 원리 그리고 전개(제9장 및 제10장)를 다룬다. 이케다에 대한 연구가 특히 세계적으로 확산하고 있는 상황에서 이 논문들은 국내적 논의를 발전시키는 중요한 의의가 있다고 할 수 있다.

마지막으로 제4부는 연구회의 젊은 펠로우에 의한 우수 연구논문을 게재한다. 연구회에서는 2010년부터 매년 세계평화와 정의를 위한 활동 경험이나 의욕을 가진 대학생·대학원생 펠로우를 선발하고 있으며, 능력과 비전을 겸비한 훌륭한 인재가 이에 지원하고 있다. 이들의 육성 활동의 일환으로서 연구자나 사회 지도자의 원고와 함께 우수논문을 총서에 싣고 있다.

조영식과 이케다 다이사쿠는 삶의 의미, 의식 변화, 올바른 행위 등에 관한 심오한 철학을 바탕으로 우리 인류가 나아가야 하는 세계평화의 길을 제시했다. 이를 교육과 사회운동의 측면에서 특히 앞장서서 실천했으며 국가, 사회, 일상생활 각 차원의 협력과 대화, 변화를 위해 폭 넓게 헌신해 왔다.

두 사람이 남긴 것은 단순한 학문적 평화 이론에 제한되지 않을 것이다. 평화를 진정으로 구현하기 위한 철학과 지혜, 인격적 의지와 열정 그리고 수많은 사람이 동참한 변혁의 역사 등이 이에 포함될 것이다. 이 책의 제목인 '평화 창출 리더십'은 이러한 범위와 의미를 담고 있다. 이 책은 두 사람과 시대를 함께한 우리가 그들을 이해하고 계승하기 위한 장기적이고 다각적인 노력의 일부라고 할 수 있다.

2025년 5월
저자 대표 하영애 씀

미래를 밝히는 영지(英知) 빛나는 '평화포럼'의 개최를 진심으로 축하드립니다.

영광스럽게도 귀 대학으로부터 명예 철학박사 학위를 배수(拜受)한 지 25주년이 되었습니다. 귀 대학 선생님들의 변함없는 우정과 각별한 배려에 진심으로 감사드립니다.

25년 전, 잊을 수 없는 귀 대학 예방(禮訪)의 때에 조영식 박사님께서 하신 말씀은 아직도 제 마음에 깊이 새겨져 있습니다. 박사님은 동아시아의 새 시대를 전망하면서 학술, 문화 교류의 중요성을 강조하셨습니다.

그리고 "민주적인 사고로 문화세계를 만들지 않겠습니까! 미움과 살상의 과거를 되풀이하지 말고, 서로 함께 진정한 민주평화의 세계를 만들어 갑시다"라고 호소하셨습니다.

진정으로 문화는 어떤 야만성에도 굴하지 않고, 세계의 마음과 마음을 연결하는 인간의 길, 혼의 길 그리고 평화의 길입니다.

전 세계적으로 시련이 계속되는 지금이야말로 동아시아는 물론 더 넓은 지역에서 조 박사님께서 구현하신 '문화세계의 창조'를 지향하여 더욱 힘을 모아야 할 때입니다.

이번 포럼에서는 '평화와 문화의 21세기'라는 주제를 다루고 있습니다.

이는 바로 조영식 박사님의 이념과 사상을 계승하고 발전시켜 큰 희망의 광원이 될 것이기에, 진심으로 경의를 표합니다.

본 포럼의 성공과 참가하신 선생님들의 더한층의 건승과 활약을 진심으로 기원합니다.

이케다 다이사쿠*

---

* 이 메시지는 2023년 5월 13일 경희대에서 개최된 〈조영식 · 이케다 다이사쿠 평화포럼 2023〉을 기념하여 이케다 SGI 회장이 보낸 전언입니다.

■ 목차

제2부__ 평화를 위한 조영식의 리더십과 도전

제3부 __ 평화를 위한 이케다 다이사쿠의 리더십과 도전

제4부__ 연구회 펠로우 연구논문

제1부

—

전환적 시대에 만난
조영식과 이케다 다이사쿠:
역사와 비교

제1장

조영식 박사님과 이케다 선생님의 '천년지기 우정'을 통해 배운다*

다시로 야스노리
소카대학교 이사장

Ⅰ. 머리말

여러분 안녕하세요. 소카대학교 이사장 다시로입니다. 오늘은 본교 창립자 이케다 다이사쿠 선생님의 경희대학교 명예 철학 박사 학위 수여 25주년을 기념하는 포럼에 초대해 주셔서 진심으로 감사드립니다. 오늘은 시대를 대표하는 위대한 교육자이자 평화 활동가인 경희대 창립자 조영식 박사님과 본교 창립자 이케다 다이사쿠 선생님이 이어오신 우정을 '조영식 박사님과 이케다 다이사쿠 선생님의 천년지기 우정을 통해 배운다'라는 제목으로 조명해 보고자 합니다. 두 분이 '우정을 쌓게 된 요인'을 시작으로, '우정의 계기와 발전 과정' '우정의 계승' 순으로 말씀드리겠습니다.

---

* 〈조영식 · 이케다 다이사쿠 평화포럼 2023〉의 기조연설 원고를 보완한 것임.

II. 두 분의 프로필

경희대학교 창립자 조영식 박사님은 1921년에 평안북도에서 태어나, 제 2차 세계 대전 때는 학도병으로 일본군에 강제 징집되었고, 항일운동을 하다 투옥되는 전쟁의 고통을 경험하셨습니다. 이후, 서울대학교를 졸업한 뒤 1951년에 경희대의 전신인 신흥대학교를 창립, 1960년에는 현재 경희대학교로 개명하여 교육자로서 활약하셨습니다. 박사님은 생애 유엔주의를 관철하며 세계 평화 활동에 앞장서셨으며, 1981년 유엔 총회에서는 박사님의 제창으로 매년 9월 셋째 주 화요일이 '세계 평화의 날'로 제정되었습니다. 또한 세계 대학 총장 회의 회장을 역임하는 등, 전 세계 교육 발전에도 공헌하며 '밝은 사회 운동' '세계 평화 운동' '윤리와 인간성을 회복하는 제2 르네상스 운동'을 추진하셨습니다. 그리고 2012년 2월, 많은 사람의 애도 속에 존귀한 생애를 마치셨습니다.

한편 이케다 다이사쿠 선생님은 1928년 도쿄에서 태어나셨습니다. 큰형은 전쟁으로 돌아가시고 집도 공습으로 불탔습니다. 선생님은 비록 소년이었지만, 형을 앗아가고 부모님에게 슬픔을 안겨준 전쟁과 권력자들에게 분노를 느끼셨습니다. 그리고 전쟁 중에 군국주의에 저항하다 2년간 감옥 생활을 하신 도다 조세이 선생님을 만나 그 인격에 감응해 제자가 됩니다. 도다 선생님은 함께 군국주의에 저항하다 감옥에서 돌아가신 위대한 교육자이자 창가교육의 아버지인 마키구치 쓰네사부로 선생님의 유지를 받들어 창가교육의 학교를 만들겠다고 염원하지만, 전쟁 이후 혼란기이던 시대 상황상 그 꿈을 이케다 선생님께 의탁합니다.

이케다 선생님은 현재 국제 창가학회 회장으로서 세계 192개국에서 평화, 문화, 교육 활동을 펼치고 있으며, 소카대학교, 미국 소카대학교, 소카학원 등을 비롯해 민주 음악협회와 도쿄 후지 미술관과 같은 문화기관을 창립하셨습니다. 또한 95세도 평화제언 등을 활발하게 발표하고 계십니다.

두 분은 전쟁이라는 비참한 환경에서 청춘 시절을 보내면서, 평화와 인류의 행복에 대한 강한 결의를 하게 됩니다. 그리고 교육을 통해 시대와 사회를 더욱 좋은 방향으로 전환하고자 그 생애를 바치십니다.

Ⅲ. 우정을 쌓게 된 요인

먼저 두 분이 우정을 쌓게 된 요인에 대해 살펴보겠습니다. 우선 두 분은 '공통 이념과 가치관'을 지니셨습니다. 두 분의 교육철학을 종교적 배경에서 보면, 조영식 박사님은 기독교를 근간으로 독자적 이상을 내건 인간 중심주의 사상인 오토피아 사상이고, 이케다 선생님은 불교를 근간으로 한 가치창조 사상입니다. 모두 '인간교육' '세계 시민교육' '전인교육'을 통해 세계 평화와 문화 창조에 공헌할 수 있는 인재육성을 목표로 합니다.

다음으로 두 분이 크게 공감하게 된 결정적 요인은 이상을 위해 대학을 설립한 창립자였다는 점입니다. '대학 설립의 고생은 창립자만이 안다'란 두 분 모두 하신 말씀입니다. 두 분은 교육이 인간의 가능성을 끌어내고 사회를 더 좋은 방향으로 인도한다는 신념으로 교육의 중요성을 외치셨습니다. 또한 교육의 목적과 사명은 인류의 행복과 세계 평화에 공헌하는 인재를 배출하는 데 있으며, 따라서 교육은 인류의 성업이라는 신념을 관철하셨습니다. 경희대의 건학 정신은 '문화세계 창조'로, '창의적 정신' '진취적 기상' '건설적 협동'을 정신으로 삼고 있습니다.

한편 이케다 선생님이 내건 소카대의 세 가지 건학 정신은 '인간교육의 최고 학부가 되어라' '새로운 대문화 건설의 요람이 되어라' '인류의 평화를 지키는 요새가 되어라'이며, 이는 '창조적 세계시민' 육성을 목적으로 합니다.

두 대학의 건학 정신에는 큰 공통점이 있습니다. 두 분이 창립자로서 학생을 소중히 여기는 '학생 중심의 대학' 건설에 힘써 오셨다는 점입니다. 두 분은 학생들에게 젊은 창립자로서 함께 대학 건설의 주체자가 되자고 격려하며, '타인의 희생 위에 자신의 행복을 구축하지 말아야 한다'는 정신을 함양시켜 주셨습니다. 그리고 자신의 성장과 더불어 타인의 행복을 생각하며, 국제적인 시야로 세계 평화 실현을 위해 리더십을 발휘하기를 기대하셨습니다.

다음은 '평화를 위한 과감한 행동'입니다. 유엔주의를 중요하게 생각하던 조영식 박사님은 냉전 하에 있던 1981년, 코스타리카에서 열린 세계 대학 총장 회의에서 유엔의 '세계 평화의 날'과 '평화의 해' 제정을 제창하셨습니다. 그리고 이를 실현하여 세계 평화의 지도자로서 '냉전 종식'의 흐름을 가속한 사실은 역사의 위업으로 빛나고 있습니다. 유엔의 정신을 표방한 디자인의 경희대학교 휘장에는 박사님의 사상이 고스란히 담겨 있습니다. 한편 이케다 선생님도 매년 SGI의 날을 기념해 평화 제언을 발표하여 유엔 주도의 세계 평화 구축을 일관되게 주창하며, 핵무기 폐기를 위한 전시 및 세계 지성인과의 대담집 등 출판 사업, 세계 각지 자원봉사 활동, 유엔 기관과 연계한 SDGs 추진 등을 지구촌 규모로 전개하고 있습니다. 또한 평화 추진을 위한 학술기관도 창립하셨습니다.

다음으로 두 분은 '공통된 역사 인식'을 갖고 계십니다. 이케다 선생님은 조영식 박사님과 회견하실 때 양국의 과거 역사에 대해 일본이 한국에 만행을 저지른 일을 깊이 사죄하며, 한국은 일본에 '문화 대은의 나라'라는 입장을 일관되게 취하셨습니다. 조영식 박사님은 본교 학생들에게 하신 강연에서 "서구의 시대가 가고 지금부터는 동북아의 시대입니다. 바야흐로 지구촌

공동 시대가 다가오고 있습니다. 이러한 때에 과거만 운운해서야 되겠습니까. 일본과 한국은 하나가 되어야 합니다"라고 과거의 역사를 극복하고 새로운 시대를 향해 함께 '지구 공동체'를 구축해가야 하는 중요성을 호소하며, 학생들에게 기대를 보내셨습니다.

지금까지 말씀드린 대로 두 분이 우정을 쌓아온 요인에는 공통 이념과 가치관, 대학의 건학 정신, 학생 중심의 대학 건설, 평화를 위한 과감한 행동, 미래 지향적인 역사관이 있었습니다.

Ⅳ. 만남과 우정의 발전 과정

지금부터는 두 분의 우정과 그 발전 과정에 관해 말씀드리겠습니다. 두 분의 우정은 1997년 7월, 조영식 박사님의 서한을 들고 일본을 방문한 경희대 공영일 전 총장과의 만남에서 시작되었습니다. 서한에서 조영식 박사님은 이케다 선생님께 "우리는 인류의 미래에 대한 공통 비전과 사상을 갖고 있습니다"라고 하시며, 이케다 선생님과 회견을 강하게 희망하셨습니다. 또한 경희대 창립자로서 소카대와의 교류를 제안하셨습니다.

이케다 선생님은 당시 다른 일정이 있었지만, 이를 변경해 공영일 전 총장 일행과 회견하셨습니다. 회견은 무려 3시간에 달했고, 이케다 선생님은 한국에 대한 절실한 마음을 말씀하셨습니다. 저도 그 자리에 함께 있었는데, 대단히 감동했던 기억이 있습니다.

공 전 총장은 이케다 선생님께 "두 분의 창립자가 손을 잡고 두 대학의 교류를 추진한다면 한국과 일본의 양국 우호에 공헌하는 일이 됩니다"라고 말씀하셨습니다.

그해 9월, 소카대 오카야스 이사장과 고무로 총장 일행이 경희대를 방문해 이케다 선생님이 조영식 박사님을 위해 쓰신 장편시 '새로운 천년의 여명, 경희대 창립자 조영식 박사님께 드린다'를 공 전 총장에게 건넸습니다. 그 자리에서 통역이 시를 낭독했습니다.

그때 조영식 박사님이 소카대 방문 의사와 함께 이케다 선생님을 경희대에 초청하고 싶다는 뜻을 밝히셨고, 두 대학의 교류 협정이 체결되었습니다. 경희대는 소카대의 한국 첫 교류 대학이 되었습니다.

조영식 박사님과 이케다 선생님은 세 번 만나셨습니다. 첫 만남은 1997년 11월 가을, 소카대 이케다 기념강당에서 개최된 대학 축제에 두 분이 참석하시면서 실현되었습니다. 이케다 선생님은 '형님의 대학에서 아우의 대학에 잘 오셨습니다'라며 조영식 박사님을 환영하셨습니다.

석상에서 조영식 박사님께 소카대학교 '명예 박사 학위'가 수여되었습니다. 박사님은 답사에서 "한국과 일본은 하나입니다. 함께 인간 사회의 새로운 시대를 개척해갑시다"라고 말씀하셨습니다.

이케다 선생님은 축사에서 "'문화 대은인의 나라'인 한국을 상찬하며, 인간교육을 근간으로 새로운 한일 우호의 길을 열어가고 싶다"고 말씀하셨습니다. 두 분은 교육 교류를 통해 양국의 우호를 더욱 굳건히 해가자고 말씀하신 것입니다.

그때 조영식 박사님이 소카대 학생에게 해 주신 말씀을 잊을 수 없습니다. "여러분의 모습으로 21세기를 열어가 주십시오. 인간 중심 주의로 '밝은 사회'를 만들어가 주십시오" "여러분이 하나가 되어 미래의 위대한 지도자가 되어 주십시오" 과거의 역사를 극복하고 새로운 시대를 향해 힘을 모아 '지구 공동체'를 함께 구축해 가야 한다고, 조영식 박사님은 학생들에게 기대하신 것입니다. 마지막에는 이렇게도 말씀하셨습니다. "우리 미래는 주어지는 것이 아닙니다. 우리가 만들어가는 것입니다. 우리 마음으로 미래를 개척해가는 것입니다" 이 말씀은 참석한 학생은 물론, 저희 교직원에게도 얼마나 큰 시사점과 촉발 그리고 용기를 주었는지 모릅니다.

두 분이 참석하신 대학 축제에서 본 잊을 수 없는 장면이 있습니다. 그것은 한국과 일본의 학생이 손을 맞잡고 어깨동무를 한 채 조영식 박사님이 작사하신 '평화의 노래'를 합창하던 장면입니다. 한일의 청년이 "인간이 전쟁을 정복할 수 없다면/ 전쟁이 인간을 정복할 것이다" "두 손을 높이 올려 굳게 맹세하자/ 그대와 나 모두 함께 나아가/ 평화를 이룩하자" "모든 인류가 일어서 합창하자"라는 가사의 노래였습니다. 한일 청년의 마음이 하나가 된 우정의 무대를 보고 두 분은 자리에서 일어나 큰 갈채를 보내며 포옹으로 기쁨을 표현하셨습니다. 정말 감동적이고 역사적인 장면이었습니다. 창립자 간에, 학생들 간에 하나가 되어 평화를 향해 새롭게 맹세하는 순간이었습니다. 그날 참석한 한국인 학생은 "이케다 선생님과 조영식 박사님과의 만남은 대립에서 공생으로 향하는 새로운 한일 관계를 상징하는 듯합니다"라고 소감을 말했습니다. 이러한 두 분의 '천년지기 우정'의 모습은 참석자들에게 감동을 선사했습니다. 조영식 박사님 또한 학생들 모습에 감동하셨고, 행사가 끝난 뒤 강당을 떠날 때 박사님의 사모님도 감동의 눈물을 흘리셨습니다. 그 뒤, 이케다 선생님의 제안으로 캠퍼스에 박사님 부부의 벚나무 기념식수가 이루어졌습니다. 박사님께서 그 자리에서 '르네상스의 나무'라고 명명하신 모습도 인상적이었습니다.

두 분의 두 번째 만남은 1998년 5월 16일, 경희대로 장소가 옮겨갑니다. 이케다 선생님이 경희대에서 일본인 최초로 '명예 철학 박사 학위'를 받게 되어 초청되었습니다. 이는 경희대가 이케다 선생님의 '세계 평화를 위한 헌신적인 노력'과 '한국 문화와 역사에 대한 깊은 통찰로 한일 우호에 기여한 공로'를 높이 평가하여 수여하는 것이었습니다. 장중한 행진으로 시작해 조영식 박사님의 선도로 이케다 선생님이 입장. 경희대 취주악단의 멋진 연주로 수여식이 시작되었습니다.

이케다 선생님의 경희대학교 명예 철학 박사 학위 수여식에서 조영식 박사님은 다음과 같이 말씀하셨습니다. "오늘 수여식의 의의는 단순한 명예 학위기 수여가 아닙니다. 두 대학이 하나의 가족이 되고, 나아가 한일의 두 나라가 우호의 신시대를 열어가는 계기가 되기를 바랍니다" "증오를 극복하고 참된 민주주의, 문화세계를 함께 만들어 갑시다"

한국은 '문화 대은의 나라'라고 말씀하신 이케다 선생님과 두 나라가 미래 지향적으로 가족이 되기를 바라신 조영식 박사님의 역사관이 일치한다는 것을 알 수 있는 장면입니다.

두 분의 세 번째 만남은 1999년 5월, 이케다 선생님이 국립 제주대학교의 '명예 문학 박사 학위'를 받기 위해 한국을 방문하셨을 때입니다. 그때 조영식 박사님은 경희대 창립 50주년 기념행사가 한창인 와중에도 이케다 선생님을 축하하러 사모님과 함께 서울에서 제주대로 달려오셨습니다. 경희대에 이어 한국 대학에서 두 번째 학술 칭호인 수여식에서 조영식 박사님은 축사를 통해 "양국은 신시대를 열기 위해, 미래 지향적인 입장에 서서 우호를 증진해야 합니다" 하고 강조하셨습니다. '천년지기의 우정'을 엿보는 듯했습니다.

V. 두 대학의 교류 및 발전

두 분이 구축하신 두 대학 간의 교류도 '형제'지간이 되어 교환학생이나 학술회의 등의 교육 교류, 연구 교류 그리고 음악, 스포츠를 통한 문화 교류

등을 거듭해 올해로 25주년이 되었습니다. 지금까지 교환유학 프로그램을 통해 본교에서 43명, 경희대에서 28명의 학생이 유학하였고, 200명에 달하는 학생이 양국의 캠퍼스에서 단기연수를 했습니다. 1998년 12월에는 경희대 평화복지대학원 학생 20명이 소카대에서 연수를 받으며 교류했습니다. 그 환영 모임 때는 이케다 선생님이 참석하시어 연수생과 어깨동무를 하고 함께 '아리랑'을 합창한 흐뭇한 장면도 참석자에게 소중한 추억이 되었습니다. 1999년 11월에는 이케다 선생님의 제안으로 경희대 심포닉 밴드 100명과 소카대 취주악부의 합동 연주회가 '한일 학생 우호 음악제'라는 이름으로 소카대에서 개최되었습니다. 당시는 경희대가 소카대보다 훨씬 더 실력이 뛰어났습니다. 소카대도 그때부터 실력을 길러 작년에는 일본 최고상을 받기도 했습니다. 경희대에서는 공 전 총장 일행이 소카대에서는 이케다 선생님과 해외 내빈이 함께 참석하셨습니다. 경희대 창립 50주년, 소카대 창립 30주년을 기념한 이 연주회에서는 두 창립자가 작사한 곡도 선보이며 성대한 음악회가 되었습니다.

연주에 참여한 경희대 학생의 "사람 간에 마음의 교류가 얼마나 대단한지 배웠습니다. 두 대학은 세계 평화라는 같은 이상을 향해 나아가고 있습니다. '평화와 문화의 시대'가 도래했습니다. 저희 학생이 위대한 우호의 시대를 개척해 가겠습니다"라는 소감이 매우 인상적이었습니다. 한일의 청년과 청년이 마음을 합해 하모니를 이룬 아름다운 우정의 무대에서 두 창립자가 꿈에 그리던 '한일 신시대' 미래의 소리가 들려왔습니다.

조영식 박사님이 작사하신 경희대 교가에는 "인류 위해 일하고, 평화 위해 싸우세, 문화복리 건설은 우리의 사명"이라는 구절이 있습니다. 소카대 학생가에는 "누구를 위해 인간의 길 배우는가, 누구를 위해 평화의 요새 구축하는가"라고 있습니다. 모두 평화와 문화 창조에 대한 창립자의 마음이 녹아 있는 내용입니다. 언제까지나 두 창립자의 정신을 차세대 청년이 올바르게 계승하는 것이 중요하다고 생각합니다.

VI. 두 분의 우정의 계승

두 대학은 형님의 대학과 아우의 대학으로서, 두 분의 우정과 정신을 계승해 세계 평화와 문화 발전에 공헌하는 리더를 육성하고 배출해야 합니다. 두 분의 자세와 용기 있는 행동을 배우고, 두 분의 삶을 계승하는 일은 저희, 아니 인류에 매우 중요하고 의의 깊은 일입니다.

또한 두 분은 인간주의의 정신을 소중히 여기고, 인간의 존엄을 지키며, 인간성을 추구하는 것이 중요하다고 말씀하셨습니다. 그리고 청년들에게 교육을 통해 인간성을 고양하고 인류에 공헌하는 지도자가 되기를 기대하고 있습니다. 그러기 위해서라도 두 대학의 학생, 졸업생들은 두 분의 정신을 올바르게 계승해 미래 지향적인 시야를 갖고 세계 평화를 위해 적극적으로 활동해야 합니다.

VII. 마무리

두 분은 평화를 지향하기 때문에 '교육'과 '문화'가 중요하다는 공통 인식을 갖고 있으며, 경희대의 '문화세계 창조'와 소카대의 '가치창조'의 철학으로 세계 평화와 새로운 문화 창조를 향해 새로운 조류를 일으켜 갈 수 있다고 강조하시고 있습니다. 오늘 강연에서는 두 분의 숭고한 철학을 바탕으로 한 인재육성과 세계 평화에 대한 일부분을 소개해 드렸습니다. 두 분의 뜻을 계승해 세계 평화와 인류에 공헌하는 인재를 육성하는 일은 두 대학의 사명이자 인류의 미래를 짊어질 청년들의 사명이기도 합니다. 조영식 박사님께 배운 숭고한 '평화주의' '인간주의' 정신이 늘 저희 소카대에 살아 숨쉬고 영원히 그 빛을 발해갈 수 있도록 최선을 다해갈 결심입니다.

끝으로 이케다 선생님께서 조영식 박사님께 바치신 '새로운 천년의 여명'의 한 구절을 소개해 드리며 인사를 마치겠습니다.

형님인 경희대학교, 아우인 소카대학교
자, 우리는 신의와 우정의 유대를 굳건히
'전쟁과 폭력의 세기'에서
'인간과 생명 존엄의 세기'로
제2의 르네상스를 우러르며
함께 다 함께
새로운 천년의 여명을
맹렬한 기세로 열어 나아가리

경청해 주셔서 감사합니다.

○

제2장

평화추구의 사상과 실천[*]

김수갑
전 충북대학교 총장
충북대학교 법학전문대학원

I. 처음에

충북대학교 법학전문대학원의 김수갑입니다. 먼저 많이 부족한 저에게 귀한 평화포럼에 기조연설의 기회를 주신 점에 대하여 감사를 드립니다. 한편으로는 영광으로 생각하면서도 한편으로는 두 분의 선각자의 사상과 실천을 제대로 전달할 수 있을까 하는 두려운 마음도 가지고 있습니다.

국내적으로는 물론 지구상 곳곳에서 갈등과 분열 현상이 늘 항존하고 있는 것이 작금의 현실입니다. 국제적으로는 러시아 · 우크라이나 전쟁, 이스라엘과 팔레스타인 및 이란 전쟁 등 갈등이 계속되고 있고, 국내적으로는 정치적, 경제적 영역 등에서 양극화 현상도 심한 상황입니다. 그 어느 때보다도 평화의 리더십과 대화가 필요한 시점이라고 생각합니다.

---

[*] 〈조영식 · 이케다 다이사쿠 평화포럼 2024〉의 기조연설 원고를 보완한 것임.

조영식 박사님은 제가 고려대학교에서 문화국가원리로 박사학위논문를 작성할 때, 그분이 쓰신 '문화세계의 창조'를 구해서 읽은 바 있고, 그 이후에도 그분의 세계평화를 위한 사상과 실천을 위한 노력도 익히 알고 존경해 왔습니다. 그분은 교육을 통해 인류사회를 새롭게 건설하고 세계평화를 실현할 수 있다고 믿었으며, 이에 대한 이론적 체계를 수립한 사상가요 운동가였다는 평가를 받고 있습니다.[1]

이케다 다이사쿠 회장님은 그분의 사상과 실천적 노력이 인류사회에 기여한 점을 기려 충북대학교에서 그분에게 400번째 명예박사학위를 수여한 인연이 있습니다. 당시 총장이었던 저는 이를 계기로 이케다 다이사쿠 회장의 평화, 인권, 교육, 문화에 대한 생각과 실천을 접할 수 있었습니다. 불교철학자, 평화운동가, 교육자, 작가 그리고 시인으로 '대화'를 통한 세계평화 증진에 평생을 바쳐 온 이케다 회장의 삶은 곧 창가학회의 역사나 다름없다는 평가를 받고 있습니다.[2]

두 분은 여러 면에서 공통점을 가지고 교류하면서 그들의 사상을 전파하고 더 나아가 실천해 온 사상가요 운동가로서의 생을 살아왔습니다. 우선 두 분은 '공통이념과 가치관'을 지닌 것으로 평가됩니다. 모두 '인간교육', '세계인간교육', '전인교육'을 통해 세계평화와 문화창조에 공헌할 수 있는 인재육성을 목표로 하고 있습니다.[3] 그리고 이러한 이상을 실현하기 위하여 대학을 창립한 점에서 일치합니다. 이하에서 살펴보겠지만, 두 분은 평화를 위한 과감한 실천 운동에서도 공통점을 가지고 있습니다.

---

1 조영식 · 이케다 다이사쿠연구회 편. 2021. 『미원 조영식을 생각한다』. 한국학술정보. p.43.

2 유길용. 2024. "냉전의 벽 허물고 대화의 시대 연 거인의 족적." 『월간중앙』 1월호. p.2.

3 다시로 야스노리. 2023. "조영식 박사님과 이케다 선생님의 '천년지기'를 통해 배운다." 〈조영식 · 이케다 다이사쿠 평화포럼 2023〉 자료집. pp.18-19.

평화, 교육, 문화 등 다방면에 걸친 사상과 실천을 다 살펴보기에는 필자의 능력의 한계가 있습니다. 이 두 분의 사상, 특히 평화를 중심으로 살펴보면서 그분들이 추구해왔던 실천과 발자취를 통하여 세계평화의 길에 대한 지혜를 배우고자 하는 것이 본 발표의 목적이라고 하겠습니다.

II. 평화의 개념

평화는 **소극적**으로 표현하면 '폭력이 없는 상태', 즉 싸움이나 전쟁과 같은 물리적 폭력은 물론 구조적이고 문화적인 폭력도 없는 상태를 말한다. 그러나 이것은 일종의 희망과 기대를 반영하는 사전적인 정의일뿐 인류가 이러한 평화를 실제로 경험해본 적은 없다. 도리어 전쟁은 끊이지 않았고 다양한 폭력에 노출되어왔다. 이론적으로는 '전쟁이 없는 상태'를 상상하면서도 현실에서는 정의의 이름으로 전쟁을 벌이고 정당화하기도 했다. 어찌 보면 이것 역시 평화의 역사라고 할 수 있다.[4] 그러나 힘에 의한 평화가 주류였던 시절에도 공존과 상생을 추구하던 이들은 늘 있었고, 곳곳에서 생명의 조화와 존중을 위해 다각도로 노력했다는 사실은 희망적이었다.[5]

평화를 **적극적**인 개념으로 파악하려고 하는 사람들은 평화개념을 '단순히 전쟁이 없는 상황이 아니라, 정의가 구현된 상황'으로 보려고 한다. "진정

---

4 단순히 전쟁이 없는 상태를 유지하려면 타인으로부터 공격당하지 않기 위한 전쟁 억지력이 반드시 필요하다. 즉, 소극적 평화는 강자가 폭력으로 약자를 억누름으로써 유지되는 평화, 비판적으로 말한다면 평화유지를 명분으로 약자의 저항을 억누르는 폭력(Pax Romana, Pax Americana)이 소극적 평화라고 평가할 수 있다.

5 이찬수 외. 2020. 『세계평화개념사』. 인간사랑. pp.7-8.

한 평화는 단지 긴장이 없는 상태만을 말하는 것이 아니라, 정의가 실현되는 것을 말한다"라고 한 마틴 루터 킹 목사의 견해가 이를 반영한다. 대부분의 종교에서는 평화는 적극적으로 이루어야 하는 목표로 보고 있다.

결론적으로 평화는 좁은 의미로는 '전쟁을 하지 않는 상태'이지만, 평화를 '분쟁과 다툼이 없이 서로 이해하고, 우호적이며, 조화를 이루는 상태'로 이해해야 한다. 이것이 현대 평화학에서 다루려는 평화의 개념이라고 할 수 있다. 이것은 인류가 목표로 하는 가장 완전(完全)한 상태이며, 평화는 적대감과 폭력의 부재에서 사회적 우정과 화합의 개념이다. 신체, 마음, 영혼의 상태로 해석되는 내적 평화나 지구상의 모든 사람들과 국가들 사이에서 행복, 자유, 평화가 보장되고 있는 이상적인 상태로서의 세계평화도 이러한 평화개념 하에서만 가능하다. 조영식 박사와 이케다 다이사쿠 회장의 평화개념도 이러한 적극적 평화개념을 지향하고 있다.

Ⅲ. 평화실현의 핵심요소

1. 반전쟁(反戰)

평화를 소극적으로 보면 '폭력이 없는 상태'이다. 전쟁반대(反戰) 및 비폭력은 당연히 평화실현의 핵심요소가 된다. 실제로 인류의 역사는 거의 전쟁사라 해도 과언이 아니다. 전쟁(戰爭, War)은 국가 혹은 그에 준하는 교전단체 간 무력을 사용하여 충돌하는 현상 또는 행위를 말한다. 전쟁의 기준은 선전포고 여부, 사상자 유무, 교전권 보유 여부 등이 기준이 될 수 있다. 전쟁까지는 아니더라도 갈등과 충돌과 분쟁의 연속인 것은 분명하다. 톨스토이의 '전쟁과 평화'처럼 평화가 전쟁의 반대라면 차라리 쉬운 문제이지만, 인류사에 있어서 평화는 전쟁과 병렬적이거나 대립적인 것만은 아니었고 전쟁도 적절한 이념으로 뒷받침된 적도 많다. '평화로서의 전쟁', '정의로서의 전쟁'이 그 것이며 현대에도 종종 나타나고 있다. 그러나 이러한 전쟁개념을 용인하다 보면 '평화를 원하면 전쟁을 준비하라'는 말처럼 힘에 의한 평화유지를 고착시키는 것을 정당화하게 된다. 따라서 전쟁에 이기적인 관점을 배제하여야 진정한 평화가 확보될 수 있다. 엄격한 의미에서의 '자위전쟁'에 부합되지 않는 어떠한 의미의 전쟁도 평화와 용납되지 않는다.

2. 비폭력

평화를 적극적으로 보면 전쟁 외에 폭력으로부터의 자유도 중요한 요소이다. 폭력은 신체적인 손상을 가져오고, 정신적·심리적인 압박을 가하는 물리적인 강제력을 말한다.[6] 폭력은 물리적인 유형력 행사(구타, 몸싸움 등)뿐 아니라 말로 하는 언어폭력 등이 있다. 이를 예방하고 해소하기 위해 노력도 평화실현의 요소가 된다.

한편 비폭력주의에는 폭력을 사용하지 않는다는 의미도 중요하지만, 저항한다는 불복종한다는 의미가 중요하다. 통상 비폭력주의(Nonviolent resistance)는 권력의 억압이나 폭력 혹은 국가의 옳지 않은 정책이나 법률에 대해 비폭력으로 저항하는 주의를 말한다. 대표적인 인물로 마하트마 간디가 있다. 인도의 독립운동 과정 중에 생긴 불복종·비협력·비폭력의 저항주의를 간디

---

6 법에서는 다른 사람에게 상해를 입히거나, 협박을 하는 등의 행위와 함께 다른 사람을 감금하는 행위, 주거에 침입하는 행위, 기물의 파손 등에 대해서도 폭력으로 표현한다.

주의라 한다.[7] 간디주의는 미국 흑인 해방운동의 지도자였던 마틴 루터 킹의 비폭력의 대중적 시민불복종운동과 티베트 독립 운동을 총지휘하는 달라이 라마 14세의 비폭력주의에도 영향을 준 것으로 이해된다. 하지만 강력한 리더십이 부재할 경우 비폭력주의가 실패하는 경우도 있다. 비폭력주의는 권력은 대중에게서 나오고 대중이 이 권력을 지도층에게 쥐어 주는 것이며, 대중은 지도층이 자신이 주어진 권력을 남용하면 그 권력을 빼앗을 수 있다는 이론이다.

3. 평등

인간의 평등사상은 고대로부터 계승되어 내려온 것으로 그리스 시대의 평등사상은 곧 정의(正義) 관념과 결부되어 있었다. 아리스토텔레스(Aristoteles)는 정의를 일반적 정의와 특수적 정의로 나누고, 특히 사람과 사람 사이의 이해조절의 원리로서 특수적 정의를 평등이라 하고, 이 평등을 평균적 정의(절대적 평등)와 배분적 정의(상대적 평등)로 나눈 것은 매우 유명한 것이다. 대체로 평균적 정의는 모든 인간을 같게 취급하는 것이며, 배분적 정의는 인간의 능력과 공적에 따라 달리 취급하는 것을 말한다. 19세기 이후에는 형식적 평등에 입각한 기회균등 · 자유경쟁 등으로 말미암아 새로운 사회계급이 형성되고 이로 인한 경제적 강자와 약자의 대립은 종래의 형식적 평등관에 대한 근본적인 반성을 촉구하기에 이르렀고, 그 결과 오늘날에는 추상적 · 형식적 평등이 아니라 사회적 · 경제적 원리에 의한 실업 · 빈곤 등을 제

---

7 간디의 사상에는 인도의 평화사상에 등장하는 아힘사(Ahimsa)와 사티아그라하(Satyagraha)개념에 깊히 연결된다. 아힘사는 사랑, 자비, 용서를 포함하는 비폭력을 뜻하고, 사티아그라하는 악행을 저지르는 사람을 강요하거나 처벌하는게 아니라 설득으로 개심(改心)시키는데 목적이 있다.

거하여 모든 국민으로 하여금 인간다운 생활을 가능하게 하는 생존이 요청되고 있다. 즉, 실질적 평등(배분적 정의의 실현)사상이 강조되고, 정치적 평등에서 경제적 평등이 강조되고, 소극적 평등 외에 적극적 평등이 강조되고 있다. 평균적 정의와 배분적 정의의 적절한 균형점을 찾는 것이 평화의 실현에 중요한 요소가 된다고 생각한다.[8]

4. 민주주의

민주주의(Democracy)라는 말도 그리이스어에 그 뿌리를 두고 있다. 민주주의는 민중을 의미하는 'demos'와 지배를 의미하는 cratia(kratos, kratein)가 결합하여 만들어진 합성어이다. 말 그대로 민주주의는 민중의 지배를 특징으로 하는 정치제도인 것이다. '힘에 의한 평화유지'라는 관점이 아니라, '분쟁과 다툼이 없이 서로 이해하고, 우호적이며, 조화를 이루는 상태'를 평화로 이해하는 한 평화실현을 위해서는 어떠한 정치체제보다도 우월성을 가지는 것이 민주주의이다.

군주제와 귀족제의 대립개념으로 민주주의를 주장할 당시에는 민중의 지배라는 것만으로도 민주주의의 특징을 충분히 나타낼 수 있었지만, 민주정치가 보편화되면서부터 민주주의 개념정의는 더욱 다양해졌다. 군주제와 귀족제가 붕괴되면서 '민주주의'라는 말은 마치 '정당성' 또는 '좋은 정치'라는 말과 같은 의미로 생각되면서, 모든 국가, 모든 정부가 민주주의를 표방하게 된 것이며 이것이 민주주의에 대한 이해에 혼란을 가중시킨 원인이 되었다.[9]

주장하는 사람에 따라 다르고 서로 상이한 체제를 가지고 있는 나라에서

---

8 김수갑. 2021. 『기본권론』. 법문사. p.205 이하.
9 장영수. 2012. 『헌법학』(제7판). 홍문사. p.143.

도 공히 민주주의를 주장하는 것처럼 민주주의는 매우 다의적인 개념으로 사용되고 있지만, 헌법의 기본원리로서의 민주주의가 우리의 관심영역이다. 헌법의 기본원리로서의 민주주의는 헌법에 의해 정립되어 우리의 생활현실 속에서 통용될 수 있는 것이어야 한다. 민주주의는 좁은 의미로는 특정한 정치원리로 파악할 수 있다. 정치원리로 파악하는 경우에도 민주주의의 본질을 정치형태 내지 정치방식으로 인식하는 견해와 실현되어야 할 정치적 목적 내지 정치적 내용으로 인식하는 견해 등의 대립이 있다. H. Kelsen은 민주주의의 본질을 특정의 정치형태 내지 정치방식으로 인식하여 국민에 '의한' 정치를 민주주의로 보았다(by the people). 즉, '다수결의 원리'를 민주주의의 본질로 이해한다. 정치형태로서의 민주주의의 공통분모로는 국민에 의한 국민의 지배, 다수결원칙, 정치과정의 자유와 공개성이 강조된다. 민주주의의 내용이나 이념보다도 정치형태 내지 정치방식을 강조하다보니(형식적 민주주의, 가치상대주의), 국민에 의한 통치이면 이념을 묻지 않고 정당화될 수 있는 위험성이 있다. 다수(다수결)의 독재의 위험성도 무시할 수 없다. M. Adler는 민주주의를 실현되어야 할 정치적 목적 또는 내용으로 파악하여 국민을 '위한' 정치가 민주주의라고 주장하였다(for the people). 무엇을 민주주의의 이념으로 규정하느냐에 대해서는 자유라고 보는 견해(자유민주주의)와 평등이라고 보는 견해(사회민주주의)의 대립이 있다. 민주주의의 본질로 정치이념 내지 목적을 강조하다보면 특정한 이념 또는 목적을 실현하기 위하여 필요한 경우에는 어떠한 수단과 방법이 동원될지라도 그것을 민주정치로 정당화할 위험성이 있다. 즉, 이러한 이념을 실현하는 경우에는 폭력적·자의적 지배일지라도 민주주의라는 이름으로 정당화될 수 있는 위험성을 지닌다.

정치방식과 정치이념을 동시 조화적으로 구현하는 형태가 이상적이라 할 수 있다. 즉, 국민에 의한 통치를 그 수단과 방법으로 하면서도 인류사회의 보편적 가치(자유, 평등 등)를 실현하는 것이 그것이다. 그러나 양자의 동시적 실현이 곤란할 때는 양자택일이 불가피한 경우도 있다. 이 경우 정치형태로 인식하는 쪽에 비중을 두는 입장을 취하는 견해는 '위험을 내포한 최선보다는 위험이 없는 차선이 안전하다'는 것을 논거로 든다.[10] 그러나 형태를 중시하는 민주주의론도 그 위험성을 무시하지 못하므로(Kelsen의 가치상대주의적 민주주의론), 일정한 한계 또한 인정되어야 한다(가치구속적 민주주의, 방어적 민주주의). 국민주권의 이념, 자유의 이념, 평등의 이념, 정의의 이념 등 민주주의의 보편적 가치를 존중하는 방식이 중요하다.

현대에는 대의제(representative)를 기반으로 한 의사결정구조를 가지고 있지만, 대의제의 한계가 현대사회에서 더욱 두드러졌고 특히 동성애, 낙태, 환경문제 등 대표자들에게 모든 것을 맡길 수 없다는 사회문제들이 난무하면서 그 대안적 기제의 필요성이 증가하게 되었다. 이러한 상황에서 자유롭고 평등한 시민들 간의 이성적 토론을 통해 집단적으로 결정을 내리는 토의민주주의이론이 등장하였다(하버마스). 선출된 권력자에게 모든 것을 맡기는 형태인 위임민주주의에 반대되는 말이다. 토의민주주의는 대의제 한계를 대의제의 포기가 아닌 대의제의 보완이라는 점에서 찾으려고 한다.

민주주의가 성공하고 정착하기 위해서는 국민의 정치참여를 보장하는 제도적 장치를 보장하는 것과 모든 국민이 일정한 윤리적, 도덕적 생활철학을 실천할 수 있어야 한다. 관용, 박애, 책임감, 타협정신, 공공의식 등이 필요하다('민주시민 없는 곳에 민주주의 없다').

---

10 권영성. 2010. 『헌법학원론』. 법문사. p.155.

5. 통일

특히 우리나라와 같은 분단국가에서는 궁극적인 평화를 확보하는 길은 영구분단이 아니라, 통일이다.

IV. 평화의 실현방안

1. 이케다 다이사쿠 회장의 사상과 실천

1) 교육철학

불교를 근간으로 한 가치창조사상, 인간교육, 세계시민교육, 전인교육을 통해 세계평화와 문화창조에 공헌할 수 있는 인재육성을 목표로 한다. 교육이 인간의 가능성을 끌어내고 사회를 더 좋은 방향으로 인도한다는 신념으로 교육의 중요성을 강조하고 교육의 목적과 사명은 인류의 행복과 세계평화에 공헌하는 인재를 배출하는데 있다고 보고 있다. '교육의 승리가 인간의 승리'라고 믿는 이케다 회장에게서 창가교육의 목적은 개인의 이익을 도모하는 엘리트 양성의 도구와 거리가 멀다. '인류에 대한 사랑', '평화를 위한 헌신'이라는 이상을 실현해 정의롭고 평화로운 세계사회를 창조하는 시민육성이야말로 이케다 교육이상의 중심인 것이다.[11] 그가 설립한 소카대학은 ① 인간교육의 최고학부가 되어라, ② 새로운 대문화건설의 요람이 되어라, ③ 인류의 평화를 지키는 요새가 되어라라는 건학정신을 표명하면서 창조적 세계시민육성을 목적으로 하고 있다.

---

11 『월간중앙』. 2024. 1월호. p.16.

2) 평화를 위한 사상과 과감한 실천

이케다 회장은 매년 SGI의 날을 기념해 평화제언을 발표하여, 유엔주도의 세계평화구축을 일관되게 주창하며, 핵무기 폐기를 위한 전시 및 세계지성인과의 대담집 등의 출판사업, 세계각지 자원봉사활동, 유엔기관과 연계한 SDGs추진등을 지구촌 규모로 전개하고, 평화추진을 위한 학술기관을 창립하였다. 1998년에는 '핵 폐기 2000'이라는 국제적 서명운동을 이끌어 1300만 명의 서명이 담긴 탄원서를 유엔에 제출한 바 있다.

핵무기 없는 세계 실현을 위한 근본적인 대책은 창가학회 도다 조세이 제2대 회장이 이미 1957년 9월 8일 '원·수폭금지선언'을 발표해 핵무기를 절대악으로 지탄하며 제시되었다.[12] 이케다는 도다 선생의 유훈을 실천으로 발전시켰다. 도다는 1957년 9월 8일 요코야마의 마쓰자와 경기장에서 있었던 젊은이의 제전의 폐회식에서 원자폭탄·수소폭탄금지선언을 발표하였다. 당시는 미·소양국을 중심으로 하는 동서냉전이 치열했고 핵무기확충경쟁이 본격화되어 핵무기의 개발과 보유를 정당화하는 '핵억지론'이 거론되던 시대였다. 즉 자기진영의 핵실험은 용인하지만, 상대진영의 핵실험에 대해서는 반대하는 등 제멋대로의 논리가 판을 치는 상황이었다. 이런 상황에서 도다는 '핵무기 사용의 절대적 반대'를 주장하였으며 원자폭탄을 사용한 자는 "모두 사형에 처해야 한다"는 강한 표현을 썼다. 핵은 잘못하면 전 인류, 아니 전 지구를 파멸시킬 무기이기 때문에 자기 나라의 방어를 위한 게임에 핵무기를 사용해서는 안 된다는 것이다. 1955년 버트란트 러셀과 아인슈타인 등 세계적인 과학자 11인이 공동으로 '러셀·아인슈타인선언'을 발

---

12 이케다 다이사쿠. 2020. "핵 없는 세계를 위한 이케다 다이사쿠의 비핵 제언." 월간중앙 편. 『이케다 다이사쿠 칼럼집: 내가 만난 세계 명사들』. 서울: 중앙일보 플러스. p. 306.

표하여 핵무기의 위협과 전쟁의 포기를 호소했다.

이케다 선생은 도다의 유훈을 깊이 새겨 러셀·아인슈타인선언의 공동발표자였던 폴링, 로트 블랫 두 사람의 과학자와 각각 대담하고 그 내용을 책으로 낸 바 있다.[13] 여기서는 핵폐기를 위한 투쟁, 핵억지론의 기만행위, 유엔과 세계시민의 관점에서 전쟁이 없는 세계 구축과 더불어 과학자의 책임과 종교의 사명에 대해서 논하고 있다.

이케다 회장은 비핵화를 위해 국제여론과 시민사회의 의사를 결집해 '핵무기를 금지하기 위한 민중의 포위망'을 구하는 일이 매우 중요하다고 여기고 있다. 구체적으로는 첫째 전 세계 인류가 모든 핵보유국의 완전폐기를 전제로 군축체제를 이행하고, 둘째 전세계인류가 어느 나라든 '핵무기 없는 세계'라는 목적을 위하여 모든 핵무기 개발을 금지하고 방지하는 제도를 확립하여야 한다고 주장한다.[14]

전쟁을 경험하고 큰형의 전사를 경험한 것은 이케다 회장의 적극적 평화관에 영향을 미친 것으로 보인다. 이케다 회장은 "전쟁만큼 잔혹한 것은 없다. 전쟁만큼 비참한 것은 없다. 따라서 나는 전쟁을 증오한다. 전쟁을 일으키는 권력의 마성을 단연코 용납할 수 없다"고 강하게 주장한다.[15] "핵무기가 세계를 분단하고 파괴하는 상징이라면 그 핵무기를 이기는 것은 역사창조의 힘으로 희망을 만드는 민중의 연대밖에 없다"는 말속에서 대화의 힘과 가능성에 대한 강한 믿음을 보여주고 있다. "종교는 평화를 위해 존재한다"는 이케다 선생의 말속에서 평화실현이 종교를 뛰어넘는 강력한 염원임을

13 이케다 다이사쿠·로트 블랫. 2020. 『지구평화를 향한 탐구: 핵무기와 전쟁이 없는 세계를 이야기하다』. 중앙books.
14 이케다 다이사쿠. 2020. 앞의 논문. p.311.
15 마에하라 마사유키. 박인용 옮김. 2007. 『이케다 다이사쿠 행동과 궤적』. 중앙일보 시사미디어. p.7.

절실히 느끼게 해주고 있다.

3) 평화공존을 위한 문화예술의 역할 강조

이케다 선생의 문화관은 그의 평화관과 밀접히 결부되어 있다. 평화란 문화적 차이를 포용하고 이해할 수 있는 환경 그리고 분쟁의 해결방안으로 대화가 중시되는 세상을 의미한다. 이케다의 핵심사상은 폭력의 문제는 폭력으로 해결할 수 없다는 것이다. 그는 비록 폭력의 사용이 단기적 해결책을 가져온다고 할지라도 폭력적 해결은 증오와 보복의 연쇄과정을 되풀이할 뿐이고 궁극적으로 폭력이 실용적 해결방안 될 수 없다면 '가치'와 '문화'로 구체화 되는 소프트파워의 실천이야말로 일시적 증상 해결이 아닌 근원적 치료법이라고 강조하였다. 그리고 타인의 인간성에 대한 깊은 인식이 바로 그 출발점이라고 말했다.[16] 이케다는 정치 경제 등에 비해 문화는 어디까지나 인간을 초점으로 하고 있기 때문에 문화를 기반으로 한다면 모든 것을 인간 쪽으로 끌어당겨 아름답게 꽃필 수 있고 진정한 힘이 나온다고 보았다.[17] 예술과 문화는 인간의 정신과 인간성을 활성화시키고 되찾아주는 역할을 한다는 것이다. 이케다 선생이 '민주음악협회'(민음)과 민음 음악연구소, '도쿄후

---

16 이케다 다이사쿠 홈페이지. https://daisakuikeda.or.kr/peacebuilder/peacebuilder_01_03.html. 접속일: 2024.4.23. 한편 1992년에 열린 제140차 회의에서 유네스코 집행위원회도 '평화를 위한 의제'를 중심으로 평화의 문화확산에 기여할 수 있는 점들을 논의하였고, "대내외적인 수준에서 다른 사람들과 상호 차이점에 대한 존중을 인정케 하는 수단으로서 문화적 접촉, 교환, 창의성을 중점을 둔다"라는 사항이 평화의 문화기조에 포함되었다. 유네스코는 평화를 구축하는 힘으로서 비폭력기제로서의 음악의 가치와 역할을 강조하고 있다. "공통의 가치와 열망을 중심으로 인류를 결속시키는 살아있는 유산의 힘을 구현한 응집력의 세계언어로서 음악의 역할"을 강조하며 "예술은 열정을 나누고 평화를 구축하기 위한 힘으로서 오늘날 특히 필수적"이란 점을 강조하고 있다(UNESCO 홈페이지).

17 이케다 다이사쿠. 2010. 『희망의 내일로』. 서울: 화광신문사. p.446.

지미술관'을 설립한 이유가 이를 증명해주고 있다.[18]

이케다가 민음과 도쿄후지미술관 등을 창설한 것은 일본에서의 일부 특권계급을 위해 존재하는 듯한 취급을 받아온 일류 예술작품을 누구라도 부담없이 감상할 수 있도록 하고 싶었기 때문이라는 점에서 더욱 의미가 있다.

4) 정치의 목적: 이데올로기 지향이 아니라 최대다수 민중의 행복추구

창가학회가 정치계에 진출한 때는 도다 시대다. 1954년 창가학회 안에 문화부가 설치되었고, 다음 해 4월의 통일지방선거에 52명이 출마하여 51명이 당선된 것이 최초이다. 이케다 회장은 공명당의 활동과 관련해서도 그의 시선은 이데올로기 대립에 휩싸여 고통받는 서민들에게 집중되고 있었다는 점이다. "우냐 좌냐가 아니라 일본의 최대다수 사람들인 민중이 어떻게 하면 행복해질까 중요한 것은 이것뿐 이다", "국민에게 필요한 것은 보수나 혁신의 겉 포장이 아니라 안전, 행복, 자유다. 그런 시대 추세에 서민의 마음을 파악하는 의식있는 정치가 나타나지 않으면 (국민들은) 정말 불행해질 것이다"라고 하고 있다. 이케다가 공명당에 무엇을 바라는 것일까. "정당은 국민을 위해 대중 복지에 얼마 만한 성과를 거두느냐에 따라 그 좋고 나쁨이 갈린다. 그것이 전부다. 정당은 어디까지나 정당으로서 국민에게 어떻게 평가될까가 급소이자 근본이다. (지금의 상황을 보면) 보수도 혁신도 양자 공히 국민은 존재하지 않고 단지 공허한 구호가 되어 있을 뿐이다".[19]

---

18 김도희. 2023. "평화공존을 위한 문화예술의 역할: 음악을 통한 평화구축을 중심으로." 〈조영식 · 이케다 다이사쿠 평화포럼 2023〉 자료집. p.54 이하.

19 『文藝春秋』 1968년 2월호(pp.131-133)에 게재된 작가 마스모토 세이초와의 대담.

5) 인간주의와 포용적 세계관

포용적 세계관은 올바른 역사 인식과 인간주의의 배경하에서만 가능하다. 그 누구보다도 올바른 역사관에 입각한 진실을 말함으로써 인간 및 국가간의 유대를 회복하고자 한 사람이 이케다 선생이다. 이케다 선생은 한국은 일본에 '문화대은의 나라'라는 입장을 일관적으로 취하고 있으면서 한일관계는 물론 세계평화의 실현에 일익을 담당하고 있다. 그리고 타국의 불행 위에 자국의 행복을 구하지 않는다는 그의 말에서 평화추구의 이념과 포용적 세계관을 엿볼 수 있다.[20]

2. 조영식 박사의 사상과 실천

1) '팩스 유엔'(PAX UN)을 통한 세계평화의 구현

조영식 박사의 평화사상은 고차원성, 유기성, 종합성을 띠는 방대한 체계로 이해되지만,[21] '팩스 유엔'(PAX UN)이라는 말에서 잘 나타나 있다. '팩스 유엔'은 조영식 박사에 의하여 만들어진 어휘이자 개념이다. 세계대학총장회(IAUP)의 1984년 방콕 총회에서 주장하였다. 한마디로 '유엔주도하의 세계평화론'이다.[22] 초강대국이나 일부 강대국에 의하여 이룩되거나 강제되는 세계평화가 아니라 세계적 기구인 유엔이 주도적으로 역할을 하는 평화를 의미한다. 유엔의 구조적, 기능적, 성격적 변화가 전면적으로 이루어져야 하

---

20 이케다 다이사쿠. 월간중앙의 인터뷰(2010년 10월).

21 손재식. 2020. "미원 조영식 박사의 평화사상과 실천." 하영애 편저. 『문화세계의 창조와 세계시민』 (조영식 · 이케다 다이사쿠 연구회총서 2). 한국학술정보. pp.21-27.

22 상세한 고찰에 대해서는 오영달. 2018. "미원 조영식의 '유엔 주도 하의 세계평화론(Pax UN)'." 하영애 편저. 『조영식과 이케다 다이사쿠의 평화사상과 계승』(조영식 · 이케다 다이사쿠 연구회 총서 1). 한국학술정보. p.88 이하.

고 유엔의 권능 강화가 필수라는 담론을 낳았다. 1980년대 초반 유엔의 무능에 대한 비판이 높았고 폐지까지 거론되는 상황에서,[23] 세계의 평화가 오지 않는 것은 유엔의 헌장이 잘못되어서가 아니라 헌장의 내용을 지키려는 마음이 결여되었기 때문이며 국제사회의 여건과 조류가 함께 제동을 걸고 있기 때문으로 보고 숭고한 유엔헌장의 정신으로 돌아갈 것을 강조한 것이다. 유엔총회의결의 구속력 부여, 유엔 사무총장의 권능 강화, 국제사법재판소에 대한 강제권 부여, 유엔의 재원확충 등이 그의 제안이었다.

조영식 박사는 1981년 코스타리카에서 열린 세계대학총장회에서 유엔의 '세계평화의 날'과 '평화의 해' 제정을 주창하였고, 1981년 유엔총회에서 '세계평화의 날'이 제정되었다(매년 9월 셋째 주 화요일).

"오늘의 국제사회에는 힘과 폭력을 이용해 다른 나라를 지배하는 나라들이 많다. 힘의 균형을 이룬다는 목적으로 핵무기를 만들고 무장하여 다른 나라와 대치한다. 이렇게 만들어진 평화는 일시적이고 임기응변적인 평화일뿐이다",[24] "전쟁은 반평화이다. 반민주이며 반인간적인 민간의 소행 그 자체이다"[25]라는 주장에서 보듯이 반전과 비핵화는 평화구현의 중요요소로 보고 있다.

---

23 유엔의 무용론 내지 폐지론 등장의 이유로 조영식 박사는 유엔의 외적 측면의 요인으로는 국익지상주의, 동서대결적 이념주의, 자국 안보제일주의를 지적하고, 유엔의 내적 측면에서의 요인으로는 유엔헌장 상 주요기관 간 기능과 권한의 배분 문제, 신생국가들의 신국가주의, 미약한 사무총장의 권한, 강대국들의 유엔 장외 협상 등을 지적하고 있다(조영식. 1993. "21세기의 민주주의와 PAX UN을 통한 신국제질서." 『밝은사회연구』제15권 제1호. pp.281-286.

24 조영식. 2021. "더 밝은 인류사회." 『인류사회의 재건』. 서울: 경희대학교 출판문화원. p.240.

25 위의 책. p.290.

2) '지구공동사회'와 '오토피아'의 구현

조영식 박사는 '팩스 유엔'이 실현되면, '지구공동사회' 진입도 기대할 수 있으며, 국가지상주의와 민족지상주의의 폐단에서도 벗어날 수 있다는 점을 주장한다. 지구 전체를 아우르는 평화와 보편적 가치를 구현하는 것이 그가 주장한 지구공동사회로 이해된다.

그는 유엔과 같은 기구를 중심으로 하는 '지구협동사회'와 유럽 연합과 같은 기구를 중심으로 하는 '지역협동사회'를 거쳐 지역협동사회는 지구협동사회에 흡수되며, 이후에는 시민사회를 대표하는 NGO와 같은 비정부기구가 참여하는 국민주권하의 참여민주주의를 바탕으로 한 범세계적인 '지구시민사회'가 등장한다고 본다. 마지막으로 보편적 민주주의에 바탕을 둔 국가연합인 '지구공동사회'로 발전하며, 보편적 민주주의는 만민에게 자유와 평등 · 공영을 보장하는 체제를 말한다.[26]

이러한 지구공동사회는 이른바 '오토피아'(Oughtopia)를 말한다. 오토피아는 조영식박사가 주장한 개념으로 조 박사는 오토피아를 "정신적으로 아름답고 물질적으로 풍요하고 인간적으로 보람있는 사회"로 보고 있다. 오토피아는 "당연히---해야한다" 또는 "---인 것이 당연하다"라는 뜻의 동사 'ought to be(do)'와 장소를 나타내는 'topia'의 합성어로 "인류가 지향해야 할 당위적 요청사회"이다.[27] 문화세계의 창조에서 조 박사는 오토피아는 각 민족 간의 공존공영을 추구하는 새로운 민족주의를 기반으로, 경제적 평등과 호혜주의, 인권주의, 문화주의, 반전평화주의, 과학주의, 국제민주주의의 8개 원칙을 기반으로 한다. 조영식 박사는 이 8개 원칙을 '문화적 복리주의'

---

26 조영식. 1948.『민주주의 자유론』. pp.152-158.

27 조영식..1996.『오토피아』. 경희대학교 출판국. p.4.

라고 지칭했다.[28] 유토피아와 같은 관념적 이상적 세계의 주장에 그치지 않고 궁극적 목표로서의 오토피아를 실천하는 방법으로 '밝은 사회이론'을 제시한 것이 그 특징이다.

3) 한반도의 평화와 통일을 위한 노력

조영식 박사는 세계 유일의 분단국가로 남아 있는 한반도의 평화와 통일을 위해서도 많은 활동을 하였다. 1982년부터 20년간 일천만 이산가족재회 추진위원회 위원장을 맡아 이산가족의 재회의 물꼬를 트는데도 크게 기여하였고, '남북 이산가족 재회촉구 범세계 서명운동'을 전개하여 세계기네스협회에 의하여 최다 국가 서명으로 인정된 바 있다.[29]

4) 교육을 통한 새로운 인류사회의 건설과 세계평화의 실현

조영식 박사는 기독교사상을 근간으로 독자적 이상을 내건 인간중심주의 사상을 전개하고 교육을 통해 인류사회를 새롭게 건설하고 세계평화를 실현할 수 있다고 믿었다. 유치원에서 대학원에 이르는 일관된 교육체계를 확립하고 교육 · 연구 · 실천의 창의적 결합으로 발전시켰다. 그가 펼친 지속적 사회실천운동은 '밝은 사회운동',[30] ''인류사회재건운동', '윤리와 인간성을

---

28 조영식. 1951. 『문화세계의 창조』. pp.169-339.

29 세계국가원수를 포함하여 153개국 21,202,192명이 서명했다. 조영식 · 이케다 다이사쿠 연구회 편. 2021. 『미원 조영식을 생각한다』. 한국학술정보. pp.44-45.

30 밝은 사회(GCS)운동이란 선의, 협동, 봉사-기여의 정신으로 ① 건전사회운동(문명퇴치와 잘살기운동 전개), ② 잘살기운동, ③ 인간복권운동, ④ 자연애호운동, ⑤ 세계평화운동 등 5대 운동을 전개하여 아름답고, 풍요하고, 보람있는 사회를 건설하기 위한 운동이다. 그 전개과정에 대해서는 황병곤. "밝은 사회운동으로 세계평화와 사회발전의 추구". 조영식 · 이케다 다이사쿠연구회 편. 2021. 『미원 조영식을 생각한다』. 한국학술정보. p.62 이하

회복하는 제2 르네상스운동'외에 '잘살기운동', '꽃길 · 꽃동리가꾸기운동' 등 다양하다.

V. 나오면서

평화는 하나의 사회 안에서의 문제이자 국가 간의 문제이기도 하고 더 나아가 개인의 삶에서의 문제이기도 하다. 그러한 점에서 평화를 삶의 근본 조건으로 보는 견해가 많다. 삶의 요인들의 조화를 즐길 수 있게 하는 기본 조건이 평화라는 것이다. 이다. 두 분의 평화관도 전쟁에 반대되는 소극적 의미의 평화가 아니라, 이러한 의미에서의 평화관을 가지고 있는 것으로 파악된다. 이렇게 평화를 이해할 때 교육, 문화, 인권 등은 평화와 유기적인 연관을 맺게 된다.

두 분은 여러 가지 면에서 공통된 이념과 가치관을 가지고 이를 적극적인 실천해온 삶을 살았다. 조영식 박사는 교육의 목적을 인류의 평화에 두고 교육, 문화, 평화, 민주주의, 한반도의 통일 등 광범한 분야를 중심으로 '정신적으로 아름답고, 물질적으로 풍요롭고, 인간적으로 보람 있는'(Spiritually Beautiful, Materially Affluent, Humanly Rewarding: B.A.R) 인류사회'라는 통합적 사회 비전을 제시하였고 이를 실현하기 위해 지역과 사회 그리고 유엔과 세계를 무대로 행동으로 실천했다.

이케다 다이사쿠 회장은 세계평화의 구현을 위해 한사람 한사람의 인간적 존엄성과 잠재력을 각성시키는 의식개혁에 노력해왔다. 그는 이를 '인간혁명' 그리고 민중의, 민중에 의한 민중을 위한 임파워먼트(empowerment) 운동이라 불렀으며, 교육, 문화, 세계평화구현을 위한 실천적 삶을 살았다.

지금 대립과 갈등 속에서 평화파괴의 위기적 상황이 가속화되고 있고, 국민의 삶과 평화를 외면한 채 불신의 양극화가 심화되는 우리의 현실에서 두 분의 사상과 실천은 우리에게 나아가야 할 길을 제시해주고 있다. 특히, "인권이란 사람이 사람을 괴롭히지 않는 것", "예술에는 인간을 유린하는 야만성을 타파하는 힘이 있다. 문화를 소중히 하는 일은 평화에 통한다"(이케다 다이사쿠), "인간과 인간 그리고 인간의 집단과 집단 사이의 갈등을 대화와 타협을 통해 평화적으로 해결해야 한다. 분쟁해결에서 모든 폭력은 일체 배제되어야 하며 전쟁은 영원히 지구상에서 제거되어야 한다"(조영식)라는 제언이 공명을 느끼게 해주고 있다.

제3장

세계평화 증진을 위한
아시아 지역공동체의 창설 전망*

양병기
세계평화연구원 원장

I. 서론

먼저 오늘 '평화와 문화의 21세기'라는 대주제를 가지고 개최되는 〈조영식 · 이케다 다이사쿠 상호방문 25주년 기념 평화포럼〉에서 기조연설의 기회를 주신 행사 주최측에 감사의 인사를 드린다.

인류의 역사는 전쟁과 평화가 교차되는 역사였다. 평화를 희구하는 인류는 제1차 세계대전 후에 국제연맹(League of Nations)을 창설하고 제2차 세계대전 후에는 국제연합(United Nations)을 창설하여 세계평화를 희구하고 있지만 국가 간의 전쟁은 계속되고 있다.

오늘 이 평화포럼에서 기념하는 조영식 박사는 그의 저서에서 인간사회

---

* 〈조영식 · 이케다 다이사쿠 평화포럼 2023〉의 기조연설 원고를 보완한 것임.

의 전쟁과 평화에 관하여 다음과 같이 주장하였다.[1] 즉, 조영식 박사는 그의 저서에서 아래에서와 같이 인류의 역사를 전쟁의 역사로 규정하고 그러한 전쟁은 반평화·반민주·반인간적인 소행으로 평가한다.

인간의 역사란 전쟁의 역사라고 해도 과언이 아니다. (조영식, 252: 숫자는 저서의 페이지).

태고부터 인류는 적자생존과 약육강식하는 세계에서 살아 왔다. (조영식, 296)

오늘의 국제사회에는 힘과 폭력을 이용해 다른 나라를 지배하려는 나라들이 많다.
힘의 균형을 이룬다는 목적으로 핵무기와 무기들을 만들고 무장하여 다른 나라와 대치한다.
이렇게 만들어진 평화는 일시적이고 임기응변적인 평화일 뿐이다. (조영식, 240)

과거의 모든 전쟁은 반평화이다. 반민주이며 반인간적인 인간의 소행 그 자체이다. (조영식, 291)

조영식 박사는 이러한 전쟁의 대안으로 아래와 같이 평화와 그를 지속시키기 위한 국제연합(United Nations, UN)을 대안으로 제시하였다.[2]

---

1 조영식 박사의 전쟁과 평화에 관한 견해는, 조영식. 2021. "더 밝은 인류사회." 『인류사회의 재건』 서울: 경희대학교 출판문화원. pp.230-316. 인용은 p.240, 252, 291, 296.
2 조영식. 2021. 앞의 논문. p.241, 261, 262.

평화를 이룩하는 일만큼 인류에게 시급한 일은 없다.

현실적으로 인류 전체를 위한 진정한 이익은 무엇인가.

평화를 실현하는 일이 그 무엇보다 최고의 방책일 것이다.

그러한 의미에서 현존하는 국제연합(유엔, UN)에 협조해야 한다.

UN을 보호하고 육성해야 한다.

UN이 강력해지도록 도울 방법을 찾아야 한다.

평화를 원하는 우리의 소원을 풀어줄 기구로 UN을 키워야 한다.

전쟁과 평화에 관한 이상에서의 고심어린 조영식 박사의 혜안에 동감한다. 하지만, 주지하는 바와 같이 오늘날 국제연합(UN)이 전쟁 등의 국제분쟁 해결에 인류가 원하는 만큼의 역할수행이 미흡한 것이 사실이다. 여기에서 조영식 박사의 혜안을 실현시키기 위하여 우리는 국제연합 이외의 대안을 찾을 필요가 있는 것이다.

아울러, 현재 동북아시아는 북한의 핵무장 증대추진으로 유관 국가들 간의 분규가 심화되고 있다. 이러한 핵대결 태세의 고조에 대하여 역시 오늘 이 평화포럼에서 기념하는 이케다 다이사쿠 회장은 그의 논저에서 비핵 평화론에 관하여 다음과 같이 주장하고 있다.[3]

이케다 다이사쿠 회장은 '핵무기 없는 세계' 실현을 위한 근본방침은 이미 1957년 창가학회 도다 조세이 제2대 회장의 '원·수폭 금지 선언'을 통해 제시되었다고 하면서 핵무기 없는 세계 실현을 위한 근본적인 대책은 핵무기를 용인하려는 사상을 근절할 것과 비핵화를 위해 국제여론과 시민사회

3 이케다 다이사쿠 회장의 비핵 평화론에 관하여는 이케다 다이사쿠. 2020. "'핵 없는 세계'를 위한 이케다 다이사쿠의 비핵 제언." 월간중앙 편. 『이케다 다이사쿠 칼럼집: 내가 만난 세계 명사들』. 서울: 중앙일보 플러스. pp.296-354.

의 의사를 결집해 전 세계 인류가 어느 나라든 핵무기 없는 세계라는 목적을 위하여 모든 핵무기 개발을 금지하고 방지하는 제도의 확립을 제언하고 있다.[4]

'핵무기 없는 세계' 실현을 위한 근본적인 대책은, 창가학회 도다 조세이 제2대 회장이 이미 1957년 9월 8일 '원·수폭 금지 선언'을 발표해 핵무기를 절대악으로 지탄하며 제시되었다.

'핵무기 없는 세계' 실현을 위한 근본적인 대책은 자기의 욕망을 위해서는 상대의 섬멸도 불사하여 핵무기를 용인하려는 사상을 근절해야 한다. 따라서 이를 위하여는 핵 보유국은 물론 전세계 지도자가 책임을 공유하고 무엇보다 지구적 민중의 연대가 지도자들의 행동을 지지한다면 가능하다고 확신한다.

즉 이상의 비핵화를 위해 국제여론과 시민사회의 의사를 결집해 '핵무기를 금지하기 위한 민중의 포위망'을 구하는 일이 매우 중요하다.

보다 구체적으로는, 첫째 전 세계 인류가 모든 핵 보유국이 완전폐기를 전제로 군축체제를 이행하고, 둘째 전세계 인류가 어느 나라든 '핵무기 없는 세계'라는 목적을 위하여 모든 핵무기 개발을 금지하고 방지하는 제도를 확립하여야 한다.

역시 전 세계 인류의 평화 공영을 위한 이케다 다이사쿠 회장의 절절한 비핵 평화론 호소에 공감하므로, 우리는 그의 비핵 평화론 실현을 위하여 더 적극적인 보완의 대책 구상이 필요하다고 생각한다.

그것은, 유럽연합(European Union, 이하 EU로 약칭)과 같은 아시아 지역공동체를 아시아지역에서도 창설하는 것을 검토하여 보자고 하는 것이 오늘 이 평

---

4   이케다 다이사쿠. 2020. 앞의 논문. p.297, 300, 306, 311.

화포럼 기조연설에서 필자가 제시하고자 하는 대안인 것이다. 그리하여, 앞서 논의한 바와 같이 유엔이 해결하지 못하는 아시아지역 차원의 보다 구체적이고 긴밀한 지역 현안의 해결을 촉진하고 역시 북한 핵무장 추진등에서 야기되고 있는 아시아지역 내의 비핵 평화문제를 아시아 지역공동체 창설을 통하여 해결할 수 있도록 추진하여 보자는 것이 오늘 기조연설의 논지이다.

이를 위하여, 첫째로 아시아지역공동체의 창설모형으로서 EU의 창설·운영과정을 살펴보고, 그에 비추어 아시아지역공동체의 창설 방안과 전망에 관하여 논의하여 보고자 한다.

II. EU의 창설 · 발전 과정 회고

유럽의 지역공동체 창설은, 제2차 세계대전 이후 유럽의 평화 유지 · 전쟁 후 폐허가 된 유럽의 경제 재건 그리고 독일의 견제라는 제반 과제들과 관련하여 우선 경제협력의 접근법을 모색하는 과정에서 시작되었다. 그리하여, 1950년 5월 9일 프랑스 외무부 장관 로베르 슈망(Robert Schuman)의 제안에 따라 1951년 4월 18일 파리조약에 서명하고 유럽 석탄 · 철강 공동체〈the European Coal and Steel Community, ECSC〉를 창설하였다. ECSC는 1951년 8월 10일 정식으로 발족하였다.[5]

ECSC는 이후 1957년 3월 25일 체결한 로마조약으로 유럽경제공동

5 Michelle Cini. 2007. "Introduction." Michelle Cini (2ed). *European Union Politics*. Oxford University Press. p.3; Derek W. Urwin. 2007. "The European Community: From 1945 to 1985." Michelle Cini (2ed). *European Union Politics*. Oxford University Press. p.18. 김계동. 2008. 『현대 유럽정치론』. 서울대학교 출판부. pp.522-527.

체〈the European Economic Community, EEC〉와 유럽 원자력공동체〈the European Atomic Energy Community, Euratom〉로 발전했다.[6] 이를 바탕으로 1967년 7월 6일에는 브뤼셀 조약체결을 통하여 유럽공동체(the European Community, EC)가 출범하였다.[7]

1986년에 EC 회원국들은 1992년까지 유럽 내의 단일 시장을 완성시키기 위해 단일 유럽법안〈the Single European Act, SEA〉을 채택하고,[8] 1991년 12월 10일에는 회원국들이 마스트리히트 조약 (the treaty of Maastricht or The Treaty on European Union)에 서명을 함으로써 1993년 11월 1일 발효된 마스트리히트 조약에 따라 1994년 1월부터 사용된 유럽공동체(EC)의 새 명칭으로 유럽연합〈European Union, EU〉을 사용하게 되었다.[9]

마스트리히트 조약체결의 의미는, 경제협력뿐만 아니라, 공동의 경제 · 사회 · 안보 · 외교 그리고 사법권까지를 통합의 대상으로 범위를 확장시킨 것이다.[10] 마스트리히트 조약에서 회원국들은 또한 유럽시장의 완성도를 높이기 위해 화폐 단일화(Euro)에 대한 동의안까지 통과시켰고, 1999년 1월 1일에는 11개의 회원국들이 화폐통합을 하여 유로화가 공식 출범하게 되었다.[11]

---

6 Derek W. Urwin. 2007. 앞의 논문. pp.13-29, p.23; 김계동. 2008. 앞의 책. pp.536-537.

7 김계동, 『현대 유럽정치론』, 538-539.

8 Alasdair R. Young.2005. "The Single Market: A New Approach to Policy." Helen Wallace, William Wallace, & Mark A. Pollack (4ed.). *Policy-Making in the European Union*. Oxford University Press. p.100.

9 강원택 · 조홍식. 2011.『하나의 유럽: 유럽연합의 역사와 정책』. 푸른길. pp.93-96; 이희범. 2007. 『유럽통합론』. 법문사. p.433.

10 Ian Bache & Stephen George. 2006.*Politics in the European Union* (2th). Oxford University Press. pp.169-171.

11 1999년 15개국 중 11개국이 화폐통합을 하게 되었다. Kathleen R. McNamara. 2005. "Economic and Monetary Union: Innovation and Challenges for the Euro." Helen Wallace, William Wallace, & Mark A. Pollack. 앞의 책. pp.145-147. 이희범. 2007. 앞의 책. p.436.

III. 아시아 지역공동체의 결성 관련 움직임

이상에서의 EU 창설·운영과정을 검토해볼 때 머지않아 아시아지역에도 지역공동체가 창설될 것으로 예상된다. 아시아지역은 EU의 창설과 비교해 볼 때 환경 여건이 보다 유리한 점도 있다고 보여진다.

주지하는 바와 같이, 오늘날 모든 국제정치 분쟁과 관련된 주된 정치이념 (민족주의·자유민주주의·자본주의·전체주의·사회주의·공산주의)이 주로 유럽에서 발원하였고, 그로인해 세계적 규모의 1-2차세계대전도 모두 유럽에서 발생하였다. 즉, 유럽지역은 시민혁명·산업혁명과 파시즘·공산주의 혁명의 발원지였다. 또한, 근현대사에서 보여지는 사상·이념·영토분쟁과 세계적인 정치·경제·군사적 주도권 쟁탈의 본거지였다. 즉, 근현대사의 역사로 본다면, 유럽은 국가 간 및 국제적 분쟁을 총괄적으로 유발하고 주도하여 왔던 지역이었던 것이다. 그럼에도 이러한 근현대 주요 국제분쟁의 종주국들이 EU를 결성하고 있다.

이러한 EU에 비하면, 아시아지역은 오히려 유럽에서 발생한 사상·이념·영토분쟁과 세계적인 정치·경제·군사적 주도권 쟁탈 과정에서의 주변부적 피해자였다는 점에서, 오히려 지역통합의 가능성은 EU보다 더 크다고 볼 수 있다.

물론, 아시아지역에도 지역공동체의 결성을 어렵게 하는 요인과 난관이 엄존하고 있다. 즉, 제1-2차세계대전 전후한 제국주의 시기 일본의 위상과 관련하여 한국과 일본 그리고 중국과 일본 간의 역사분쟁이 현재 진행 중이다. 또한, 한일 간의 독도 영유권 문제와 중일 간의 댜오위다오(釣魚島)·센카쿠열도(尖角列島)를 둘러싼 영토분쟁, 그리고 중국과 필리핀 및 중국과 베트남과의 도서(島嶼) 영유권 영토분쟁 등이 지역 내의 갈등 요인으로 되고 있다.

또한 북한의 핵문제를 둘러싼 남북한과 미국 · 일본 · 중국 · 러시아의 대응 등도 현재 지역 내의 정치 · 군사적 쟁점이 되고 있다. 보다 중요하게는 중국의 일대일로(一帶一路, One Road One Belt) 정책과 미국의 인도 태평양 전략이 대립하게 되어 아시아지역통합의 장애가 되고 있다.

그러나, 이상에서와 같이 지역통합을 가로막는 저해 요인도 있지만 아시아지역공동체의 결성을 위한 움직임도 계속되어온 것을 살펴볼 수 있다. 우리는 아래에서 살펴보는 주요 지역협력기구나 정치지도자들의 제안이 금후 아시아지역공동체 결성에 큰 초석과 디딤돌로서의 역할을 할 것으로 본다.

동남아국가연합(Association of South-East Asian Nations, ASEAN)[12]

아세안(ASEAN)으로 약칭된다. 1961년 창설된 동남아시아연합(ASA)의 발전적 해체에 따라 1967년 8월 8일 설립되었다. 설립 당시 회원국은 필리핀 · 말레이시아 · 싱가포르 · 인도네시아 · 타이 등 5개국이었으나, 1984년의 브루나이에 이어 1995년 베트남이 정식으로 가입하고, 그 후 라오스 · 미얀마 · 캄보디아가 가입하여 아세안은 10개국으로 늘어났다. 이 기구는 동남아시아 지역의 경제적 · 사회적 기반 확립과 각 분야에서의 평화적이며 진보적인 생활 수준의 향상을 목적으로 한다. 1972년 각료회의에서는 정치문제에 대하여도 협력하기로 합의하였고, 1976년 인도네시아에서 열린 정상회담에서는 지역발전과 안전보장이 강조되었다. 1993년 싱가포르에서 열린 각료회의의 '다국간 지역안전보장기관 [가칭 **ASEAN** 지역포럼(ASEAN Regional Forum, ARF)]' 설치에 관한 공동성명서 발표 등이 이를 뒷받침하고 있다.

---

12 "동남아시아국가연합"(Association of South-East Asian Nations, 東南亞國家聯合)『두산백과』.

아시아태평양 경제협력체 (Asia-Pacific Economic Cooperation, APEC)[13]

APEC는, 느슨한 형태의 국가 간 협력체이다. APEC는 1989년 오스트레일리아 캔버라(Canberra)에서 한국을 포함한 12개국 간의 각료회의로 출범했으며, 2012년 현재 21개국이 회원국으로 가입해 있다. 창설 당시 회원국은 한국을 비롯한 미국 · 일본 · 오스트레일리아 · 뉴질랜드 · 캐나다와 동남아시아국가연합(ASEAN)회원국인 말레이시아 · 인도네시아 · 태국 · 싱가포르 · 필리핀 · 브루나이였다. APEC의 단기적 목표는 무역과 투자의 자유화를 실현하고 이를 원활하게 하는 것이다. 중장기적 목표는 아시아태평양경제공동체를 창설하여 아시아태평양자유무역지대(FTAAP, Free Trade Area of Asia Pacific)를 실현하는 것이다.

ASEAN+한중일 3국 정상회의[14]

1997년 ASEAN 창설 30주년을 기념한 정상회의에 한국 · 중국 · 일본을 초청한 것이 계기가 되어 정례화되게 되었다. 1997년 12월 ASEAN은 창설 30주년 기념 정상회의에 한국과 중국 일본 등 3개국 정상을 동시 초청하였다. 이 자리에서 제1차 ASEAN+3 정상회의를 개최함에 따라 ASEAN+3 체제가 발족되었다. 범세계적인 세계화의 진전과 지역 협력이 강화되고 있는 추세 속에서 동아시아 국가들은 동남아시아와 동북아시아의 구분 없이 동아시아의 큰 틀 속에서 공동 협력해야 한다는 인식을 반영한 것이다. ASEAN+3 회원국은 ASEAN 10개국과 한국 · 중국 · 일본 3개국이다.

---

13 외교통상부. 2011. "아시아태평양경제협력체." 『APEC 개황』. 외교통상부.

14 외교통상부. 210. "동남아시아국가연합(ASEAN)+3." 『ASEAN 개황』. 외교통상부.

동아시아 정상회의(East Asia Summit, EAS)

EAS는 1997년 아시아 금융위기에 대한 공동대처를 목적으로 ASEAN과 한중일 3국이 참여하는 ASEAN+한중일 3국 외무장관회의에서 출발하여, 2005년 12월 정상회의로 격상되었다. 2009년에는 인도 · 호주 · 뉴질랜드가, 2011년부터 미국과 러시아가 정식 회원국으로 참여하고 있다.[15] ASEAN 주도로 개최되는 ASEAN+3 체제는 한국 · 중국 · 일본이 강한 소속감을 갖기 어려워, 이 국가들이 동등한 입장을 갖도록 하기 위해서 동아시아정상회의 개최의 필요성이 제기되었다.

동아시아정상회의는 1997년 출범한 ASEAN+3 체제와 함께 동아시아 공동체 형성을 목표로 활동 중이다. ASEAN+3은 정치 · 경제 · 사회 · 문화 등 다양한 기능적 부분에서 협력체로서의 역할을 수행하고 있다. 반면, 동아시아정상회의는 역내의 전략적 · 정치적 현안에 대해 각국 정상들이 자유롭게 의견을 개진하는 정책대화의 장을 제공한다.[16]

한국 노무현 정부의 동북아 균형자론

노무현 대통령은 2005년에 '동북아 균형자론'을 주장하였는데, 이는 한반도의 평화와 남북 공동번영을 통해 동북아의 평화번영을 지향하려는 구상이었다. 즉, 남북관계 개선과 한반도 평화정착을 통해 동북아의 갈등을 해소하고 협력을 구축하는데 기여하는 조화자(harmonizer) - 평화의 균형자(peace-initiative balancer) - 연성권력의 균형자(soft power balancer)의 역할을 추구하려 했던 것이 동북아 균형자론의 기본구상이었던 것이다.[17] 오늘날 일부 전문가들

---

15 『중앙일보』. 2013.10.11. p.4.

16 외교통상부. 2010. "동아시아정상회의(EAS)의 설립 배경." 『ASEAN 개황』. (외교통상부.

17 김근식. 2012. "동북아 질서의 유동성과 평화번영의 동북아를 위한 접근." 『圖們江學術論壇2012論文

은 노무현 정부의 '동북아 균형자론'를 현실성이 없는 관념적 논리로 폄하하지만, 남북한 주도하에 아시아지역에서의 평화중재자로서의 적극적인 역할을 추구했던 것은 별도로 평가할만한 전략적 구상이었다고 본다.

하토야마 유키오(鳩山由紀夫, 전 일본 총리)의 동아시아 공동체 구상

하토야마 유키오 전 일본 총리는, 아시아 · 대양주 지역에 있어서의 평화와 번영을 확보하기 위한 비전으로서 동아시아 공동체 구상을 제창하였다. 그는, 한중일의 연계가 이 공동체를 구축해 나가는 데 있어 결정적으로 중요한 역할을 할 것으로 보고 있다. 아시아에 위치한 국가들로서의 정체성을 가지고, 동아시아 지역을 기본적인 생활공간으로 받아들여 이 지역에 안정된 경제협력과 안전보장의 틀을 만드는 노력을 계속해야 한다고 그는 주장한다. 그는 아시아태평양지역에 항구적이며 보편적인 경제사회협력 및 집단적 안전보장 제도가 확립되기를 추구한다.[18]

3국 협력 사무국(Trilateral Cooperation Secretariat, 약칭 TCS)의 창설과 운영

동북아 핵심 3국인 한국 · 중국 · 일본의 협력을 위해 2011년 9월 1일 출범한 TCS는 서울에 본부를 둔 미니(Mini) 국제기구이다. 2010년 체결한 3국 협정에 따라 한 · 일 · 중 순서로 사무총장을 2년씩 번갈아 맡고 나머지 두 나라가 사무차장을 파견한다. 초대 사무총장은 한국의 신봉길(한국 인도주재 대사 역임), 중국측 사무차장은 마오닝(馬寧, 중국 외교부), 일본측 사무차장은 마츠

---

18 이상에서의 하토야마 전총리의 동아시아 공동체 구상에 관한 내용은, 하토야마 유키오. 2011. "기조발제" 외교통상부 · 조선일보 · 세종연구소(공동주최) 〈한 · 일 · 중 3국 협력 사무국 출범 기념 국제학술회: 평화와 공동번영의 新동북아 시대를 위하여〉 논문집. xv–xvii.

가와 루이(일본 외무성)이었다. 2013년 9월에 취임한 TCS 2기 집행부는, 사무총장에 일본측 이와타니 시게오(岩谷滋雄), 한국측 사무차장 이종헌, 중국측 사무차장은 천펑(陳峰)이었다.[19]

중국의 일대일로 전략과 미국의 인도 태평양 전략[20]

중국은 G2로 부상한 이후 일대일로(一帶一路, One Road One Belt) 정책을 추구하고 있다. 일대일로란 육상과 해상의 신(新)실크로드 경제권을 만들고자 하는 중국의 21세기 신(新)국가전략이다. 일대(一帶, One Belt)란 중앙아시아와 유럽을 잇는 육상실크로드이고, 일로(一路, One Road)는 동남아시아와 유럽·아프리카를 연결하는 해상실크로드를 뜻한다. 시진핑 주석이 2013년 9~10월 중앙아시아 및 동남아시아 순방에서 처음 제시한 전략이다. 시진핑 주석이 2013년 9월 카자흐스탄에서 실크로드 경제벨트를, 10월 인도네시아에서 21세기 해양 실크로드 개념을 각각 처음 제시했다.

중국은 2020년 들어 대만해협과 남중국해 등에서 활발한 군사활동을 전개하고 있다. 코로나 사태에서도 남중국해에서 중국의 공세는 계속되고 있다. 중국은 남중국해 대부분(80~90%)을 중국 영해라고 주장하고 있다. 예컨대 중국은 2013년 1월 필리핀이 중재 신청한 남중국해 영유권 분쟁에 대해 2016년 7월 12일 국제중재재판소가 중국이 주장하는 남중국해 9단선의 법적 근거가 없다는 판결에도 이를 무시하고 베트남·필리핀·말레이시아 등 남중국해 연안 국가들의 배타적 경제수역을 활보하면서 이들 국가들과 대립하고 있다.

---

19 『중앙일보』. 2013.10.1. p.23.

20 이 부분에 관하여는 김강녕. 2021. "미·중 해양패권 경쟁과 역내 해양안보." 한국해양전략연구소(KIMS) 편. 『2020-2021 동아시아 해양안보정세와 전망』. 박영사. pp.221-230.

반면, 미국이 추구해온 해양 질서의 핵심은 '해양에서의 자유항행과 열린 해양을 통한 접근의 유지'다. 미국은 중국의 해양 패권 도전에 대응하여 2015년 10월 이래 '항행의 자유작전'(FONOP: Freedom of Navigation Operation)을 전개해왔다.

중국의 일대일로 정책에 대응하여 미국은 인도·태평양전략으로 대처하고 있다. 인도·태평양전략은 2017년 11월 이후 미국 트럼프 행정부가 주요 외교 및 국방전략으로 설정한 전략이다. 2017년 11월 트럼프 대통령은 아시아 순방에서 '자유롭고 개방된 인도·태평양(FOIP: Free and Open Indo-Pacific)'의 안전·안보 그리고 번영에 대한 미국의 약속을 지키겠다는 비전을 밝히면서 인도·태평양지역 개념을 처음 사용하기 시작했다. 일본의 아베 신조(安倍晋三) 총리도 2007년 인도 연설에서 인도·태평양전략에 대해 언급한 바 있다.

트럼프 행정부는 이미 지난 2018년 5월 세계 2위 경제력을 가진 중국을 견제하기 위해 특단의 조치를 취했다. 전후 미 해군력을 상징하는 미국의 태평양사령부를 인도·태평양사령부로 개칭하며 담당 지역을 인도양까지 확대했다. '인도·태평양'이라는 용어는 중국의 해양 패권 추구(즉 일대일로 전략)를 강력히 견제하겠다는 의지가 담겨있다.

조영식 박사의 견해: 세계국가연합(Global Common Society)[21]

조영식 박사는 서론에서 언급했던 전쟁의 해소책으로서 한걸음 더나아가 아래에서와 같이 유엔(UN)헌장 정신에 따라 팍스 유엔(PAX UN)을 중심으로

---

21 조영식 박사의 세계국가연합(Global Common Society)견해에 관하여는, 조영식. 2021. 앞의 논문. pp.230-316.

한 지구의 대협동 사회 · 공동사회 즉 세계 국가연합(Global Common Society)을 제시하고 있다.

> 지금까지 인류역사가 약육강식 하는 자연법칙(정글의 법칙)하에 있었음을 깊이 반성하면서 대소국의 동권(同權)과 공영(共榮)을 보장하는 보편적인 민주 사회를 만들자. (조영식, 313)

> 평화는 인간 생활에 대해 대전제이고 기반이다. 앞으로 인류사회는 약육강식의 지배 논리에서 벗어나 만민의 자유 평등과 공존 공영을 보장하는 유엔(UN)헌장 정신에 따라 팍스 유엔(PAX UN)을 중심으로 한 지구의 대협동 사회 · 공동사회 즉 세계 국가연합(Global Common Society)을 이룩하자. (조영식, 314)

이상에서와 같이 조영식 박사는 유엔헌장 정신에 입각한 전세계적인 국가연합을 역설하고 있으나 이는 현재의 유엔처럼 관할범위가 너무 커서 실제적으로 그 이상을 실현하기 위하여서는 그에 앞서 유럽연합과 같은 아시아지역공동체의 창설을 통해 우선 아시아 지역 범위 내에서 그 평화의 이상을 추진할 필요가 있다고 본다.

이케다 다이사쿠 회장의 견해: 비핵 평화론

앞의 서론에서 전술한 바와 같이, 이케다 다이사쿠 회장은 그의 논저에서 비핵 평화론에 관하여 구체적 대안도 제시하고 있다.

그는 특히 북핵 문제가 교착상태에 있는 동북아시아의 유관국(남북한 · 미국 · 일본 · 중국 · 러시아)부터 6자회담을 통하여 '핵 비사용 선언 지역'을 설치하여 '어느 나라 사람도 핵무기의 희생자로 만들면 안된다'는 이념을 지구적으로 확대하고 '핵무기 없는 세계'를 만드는 데 앞장서야 한다고 주장하고 있다.[22]

이러한 이케다 다이사쿠 회장의 대안은 우선 아시아지역에서의 현안부터 집중 해결하여 이를 전세계적으로 확산하자는 차원에서 현실적이다. 필자는 이러한 측면에서도 우선 아시아 지역공동체의 창설의 필요성을 제시하고자 한다.

전홍찬 교수의 아시아공동체론

필자는 마지막으로 아시아지역공동체의 창설추진과 관련하여 주요한 시사점을 주는 전홍찬 교수의 글을 소개하고자 한다. 전교수는 독일과 프랑스 (독·불) 양국 간의 화해 과정에서의 교훈점을 도출하여 그에 기초한 아시아 연합론을 제시하고 있다.[23]

주지하는 바와 같이, 독·불 양국 간의 화해는 그 효과가 현재 27개국으로 구성된 EU의 결성에도 크게 기여하였다.

(1) 독불 화해 계기(전홍찬, 92~94)

1~2차 세계대전을 전후로 하여 3백여 년간 철천지 적대적 관계에 있던 독불 간의 화해의 계기는, 1963년 1월 22일 양국이 체결한 이른바 '엘리제 조약(독일·프랑스 우호조약)'이었다. 엘리제조약은 외교 혁명이었다. 원수 관계를 한 세대만에 제1 우방으로 만들었다. 그래서 화해 외교의 모범으로 꼽힌다.

---

22 동북아시아 지역에서의 이케다 다이사쿠 회장의 비핵 평화론에 관하여는 이케다 다이사쿠. 2020. 앞의 논문. p.309.

23 전홍찬. 2022. "한일관계 회복을 다시 생각함: 프랑스-독일 화해외교가 주는 교훈." 『지역사회』제3권 2호. pp.92-98.

비슷한 시기에 한국과 일본도 한일 기본조약(1965년)을 체결하였으나 과거사 청산과 지속적인 화해를 만들어내지는 못했다(전홍찬, 94).

독불간의 엘리제 조약(the Elysee Treaty, 1963.1.22)에 이르기까지는 독불 정상은 15차의 정상회담을 가졌다. 이 조약을 통해 양국은 화해를 공식 선언하고 지속적인 관계개선을 위한 실행 계획을 공동으로 마련하였다. 엘리제조약(1963년)에서 아헨조약(2019년)에 이르기까지 56년간 독불 양국은 112차례의 정상회담을 가졌다(전홍찬, 95).

엘리제 조약(1963년) 체결 이후 양국의 지도자들은 엘리제 조약을 충실히 계승하였다. 특히 독불 양국의 역사적 적대감을 청산했음을 보여준 가장 상징적인 장면은, 제1차 세계대전 발발 70주년을 기념하여 1984년 프랑스 사회당 미테랑 대통령과 서독 기민당 콜 총리가 회동한 베르덩(Verdun) 회동이었다. 이 회동에서 미테랑 대통령은 2차세계대전을 독일 국민과 싸운 전쟁이 아니라 나치와 싸운 전쟁으로 규정하였다.

엘리제 조약을 체결한 후 지금까지 60년에 이르는 동안 양국 정상들은 집권 후 외무장관을 대동하고 상대국을 제일 먼저 방문하는 관례도 만들었다. 최근 취임한 독일의 숄츠 총리도 첫 해외 방문지로 프랑스를 방문하였다. 그만큼 두 나라 독불 양국의 지도자들이 양국간 우호관계 발전에 최고 우선순위를 두고 있는 것이다(전홍찬, 96).

(2) 독불과 한일 화해의 차이

엘리제 조약이 한일 기본 조약(1965년)보다 과거사 청산에 성공한 요인은 그것은 보상이 아니라 화해에 초점을 둔 점이 가장 큰 차이이다. 엘리제 조약은 독불 양국 간 보상보다는 교류에 초점을 두었고 더 나아가 이를 의무화했다(전홍찬, 97).

(3) 독불화해의 구체 경과

첫째, 정부 고위 공직자들 간의 회담을 정례화했다. 정상회담은 매년 2회 이상 개최할 것을 규정하고, 외무부장관·국방부장관·교육부 장관은 매년 4회, 가족 청소년부 장관·외무부 고위직·각 군 참모총장은 2개월에 1회 이상 만나도록 의무화했다. 아헨조약(2019년)에서는 양국 간의 외교·안보 정책을 조율하는 '공동 국방·안보위원회'를 설치하였다. 그리고 분기당 1회 씩 정부 각료 1명을 상대국에 파견하여 국무회의에 참석시키는 결정도 합의 하였다. 이와 같이 정책 당국자 간의 정례회담을 의무화함으로써 독불양국 은 상호 신뢰와 이해의 폭을 증진시킨 것이다(전홍찬, 97).

둘째, 엘리제 조약에서 더 많은 비중을 둔 것은 국민들 간의 신뢰 회복이 었다. 이러한 것을 목적으로 다양한 민간교류 프로그램을 만들고 이를 법으 로 제정하여 강도 높게 집행한 것이 엘리제 조약에서 가장 중점을 둔 과거사 청산 프로세스였다. 그중에서도 가장 많은 비중을 청소년 교류에 두었다. 이 를 집행하기 위해 양국은 가장 먼저 독일·프랑스 청소년 교류 사무국부터 설치하였다. 이 과정에서 독불 양국 정부는 매년 약 2천만 유로를 출자하여 중고등학교·대 학교·각종 청소년 단체·스포츠 단체 등이 제안한 교육 프 로그램들을 선정하여 재정 지원을 하고 있으며, 그 결과 매년 7천여 건에 이 르는 교육 및 친목 프로그램을 지원하고 있다(전홍찬, 97). 독일·프랑스 대학 간 연합 프로그램(1997년)에 의거하여 독불 양국에서 180개 대학이 참여하여 한 해에 평균 6천명이 복수학위를 취득하고 있다(전홍찬, 98). 아헨조약(2019 년)에 의거하여 양국이 상대국 언어 교육을 강화하여 궁극적으로 교육체계 를 통합하고 프랑스어와 독일어를 행정 공용어로 사용하는 목표도 공표하였 다(전홍찬, 98).

(4) 독불 화해의 교훈과 의의

독불 화해 가능 요소는, 양국 정치 지도층들이 엘리제 조약 전후로 하여 꾸준히 과 거청산과 화해 프로세스를 계속 진행했다는 사실이다.

화해 방식을 보상이 아니라 양국 정부와 국민들 간의 상호존중 · 신뢰 · 우의 형성에 두었다는 점이다.

양국 정부 간의 교류협력의 제도화와 특히 청소년 교류사무국을 민간 자율 행사가 아닌 국가 사업으로 추진하였다는 점이다(전홍찬,98).

(5) 독불 화해와 유럽연합

독불 양국간의 화해는 그 효과가 현재 27개국으로 구성된 유럽연합(EU)의 결성에도 크게 기여하였다.

프랑스와 독일이 중심이 된 유럽 석탄 철강 공동체(ECSC) 6개국이 EU 창설로까지 발전하는 주도체의 역할을 했던 것이다(전홍찬, 98).

(6) 독불 화해와 아시아 지역공동체 전망

한국과 일본 · 중국이 과거를 청산하고 안정된 화해를 이룬다면 아시아공동체 형성에 커다란 출발점이 될 것이다(전홍찬, 98).

IV. 결론: 아시아 지역공동체의 창설을 위한 전망과 구상

인류의 역사는 전쟁과 평화가 교차되는 역사였다. 조영식 박사는 그의 저서에서 인류의 역사를 전쟁의 역사로 규정하고 그러한 전쟁은 반평화 · 반민주 · 반인간적인 소행으로 평가하였다. 조영식 박사는 전쟁의 해소책으로서 한걸음 더 나아가 유엔(UN)헌장 정신에 따라 팍스 유엔(PAX UN)을 중심으로 한 지구의 대협동 사회·공동사회 즉 세계 국가연합(Global Common Society)을 제시하였다. 그러나 세계국가연합 대안은 이상적인 혜안이지만, 현재의 유엔처럼 관할범위가 너무 커서 실제적으로 그 이상을 실현하기 위하여서는 그에 앞서 유럽연합과 같은 아시아지역공동체의 창설을 통해 우선 아시아지역 범위 내에서 그 평화의 이상을 추진할 필요가 있다고 본다.

이케다 다이사쿠 회장은, 현재 북한 핵문제 등과 관련하여 '핵무기 없는 세계' 실현을 위한 근본방침은 이미 1957년 창가학회 도다 조세이 제2대 회장의 '원·수폭 금지 선언'을 통해 제시되었다고 주장한다. 아울러 '핵무기 없는 세계' 실현을 위한 근본적인 대책은 핵무기를 용인하려는 사상을 근절할 것과 비핵화를 위해 국제여론과 시민사회의 의사를 결집해 전세계 인류가 어느 나라든 '핵무기 없는 세계'라는 목적을 위하여 모든 핵무기 개발을 금지하고 방지하는 제도의 확립을 제언하고 있다.

이케다 다이사쿠 회장은 특히 북핵 문제가 교착상태에 있는 동북아시아의 유관국(남북한·미국·일본·중국·러시아)부터 6자회담을 통하여 '핵 비사용 선언 지역'을 설치하여 '어느 나라 사람도 핵무기의 희생자로 만들면 안된다'는 이념을 지구적으로 확대하고 '핵무기 없는 세계'를 만드는 데 앞장서야 한다고 주장하고 있다.

이러한 이케다 다이사쿠 회장의 대안은 우선 아시아지역에서의 현안부터 집중 해결하여 이를 전세계적으로 확산하자는 차원에서 현실적이다. 필자는 이러한 측면에서도 우선 아시아 지역공동체의 창설의 필요성이 있다고 제안하고자 한다.

EU의 창설은, 제2차세계대전 이후 유럽의 평화 유지·전쟁 후 폐허가 된 유럽의 경제 재건 그리고 독일의 견제라는 제반 과제들과 관련하여 우선 경제협력의 접근법을 모색하는 과정에서 시작되었다. 그리하여, 1951년 유럽 석탄·철강 공동체(ECSC)를 창설하는 것으로 출발하여 유럽경제공동체(EEC)를 거쳐 마스트리히트 조약(the treaty of Maastricht or The Treaty on European Union)이 1993년 11월 1일 발효되면서 EU의 창설에 이르게 되었다.

아시아지역은 유럽과 달리 1-2차 세계대전을 전후하여 사상·이념·영토분쟁과 세계적인 정치·경제·군사적 주도권 쟁탈 과정에서 주변부적 피해자였다는 점에서, 오히려 지역통합의 가능성은 EU 보다 더 크다고 볼 수 있다.

아시아 지역공동체 창설은, 기존의 ASEAN에 한중일 3국만 결합하면 EU와 같이 아시아연합으로 창설이 가능하다고 본다. 그러나 전술한 바와 같이 현재 한국과 일본 그리고 중국과 일본 간의 역사분쟁과 영토분쟁·북한핵 문제 및 일대일로 정책과 인도 태평양 전략의 대립 등으로 인해 성사되지 못하고 있는 것이다.

그러나, 이상에서와 같이 지역통합을 가로막는 저해 요인도 있지만 아시아지역공동체의 결성을 위한 건실한 움직임이 계속되어왔음을 발견할 수 있다. 동남아국가연합(ASEAN) – 아시아 태평양 경제 협력체(APEC) – ASEAN+한중일 3국 정상회의 – 동아시아 정상회의(EAS)와 3국 협력 사무국(TCS)같은 지역통합 기구를 통해 통합의 초석을 다져왔기 때문이다.

EU의 창설과 운영과정을 회고하여 볼 때, 금후 아시아지역공동체 결성과정에서의 최대난관은, 이 지역공동체의 운영 과정상의 정치적인 주도권 문제때문일 것으로 예측되어진다. 따라서, 정치·군사 부문에서의 분쟁의 사안은 장기적인 해결 대상의 과제로 미루어 두고, 비(非)정치·비군사 차원에서 유관 국들 간의 사회·문화·경제적인 차원에서의 교류 추진을 통해 지역통합을 추진하여 가야한다고 본다. 이상에서와 같은 아시아지역공동체가 창설되면 기존의 EU와 결합하여 실질적으로 촘촘한 유라시아(EURASIA) 시대가 도래할 것이고, 유라시아 연합(EURASIAN UNION)의 시대도 실현될 것으로 예측된다.

제2부

—

평화를 위한 조영식의
리더십과 도전

제4장

조영식 박사의 생활신조와
밝은사회 구현[*]

신대순
경희대학교 행정대학원 명예교수
GCS국제클럽한국본부 부총재

Ⅰ. 서론

조영식과 이케다 다이사쿠 두 분의 업적을 기리는 학술세미나는 단순히 업적을 회고하자는 차원을 넘어 두 분이 살아온 생활철학과 추구하고자 했던 이념을 되새겨 봄으로써 현재를 살아가는 우리들이 무엇을 생각하고 무엇을 바라보며 어떻게 살아야하는 가를 깨닫고 올바른 인류사회의 진로를 바라보면서 인류가 함께 나아갈 방향을 모색하고 실천하자는 데 의의가 있다고 생각된다.

조영식 박사와는 1980년 경희대학교 교수로 오면서 알게 되었지만 밝은사회운동 초기부터 이론개발과 클럽확산에 직접 참여하여 활동하였기 때문

---

[*] 〈조영식 · 이케다 다이사쿠 평화포럼 2024〉의 기조연설 원고를 보완한 것임.

에 평소 많이 만날 수 있었고 깊은 인간관계를 갖게 되었다. 이케다 다이사쿠회장과는 깊은 인간관계는 없었지만 1997년 7월에 일본 소카대학교를 방문했을 때 이케다 다이사쿠 설립자를 뵌 적이 있다. 그때 인류평화학술 진흥에 기여했다는 공적으로 설립자께서 직접 저에게 주신 소카대학교 영예상장과 메달을 지금도 간직하고 있어 오늘 이 세미나가 큰 의의가 있다고 생각된다. 당시 두 분이 직접 인류사회의 진로를 주제로 세미나형식으로 진행하였는데 핵심내용은 "현대인들은 인류가 지향해야할 공동목표하나 정하지 못하고 살아가고 있으며 인류사회는 큰 위기에 봉착하고 있다. 이대로 간다면 공룡이 지구상에서 사라지듯 많은 생물이 자취를 감출 것이며 인류도 종말을 맞게 될 지도 모르니 뜻을 같이하는 사람들이 힘을 합쳐 인류사회의 위기를 극복하고 인류의 안전과 번영의 기틀을 마련해야한다"는 인류의 비전에 관한 내용이었다. 인류의 미래를 내다보며 우리 모두에게 비전을 제시한 두 석학들의 웅변이었다. 두 대학을 중심으로 세계평화와 인류의 번영을 위한 학술 연구와 실천적 노력이 지속적으로 진행되고 있는 것으로 알고 있다.

여기서는 조영식 박사가 생존 시 생활 속에서 지켜왔던 생활신조를 살펴보고 세계평화와 인류의 번영을 위해서 실천해왔던 사회운동에 대하여 고찰해 보기로 한다.

II. 조영식 박사의 생활신조

생활신조란 인간이 살아가면서 생각하고 행동하는 데 있어서 기본이 되는 신념이라 할 수 있다. 즉 일상생활 속에서 지키고자하는 행동지침 내지 생각하고 판단하는 데 있어서 기준이 되는 마음의 교본이다. 조 박사는 항상 생각하고, 생각을 구체화하여 계획을 세우고, 실천방법을 모색하여 실천에 옮긴 분이다. 경희대를 설립하고 유치원부터 초 중 고 대학 대학원까지 종합적인 교육의 전당 경희학원을 발전시켜왔으며 실향민으로서 무에서 유를 창조한 분이다. 한국이 당시 세계에서 가장 빈곤한 나라에 속하고, 실업률 문맹률이 가장 높은 나라, 발전이 전혀 기대되지 않는 후진국으로 세계에 알려져 있었기 때문에 한국인으로서 국제적인 활동을 하는 데는 많은 어려움이 있었다. 그러나 조 박사는 경희대학교 총장으로서 외국의 석학들과 친밀하게 정보를 교환하였고 세계대학총장회를 주도하였으며, 당시는 우리나라가 유엔 회원국도 아니었기 때문에 한국인이 유엔회원국들과 교류한다는 것은 쉬운 일이 아니었다. 어려운 여건 속에서도 조 박사는 유엔으로 하여금 1986년을 평화의 해로 선포하도록 하였으며 매년9월3째 화요일을 ˝평화의 날˝로 선포하도록 한 저력은 평소 실천해온 생활신조가 있었기에 가능했다고 생각된다. 생활신조로 판단되는 삼정행이론. 주의생성론. 삼정명상. 독서와 저술 대하여 보기로 한다.

1. 삼정행(三正行) 이론

조 박사는 사회생활, 연구 활동, 사회운동을 추진함에 있어서 평소 삼정행 이론을 생활신조로 삼아 생각하고 실천하여왔다. 삼정행이란 정지(正知:바르게 알고) 정판(正判:바르게 판단하고) 정행(正行:바르게 행동한다)을 의미하는데 이는 인간이 살아감에 있어서 지켜야할 기본적 생활지침이라 할 수 있다. 누구나 살아가면서 무수한 선택의 과정을 거쳐 어떤 목표를 정하고 실천하게 된다. 결국 지혜를 바탕으로 여러 대안가운데서 하나를 선택하게 되는데 그러기위해서는 정확하게 알아야하고 올바르게 판단할 수 있어야하고 바르게 행동으로 옮겨야한다는 것이다. 현대인들은 지난날의 우리조상들에 비해 정보통신의 발달로 많은 정보를 얻고 활용하고 있으며 의무교육제도와 교육열로 고등교육을 받은 지식인이 늘어나고 있다. 그러나 인정은 매마라가고 이웃을 모르고 살고 있어, 생각하고 행동하는 습성을 키워야한다고 강조하면서 모두가 삼정행을 생활화할 수 있도록 해야 한다고 하였다. 바르게 알고 바르게 판단하고 바르게 행동한다는 것 그렇게 어려운 일도 아니며 누구나 마음만 먹으면 실천할 수 있는 덕목이라 할 수 있다. 그러나 많은 사람들은 생활 속에서 생각하려고 하지 않으며 빨리하려고 서두르는 경향이 있어 삼정행을 실천하기는 쉽지 않다. 삼정행을 실천하려는 의지가 있어야하고 실천적 노력으로 생활화하고 습관화해야할 것이다. 삼정행을 행하면 못 이룰 일이 없을 것이며 사회 모두가 삼정행을 행하면 서로 돕고 협동하는 밝은사회, 인류가 모두 형제자매로 연결되는 지구가족사회를 이룰 수 있을 것이다.

2. 주의생성론(主意生成論)

조 박사는 우주만물의 생성변화를 전승화(全乘和)이론으로 정리하면서 우주만물의 변화는 시간 공간 환류 실체 등이 유기적인 상호관련을 하면서 이루어진다는 사실을 설명하고 있는데 우주만물의 변화는 자연적 변화와 인위적 변화로 나눌 수 있다고 하였다. 자연적 변화는 자연법칙에 따라 나타나는 변화이고 인위적 변화란 인간의 의지작용에 의해서 의도적으로 변화를 추구함으로써 나타나는 변화이다. 자연현상은 자연법칙에 따라 변화되고 사회현상은 인간의 의지작용에 의해서 의도적 노력에 의해서 변화되지만 자연적 변화와 인위적 변화는 명확히 구분되기 보다는 혼합적 복합적으로 나타나는 경우가 많다. 지구상의 모든 현상은 변화하고 있다. 자연현상은 자연법칙에 따라 변화되고 있으나 인간의 의지작용에 의해서 변화되기도 한다. 오늘의 도시화 산업화는 인간의 의지작용의 결과물이라고 할 수 있다.

주의생성론에서 중요한 요소는 인간이 추구하고자하는 바람직한 목표설정이다. 어떤 목표를 추구하느냐에 따라 인간이 달라지고 사회가 변화한다. 목표 없는 생활은 방황하는 생활이며 잘못된 목표는 살기 어려운 사회를 만들어갈 것이다. 우리는 대립 투쟁의 사회를 바라지 않으며 화합 협동의 사회를 지향한다. 조 박사는 평화 안정 번영이 약속되는 협동사회를 오토피아라고 하였다. 즉 오토피아는 정신적으로 아름답고 물질적으로 풍요하고 인간적으로 보람 있는 인간이 마땅히 이루어야할 당위적 요청사회라고 하였다. 이러한 오토피아사회를 이루기위한 방법론으로 제시된 것이 주의생성론이다. 오늘의 인류사회 과연 인간이 살기 좋은 사회인가. 과연 인간은 올바른 목표를 설정하고 바른 길을 가고 있는가. 오늘의 사회현상 이대로 간다면 오토피아가 실현될 수 있을 까. 겉으로는 과학기술의 발달로 도시화 산업화가 진행되고 우주개척의 시대를 열어가고 있지만 좀 더 내면을 보면 우려하지 않을 수 없다. 과학화 기계화로 인간이 기계화되고 인간관계가 소외되고 대립투쟁은 지구상에서 끝일 날이 없고 후진 국가들까지도 원자탄을 만들 수 있어 지구는 화약고로 변모되고 세계핵전쟁이 나면 인류는 전멸될지도 모르는 위기로 치닫고 있다. 이 상태를 방치할 수 없다. 인간의 의식을 바꾸고 바람직한 목표를 설정하고 선의 협동 봉사-기여의 생활을 실천하고 인류 모두가 가족정신을 키워 더불어사는 인류협동사회를 구현해야한다.

우리는 모두가 주의생성론에 입각하여 바람직한 목표를 설정하고 그 목표달성을 위해서 함께 노력하는 실천적 노력이 있어야할 것이다.

3. 삼정명상

인간의 의식이 사회변화의 원동력으로 오늘의 사회상은 바로 지난날 살아온 인간의 의식의 결과이고, 미래의 상태는 오늘을 살아가는 사람들의 의식과 행동에 의해서 결정된다고 할 수 있다. 이처럼 인간의 의식은 한 개인에 있어서는 인생의 성공여부를 결정하는 요소이고 사회단체나 국가는 국민들이 가지고 있는 의식수준에 의해서 변화 발전이 이루어지게 된다. 그러나 인간의 의식은 교육과 수련의 과정을 거쳐 형성되며 부모의 가르침, 학교에서의 교육, 사회선배들로부터의 배움을 통해서 형성된다. 외부로부터의 교육도 중요하지만 한 사람 한 사람의 자기수련의 과정도 중요하다.

주의생성론을 주장해오던 조 박사는 어느 날 사회지도자들이 모인자리에서 명상에 대하여 설명하였다. 현대인들은 목표의식이 없이 감정적이며 즉흥적이며 지나친 이기주의 사고방식으로 자아를 상실하고 있다고 강조하면서 올바른 생각을 가지고 바르게 살기위해서는 정신수련인 명상이 널리 보급되어야한다고 강조하였다.

인간은 물질적인 외면의 세계와 정신적인 내면의 세계를 동시에 지니고 있다. 많은 사람들이 눈에 보이고, 형태를 알아볼 수 있는 외면의 세계에는 관심을 두고 있으나 내면의 정신세계에 대하여는 무관심하고 멀리하려는 경향이 있다. 정신세계는 보이지 않고 경험하기 어려운 분야이기 때문이다. 사실 우리는 제한된 범위 내에서만 인지하고 기억하고 활용하고 있다. 빛이 너무 강해하거나 어두어도 볼 수 없다. 너무 빠르게 움직여도 형체를 알 수 없고 너무 느리게 움직여도 움직임을 볼 수 없고 물체가 지나치게 크거나 작아도 볼 수 없다. 인간은 이처럼 제한성을 지니고 있기에 선각자들은 보이지 않는 정신세계를 탐구하려고 노력하였으며 명상을 계발하여 다양하게 활용하고 있다. 보다 완전한 인간이 되려고 명상을 했고 초능력을 얻으려고 명상을 하였다. 특히 건강을 위해서 많이 활용하고 있으며 정신집중 목표를 달성하려고 명상을 하고 있다. 예전에는 신의 계시를 받은 사람 종교인 예술인등 특수계층만 하는 것으로 알았으나 명상의 효과가 널리 알려지면서 많은 사람들이 여러 가지 형태로 명상을 활용하고 있다. 오늘 날에는 건강 지능향상 특기개발 심신안정 나쁜 버릇고치기 등에 이르기 까지 다양하게 활용되고 있다.

명상은 사람에 따라 목적에 따라 다르게 하고 있어 처음 하려고 하는 사람들은 당황하게 되고 어떤 것을 해야 할지 망설여지게 된다. 일반적으로 명상은 바른 자세를 취하고 심호흡을 하며 긴장을 풀고 정신통일 상태에 이르도록 하는 기법이다. 장소가 문제되지 않으며 어떠한 형식으로 하느냐도 중요하지 않다. 앉아서 누워서 걸으면서도 가능하다. 집에서 할 수도 있고 산에서도 할 수 있고 좁은 골목에서도 할 수 있다. 명상을 어렵게 생각할 필요가 없으며 깊은 휴식이 명상이라해도 무방하다. 집에서 가사 일을 할 때, 운동할 때, 잠시 차를 기다릴 때 명상이 가능하다. 농사일하는 사람들은 땅도 쉬게 하며 한 작물을 매년 한 장소에 심지 않고 다른 곳에 옮겨 심어야 곡식이 잘되고, 과일 나무도 자연 상태에서는 한해 걸러 많은 열매를 갖는다고 한다. 모든 생명체는 휴식을 통해서 생명력을 얻고 어려움을 극복하고 생명체를 유지한다. 명상은 이러한 자연의 휴식 원리를 참고한 건강관리기법이라 할 수 있다. 명상의 기본요소로는 바른 자세 심호흡 긴장풀기를 들 수 있다.

1) 첫째 명상: 바른 자세를 중시한다.

삼정명상은 위에서 설명한 삼정행이론을 명상에 적용한 것이라고 할 수 있다. 명상에서 삼정은 정심(正心) 정자(正姿) 정행(正行)을 말한다. 바른 마음, 바른 자세를 취하며 바르게 행동하라는 뜻이다. 허리를 펴서 몸을 곧게 하고 목과 허리는 씨(C)자가되게 한다. 소파에 앉아 TV를 보거나 컴퓨터 또는 휴대폰을 사용할 때 등이 굽고 머리는 앞으로 숙이고 비정상적인 자세를 취하는 경우를 보게 된다. 잠깐 자세가 나쁘다고 무슨 문제가 되겠느냐고 생각하는 사람이 많으나 그러한 나쁜 자세는 습관이 되어 일상생활에서 나쁜 자세를 취하게 되고 골격 근육에 이상이 발생하여 여러 가지 질병에 시달리게 된다. 목 허리 고관절의 건강을 위해서 바른 자세를 취하는 훈련이 필요하고 명상을 통해서 자른 자세를 습관화해야한다.

시선은 눈높이보다 약간 위에 한 점을 정하고 그 한 점을 응시한다. 한 점을 응시함으로써 정신을 안정시킬 수 있고 정신통일을 가능하게 한다. 이때 머리를 상하 좌우로 움직이며 목운동을 한다면 목디스크를 예방하고 치료할 수 있을 뿐만 아니라 두뇌운동도 되어 뇌세포를 건강하게 유지할 수 있다. 명상의 수련은 자세를 바로 하는 훈련이라 할 수 있다.

2) 둘째 명상: 심호흡을 중시한다.

명상에서 심호흡은 억지로 힘을 주어 호흡을 하라는 것이 아니라 어릴 때 복식호흡을 하던 방식대로 자연스런 호흡을 하자는 것이다. 어린이가 호흡하는 것을 보면 호흡이 일정하고 깊이 쉬며 들이마실 때는 배가 나오고 내쉴 때는 배가 들어가는 것을 보게 되는데 나이가 들어가면서 배로 호흡하지 않고 가슴으로 호흡하는 경향이 있다. 가슴으로 호흡하면 호흡량이 부족하여 필요한 산소를 몸의 전 기관 세포에까지 잘 전달하지 못하는 경향이 있다. 산소는 생명유지에 가장 필요한 요소이다. 이처럼 중요한 요소에 대하여 그 중요성을 인식하고 정식으로 호흡하는 사람은 많지 않다. 그래서 현대인들에게는 호흡하는 것도 수련이 필요하고 매일 명상생활을 통해서 정상적인 호흡이 이루어지도록 해야 할 것이다. 갓 태어난 아이가 처음으로 하는 호흡이 숨을 내쉬는 날숨이라고 한다. 심호흡을 한때 먼저 폐에 있는 공기를 전부 내뱉는 날숨부터 시작한다. 날숨을 할 때는 폐에 공기를 다 내보내기 때문에 자연스럽게 아랫배가 들어간다. 그리고 서서히 들이쉬는 들숨을 한다. 배가 나오고 들어가게 배로 하는 호흡을 복식호흡이라고 하며 배꼽아래 단전에 의식을 집중하고 하는 호흡을 단전호흡이라고 한다. 어떤 형태로든 산소를 최대한 받아드린다는 기분으로 의식을 집중하고 호흡하면 된다.

3) 셋째 명상: 긴장풀기를 중시한다.

복잡한 사회생활 속에서 몸은 피로해지고 근육은 긴장하여 저녁 때가되면 나른해지는 것이 보통이다. 근육에 긴장이 지속되면 근육 뭉침 어혈이 생기게 되고 혈액순환을 방해하여 정상적인 신진대사를 어렵게 만든다. 긴장을 해소하는 기법이 많이 개발되어 활용되고 있는데 명상도 한 방법이다. 명상할 때 자기 자신에게 긴장을 풀라는 명령하는 방법이 있다. 우리 몸은 자신이 명령해도 듣게 되어 있다. 그리하여 머리 상단부터 시작하여 발끝까지 내려하면서 긴장을 풀라는 명령을 하고 또한 그러한 명령으로 긴장이 풀어지는 기분을 느낀다. 또 다른 방법으로는 부분적으로 힘을 주었다 푸는 방법이 있다. 즉 주먹을 힘 있게 꼭 쥐었다가 힘을 빼면 긴장이 풀어지는 것을 느낄 수 있다. 이러한 방법으로 눈 어깨 손 배 발 등으로 내려오면서 힘을 주었다가 풀면 전체의 긴장된 근육이 이완되고 피로가 사라지게 된다. 조 박사는 명상을 널리 보급하여 모두가 건전한 생활을 할 수 있도록 하라고 당부하였다. 그리하여 밝은사회운동을 전개함에 있어서는 모일 때마다 명상을 하여 습관화하도록 하고 있다. 명상하는 목적에 따라 여러 가지형태를 찾아볼 수 있으나 삼정명상을 함에 있어서 지켜야할 과정을 보면 다음과 같다. 명상을 하는 동안에는 눈을 감는다.

첫째는 바른 자세를 취한다. 앉아서 하는 것이 좋으며 허리를 펴고 손의 엄지 검지 중지를 모아 원이 되게 하고 무릎위에 올려놓는다. 마음이 평온한 상태를 유지하도록 한다.

둘째는 심호흡을 한다. 가슴을 펴고 호흡을 서서히 길게 내쉬고(내쉴 때 배는 들어가게 한다), 들이쉬기를(들이쉴 때 배가 나오게 한다) 한다.

셋째는 자기몸 둘러보기를 한다. 머리상단에서부터 시작하여 눈 목 어깨 아랫배 발바닥까지 내려가면서 의식을 집중했다가 푼다. 힘을 줄 수 있으면 힘을 주었다가 힘을 뺀다.

넷째는 자연현상 둘러보기를 한다. 등산하는 기분으로 숲 계곡물 산새소리 꽃향기 바위 산정상을 생생하게 그린다.

다섯째는 우주현상 둘러보기를 한다. 우주선을 타고 별들 사이를 달리는 기분을 느끼며 우주본체에 들어간다고 생각한다.

여섯째 소망사항 그리기를 한다. 자기 가족 사회에 대하여 소망하는 바가 있으면 그 소망이 이루어지기를 기원한다.

이와같은 과정이 끝나면 되돌아오기를 한다. 즉 우주여행까지 했으니 지구의 현 위치로 되돌아온다는 기분으로 되돌아오기를 한다.

4. 독서와 저술활동

조 박사가 일상생활에 가장 비중을 둔 것은 읽고 쓰는 생활이었다고 할 수 있다. 어려서 조 박사는 책을 손에서 놓지 않았다고 하며 주변에서 사람들이 책 별래라는 별명을 불렀다고 한다. 일찍이 춘원 이광수의 흙, 심훈의 상록수를 읽으며 우리나라의 후진성을 극복하는 가난극복의 선도자가 되겠다는 의지를 키웠고 위인전 세계문학전집을 읽으면서 세계지도자의 꿈을 키우기도 하였다. 조 박사는 중학시절 공자 소크라테스 파스칼 칸트에 이르기까지 동서양 사상전집을 정독하였고 독서를 통해서 지도자의 자질을 키우며 장차 이 사회를 살기 좋은 사회, 서로 협동하고 서로 돕는 밝은사회를 만들어 보겠다고 다짐한다. 조 박사는 독서만으로 그치는 것이 아니라 보다 많은 사람에게 알리기 위해서는 글을 써야겠다고 결심한다. 이러한 독서를 통해서 습득한 지혜를 바탕으로 저술활동에 심혈을 기울이었다. 1948년 27세에 처음으로 "민주주의 자유론"을 썼고 3년 뒤에는 전쟁 중에도 "문화세계의 창조"를 출간하였다. 전쟁으로 폐허가 된 조국을 바라보면서 우리나라가 잘 수 있는 방법이 없을 까 고민하면서 선진국과 후진국을 돌아다니면서 발전의 방법을 모색하였으며, 발전국가들의 경우 자원이 풍부해서 선진국이 된 것이 아니라 국민 모두가 발전의 의지를 가지고 협동하여 가난 극복에 최선을 다해 노력하였기 때문에 가능했다는 사실을 발견하고 1965년에 "우리도 잘 살 수 있다"는 저서를 발표하였다. 평범한 책에 불과하지만 그때 우리나라 실정을 생각해보면 절망과 기아선상에서 희망을 잃고 살아가는 국민들에게 "나도 노력하면 잘 살 수 있다"는 희망의 횃불을 안겨준 저서였다.

1970년 대에 들어와 조 박사는 인류사회 문제에 관심을 두기 시작하였으며 1975년에 "인류사회재건"을 발표하였다. 인류사회가 안고 있는 문제점을 밝히면서 이대로는 안 되니 인류사회를 재건해야한다고 역설하였으며 1979년에는 오토피아를 저술하여 인류사회가 지향해야할 목표를 제시하면서 정신적으로 아름답고 물질적으로 풍요하고 인간적으로 보람 있는 인류협동사회를 구현하자고 구체적인 실천방안을 제시하였다.

III. 밝은사회를 위한 역사적 사회운동

밝은사회운동은 1960년대의 시작되었던 잘살기운동과 1970년대에 정부에서 추진한 새마을운동과 유기적인 연결체계를 유지하면서 추진되었다고 할 수 있다.

1. 잘살기운동

1960년대 우리나라는 세계에서 가장 가난하고 문화수준이 열악한 나라에 속해 있었다. 보릿고개라는 말이 있듯이 봄이 되면 장리쌀을 얻어다가 허기진 배를 채워야했고 가을에 추수하더라도 빌린 장리쌀을 갚고 나면 얼마 안 있어 식량이 떨어지고 다시 장리쌀에 의존해야하는 빈곤의 연속이었다. 무지와 빈곤 속에서 매사의 자신을 잃은 주민들은 정자나무 밑에서 장기나 두며 주막에서 술이나 먹으며 허송생활을 하고 있었다. 어떻게 해야 잘 사는지도 몰랐고 하고자하는 의욕도 찾아볼 수 없었다. 주민들은 싸리대문이 달린 초가집에 만족해야했으며 굶주림을 당연시하며 매년 부채를 안고 살아야만 하였다. 이러한 가난을 바라보던 조 박사는 우리가 잘사는 방법이 없을까 고민하면서 1965년 "우리도 잘 살 수 있다"는 처서를 출판하기에 이르렀다. 이 저서는 소설형식이나 막연한 격언조의 내용이 아니라 세계 여러 나라의 예를 들면서 잘사는 나라들이 결코 자원이 풍부하고 여건이 좋아 잘사는 것이 아니라 어려운 여건에서도 그들은 산을 개간하고 생산기술을 활용하고 주민들이 단합하여 저해요인을 극복하였기 때문에 잘살 수 있게 되었다고 강조하면서 우리보다 여건이 불리했던 나라들이 잘 사는 나라가 많이 있으며 그런 나라들과 비교하면 얼마든지 우리나라는 잘사는 나라로 만들 수 있다고 웅변하였다. 그 당시 이 책은 국민들에게 희망과 자신감을 불어넣어준 지침서였다. 조 박사는 기술을 혁신하고 장비를 개선하고 계획적으로 사업을 전개하도록 권장하였으며 힘에 의한 농사가 아니라 과학영농을 실현해야 한다고 강조하면서 우리가 하루 빨리 선진대열에 서기위해서는 외국문물의 장점을 선택적으로 흡수하면서 독창적인 산업국가를 건설해야한다고 주장하였다. 한편 마을단위로 자율금고를 만들어 절약하여 저축하고 목돈을 만들어 생산기금을 마련할 것을 제안하였다. 이러한 마을단위 자율금고 운동은 당시 재건국민운동본부에서 마을금고를 역점사업으로 추진하게 되었고 새마을운동이 시작되면서 새마을금고로 발전하여 전국으로 확산되었다.

조 박사는 잘살기운동의 일환으로 계몽운동, 애림녹화운동, 꽃길 꽃동리 가꾸기, 건전사회운동 등 다양한 시민운동을 제창하였다. 민간차원에서 시작된 잘살기운동은 1970년대 들어와 국가 차원에서 실시되었던 새마을운동에 기반이 되었다고 할 수 있다.

2. 정부차원의 새마을운동

새마을운동은 1970년 새마을가꾸기를 실험사업으로 하여 1972년부터 전국적으로 실시한 범국민운동이다. 조 박사는 새마을운동이라는 용어는 사용하지 않았지만 1960년대에 잘 살기운동을 전개하였기 때문에 민간차원의 잘 살기운동이 정부차원의 새마을운동으로 확대된 것이라고 할 수 있다. 새마을운동이 시작될 무렵 박정희 대통령은 조 박사를 청아대로 초청하여 새마을운동의 방향과 발전과제에 대하여 장시간 대화를 나누면서 협조를 부탁하기도 하였다. 당시 조 박사는 박대통령에게 몇 가지 당부를 하였다고 한다. 새마을운동이 성공적으로 추진되려면 정부 주도로 할 것이 아니라 주민들의 자발적 참여로 추진될 수 있도록 하는 것이 좋으며 주민의식개혁이 선행되지 않으면 오히려 의존심만 키워 지속적 추진이 어려우니 새마을교육에 비중을 두어야 할 것이라는 의견을 제시하였다고 한다. 박대통령은 지도자 대회에서 새마을운동은 바로 잘살기운동이라고 지적한 바 있으며 친필로 경희대격려 편지를 조 박사에게 보내오기도 하였다. 조 박사가 추진한 잘살기운동은 교직원 대학생들 중심으로 농촌계몽차원에서 추진되었기 때문에 전국적 규모의 사회운동이 되는 데는 한계가 있었으나 새마을운동은 정부차원에서 전부처의 참여로 추진되었기 때문에 전국적인 국민운동으로 추진될 수 있었고 가난을 극복하고 경제적 사회적으로 큰 변화를 가능하게 하였으며 국가 발전에 원동력이 되었다. 잘살기운동과 새마을운동은 추진 사업내용과 규모에 있어서는 차이가 있으나 추구하는 목표나 추진방법에 있어서는 유사하다고 할 수 있다. 잘살기운동과 새마을운동의 공통점을 보면 다음과 같다.

첫째 교육을 통한 의식개혁을 중시하였다. 우리나라 지역사회개발에서 가장 중요한 것은 "하고자 하는 의욕" "할 수 있다는 자신감" "어떠한 어려움이 있어도 해내겠다"는 굳건한 의지라고 할 수 있다. 이러한 정신이 없다면 외부로부터 많은 지원이 있다하더라도 큰 성과를 거두기 어려울 것이다. 오히려 공짜 의식만 키워주는 결과가 될 것이며 외부 지원이 있을 때는 개발사업이 추진되다가도 지원이 중단되면 개발사업도 중단될 것이며 개발 이전 상태로 돌아갈 가능성이 높다. 그리하여 조 박사는 교직원 대학생들로 하여금 지역사회에 나아가 주민교육을 실시해야한다고 강조하였다. 새마을운동에서도 새마을연수원을 통해서 고위층부터 주민에 이르기까지 의식개혁을 위한 새마을교육을 실시하였다.

둘째 주민들의 자발적 참여를 중시하였다. 주민 스스로가 지역사회에서 문제점을 찾고 지역사회가 가지고 있는 자원에 기초를 두고 실천 가능한 것부터 계획을 세워 공동으로 추진하도록 강조 하였다. 그러나 생활고에 시달리고 먹을 것조차 해결하지 못하는 주민들에게 자발적 참여를 기대한다는 것은 불가능에 가까운 일이었다. 당시 주민들에게는 자극과 동기부여가 무엇보다 요구되었다. 잘 살기운동에서는 교육과 봉사활동을 통해서 자극을 주려하였으며 이는 한계가 있기 때문에 정부나 사회단체의 참여가 요청되었다. 당시는 전국적인 지도 지원을 할 만한 사회단체를 기대할 수 없었기 때문에 정부가 나서는 것이 최상의 방법이라 할 수 있다. 새마을운동은 이러한 사회적 요구에 의해서 정부가 동기부여 차원에서 추진하게 되었다. 새마을운동 초기에는 정부가 주도적인 역할을 하였고 정부 예산을 가지고 지역사회주민들의 새마을사업을 지원하는 방식을 취하였다. 그러나 만일 정부가 강압적 방식으로 추진하였다면 성공적인 추진이 어려웠을 것이다. 새마을운동 초기에는 정부가 주도적 역할을 하였으나 지역사회 단위로 어느 정도 자립의 여건이 조성되면서 새마을중앙본부라는 민간단체를 설립하고 민간주도로 추진하도록 하였다. 관주도에서 주민주도로 바꾸어 추진한 것이 지속적인 주민참여를 가능하게 하였다. 사업추진에 있어서도 지역사회 별로 새마을지도자를 중심으로 주민들이 스스로 발전계획을 수립하여 사업을 추진하도록 하였다. 자원을 활용함에 있어서도 지역사회가 지니고 있는 자체자원에 기초를 두고 부족 되는 부문에 대하여 외부로부터의 지도 지원을 받아서 자조적으로 추진하도록 하였다. 이처럼 지역사회자원을 최대한 활용하면서 부족할 경우 외부지원을 활용함으로써 사업을 완성하도록 하였으며 하나의 사업이 완성되면 그러한 사업을 추진하는 과정에서 형성된 리더십 기술을 바탕으로 다른 사업을 구상하여 실천하도록 함으로서 지속적인 성과를 올릴 수 있었고 이러한 정신이 국민정신으로 승화되어 국가발전에 원동력이 되었다고 할 수 있다.

셋째 소득증대에 역점을 두었다. 잘살기운동이나 새마을운동에서 역점을 둔 사업은 소득증대사업이라 할 수 있다. 소득 증대를 위해서는 우선적으로 환경개선사업이 필요하였다. 당시는 마을에 자동차가 자유자재로 다닐 수 있는 진입도로가 없었고 가정에서 전답까지 연결되는 농노가 없어 기계화가 불가능하였고 농업용수도 부족하여 농번기에 비가오지 않으면 농사를 망치는 경우가 많았다. 그리하여 새마을운동에서는 정부에서 마을단위로 철근과 시멘트를 제공해주고 도로 교량 등 농촌 구조개선에 힘쓰도록 하였으며 주택을 개량하고 새마을회관을 건립하는 등 주거환경개선에 치중하였다. 새마을사업으로 소득이 증대되고 환경이 개선되어 살기 좋은 사회로 변화되는 것을 보면서 주민들은 지역사회개발에 매력을 느끼며 신바람이 나서 참여하게 되었고 소득이 증대되니 2차산업에 대한 구매력도 향상되어 이차산업을 발전시키는데도 기여하게 되었다.

Ⅳ. 오토피아를 위한 밝은사회운동

조 박사는 오토피아의 사회를 이루는 방법론으로 밝은사회운동을 제창하였다. 밝은사회운동은 1975년 보스턴에서 개최된 49개국에서 온 700여 명의 세계대학총장들이 발표한 보스턴 선언을 바탕으로 시작된 운동이다.

조 박사는 인류가 지향해야할 목표는 정신적으로 아름답고 물질적으로 풍요하고 인간적으로 보람 있는 인류협동사회라고 정의하면서 이를 한마디로 오토피아(oughtopia)라고 하였다. 오토피아는 **ought**(당위)와 **topia**(장소)의 합성어로서 반드시 이루어야할 당위적 요청사회란 뜻이다. 오토피아를 인류가 지향해야할 목표라고 할 때 어떻게 하면 오토피아사회를 이룰 수 있느냐가 과제로 남는다. 오토피아사회를 이루기위한 방법론으로 제기된 것이 밝은사회운동이고 밝은사회운동 주체를 밝은사회클럽으로 하였다.

1. 밝은사회운동의 사업방향

밝은사회운동의 궁극적 목표라고 할 수 있는 오토피아는 인간이 인간답게 살기위해서 마땅히 이루어야할 사회로서 아름답고, 풍요하고, 보람 있게 살 수 있는 사회를 의미한다.

1) 정신적으로 아름다운 건전한 인간사회 건설

건전사회란 평화 안정 번영이 약속되고 선의 협동 봉사의 정신이 보편화되는 사회이다. 인간의 존엄성이 중시되고 민주적 생활방식이 토착화된 사회이다. 정신적으로 아름다운사회의 특성을 보기로 한다.

첫째, 밝음의 원리를 지향하는 생활이다. 우리는 일상생활에서 밝은 말, 밝은 얼굴, 밝은 태도, 밝은 생활이라는 용어를 많이 사용한다. 밝다는 것은 진리 정의 공정 선을 뜻하고 밝음이 있는 곳에 평화와 질서가 있고 웃음 행복 희망이 있다. 밝음이 바탕을 이룰 때 창조와 발전이 있고 사랑 자비 협동이 싹튼다. 밝음의 원리는 인간에게만 적용되는 것이 아니라 우주만물에도 적용된다고 볼 수 있다. 밝은 마음을 갖는다는 것은 건전사회를 이루는 기틀이다. 밝음을 지향하는 마음은 미워하는 마음이 아니라 사랑하는 마음이며, 빼앗으려는 마음이 아니라 주려는 마음이며, 비난하고 욕하는 마음이 아니라 칭찬하고 다른 사람이 잘되도록 도와주는 마음이다.

둘째는 서로 돕고 협동하는 사회이다. 우리민족은 예로부터 이웃을 친척처럼 대해왔고 다정한 인간관계를 유지하여왔다. 즐거운 일이 있을 때나 어려운 일이 있을 때 이웃을 방문하여 함께 어울리며 고락을 함께했다. 전통적으로 이웃 간에는 계라는 조직을 통해서 주기적으로 만나고 서로 도움이 되도록 하였고 마을단위에는 두레 품앗이를 통해서 즐거운 협동생활을 하여왔다. 그러나 살만해지니까 이기주의 풍조가 만연되고 이웃이 상실되고 반목 대립이 심화되어갔다. 지난날의 아름다운 인간관계의 전통을 이어가면서 더욱 발전시켜 화합 협동하는 공동사회를 이룩해야한다.

셋째 희망적이고 활기찬 사회이다. 건전사회는 사회구성원이 미래에 대한 희망을 가지고 활기찬 생활을 하는 사회이다. 희망적 생활은 미래지향적으로 생각하며, "노력하면 어려움을 극복할 수 있고 목표를 달성할 수 있다"는 신념을 가지고 가능성을 추구하는 생활이다. 우리는 역사 속에서 많은 어려움을 극복하며 살아왔고 위기에 처하여도 용기를 잃지 않고 발전을 이룬 경험이 있기에 선조들의 정신문화를 바탕으로 인류사회를 희망적이고 활기찬 사회로 만드는데 힘써야할 것이다. 우리는 잘살기운동 새마을운동으로 가난을 몰아냈던 저력 있는 민족으로서 인류사회를 건전사회로 만드는데 선도민족이 되어야할 것이다.

넷째는 바르고 정의로운 사회이다. 정의로운 사회는 성실이 통하고 정의가 가치판단에 기준이 되는 사회이다. 성실한 사람이 대우받고 바른 행동이 사회규범으로 실천되는 사회를 이루어야한다. 현대인들은 과정을 무시하고 너무 서두르며 생각 없이 행동에 옮기는 경향이 많다. 온갖 사회비리와 범죄는 생각 없이 행동에 옮기는 습성 때문에 나타난 결과라고 할 수 있다. 위대한 문화는 깊이 생각하고 행동하는 사람들에 의해서 만들어졌고 인류사회의 평화와 번영도 생각하고 행동하는 사람들에 의해서 주도 되는 정의로운 사회가 이루어질 때 가능하다.

바른사회는 약속이 지켜지는 사회이다. 인간관계는 약속으로 이루어지고 모든 사회관계는 약속의 연속적 과정이라 할 수 있다. 남녀가 결혼하여 가정을 이루는 것도 약속이며 기업체가 노동의 대가로 월급을 주고 노사관계를 이루는 것도 약속이다. 이러한 약속이 지켜지지 않으면 혼란과 무질서 낭비가 따른다. 약속이 지켜진다는 것은 자기에게 도움이 될 뿐만 아니라 함께 하는 모든 사람에게 도움을 준다. 약속은 개인 간에 이루어지는 것도 있고 집단과 집단사이에서도 존재하며 국가 간에도 필요하다. 개인이던 국가든 약속이 이행되지 않으면 불신풍조가 조성되고 대립투쟁관계로 이어질 수 있다. 사소한 약속이라도 성실하게 지키는 사회풍토가 조성되어야 한다.

2) 물질적으로 풍요한 사회

인간은 육체를 가지고 있기 때문에 물질적으로 풍요하고 편익한 생활을 할 수 있어야한다. 의식주생활에 불편함이 없어야 하고 문화생활을 할 수 있는 경제적 여유가 필요하다. 정신적으로 건전한 사회도 물질적 풍요가 없으면 실현되기 어렵다. 과학 기술의 발달도 풍요사회를 위한 노력에 결과이고 도시화 산업화도 풍요사회를 이루려는 인간의 욕구를 바탕으로 한다. 풍요사회는 숫자로 표시되는 고정적 목표라기보다는 인간의 욕구와 발전수준에 따라 추구되는 계속적 과정이라 할 수 있다. 물질적 풍요를 이루기 위해서는 과학기술의 발달과 근면 성실 창조성이 요구되며 협동적 생산체제가 확립되어야 한다.

3) 인간적으로 보람 있는 사회

물질적 풍요만으로 살기 좋은 사회라고 볼 수 없으며 인간적으로 보람을 느낄 수 있는 사회가 되어야한다. 우리사회도 지난날 어려웠을 때는 의좋고 화목하게 살아왔는데 잘 살게 되니까 서로 더 많이 가지려고 이기적 경쟁적 투쟁적관계가 형성되어 많은 사회문제를 야기하고 있다. 물질적 풍요가 사회관계를 해치고 사회를 해체하는 요인이 되지 않도록 한걸음씩 양보하고 서로 돕고 협동하여 보람 있는 사회를 이루어야한다. 인간적으로 보람 있는 생활을 위해서 자아발견 자아실현 자아완성에 힘쓰며 자기만이 아닌 남을 배려하며 더불어 사는 인류가족사회를 이루어야한다.

2. 밝은사회운동의 추진배경

지난날 잘살기운동에서 새마을운동으로 이어지는 국민운동의 성공적 추진으로 주민들의 소득 수준이 향상되고 국가경제가 고도성장을 보여주고 있으나 사회적으로는 지역 간의 불균형 개인 간의 소득격차가 심화되고 이해 타산주의 이기주의 대립 투쟁의식의 만연으로 사회적 혼란이 야기 되고 인간적인 인간관계가 약해지고 사회가 해체되는 등 많은 문제점이 나타나기 시작하였다. 그리하여 조 박사는 잘살기운동 만으로는 우리사회를 살기 좋은 사회를 만들기 어렵다고 판단하여 새로운 운동을 모색하게 되었다. 조 박사가 추진하는 오토피아의 세계를 건설하기위해서는 서로 협동하고 봉사하는 풍토가 조성되어야하는데 경제성장으로 잘살게 되었으나 오히려 개인은 고립되고 범죄는 늘어나 불안한 사회가 되고 있으니 밝은사회운동을 전개해야하겠다고 결심을 하게 된다. 밝은사회운동이란 지역사회 직장 또는 사회단체에서 뜻을 같이하는 사람들끼리 모여 서로 형제의식을 키우며 서로 돕고 여력을 모아 지역사회에 봉사하는 운동이다. 이러한 밝은사회운동은 한국에서 뿐만 아니라 세계적으로도 필요하고 결국 한국에서 성공적으로 추진되면 세계적으로 확산될 수 있을 것이라는 판단 하에 1970년대에 들어와 밝은사회운동을 연구하기 시작하였으며 1975년 미국 보스턴에서 개최되었던 세계대학총장회에서 보스턴선언으로 채택되면서 세계적인 밝은사회운동으로 추진될 수 있는 계기가 되었다. 보스턴에 모였던 600여 대학총장들은 조박사가 제안한 밝은사회운동을 공감하며 함께 실천하자고 다짐하였다. 당시 세계는 물질문명으로 이해타산주의 감성주의가 만연되어 인간이 문화적 원시인으로 후퇴하여 가고 있을 때였기 때문에 세계석학들이 밝은사회운동에 적극 동의하게된 것이다. 인류역사는 서로 돕고 협동하는 역사라기보다는 국가 간, 민족 간, 단체 간에 서로 욕망을 성취하기위하여 온갖 방법을 동원하여 투쟁해온 역사라고 할 수 있다. 더 강한 힘을 갖기 위해서 더 많은 무기를 생산하고 지구는 온통 화약고가 되고 있으며 미래의 전쟁은 지구의 종말을 우려해야하는 단계에 이르렀다. 이러한 인류사적 위기에 세계대학총장들이 나서서 잘못되어가는 인류역사의 진로를 바로잡고 지구촌에 더불어 사는 인류가족사회 즉 인류지구공동사회(global common society)건설을 위한 실천운동을 하게 된 것이다. 특히 77명의 국가지도자들이 공동 발기하였기 때문에 우리나라만의 운동이 아니라 세계적인 운동으로 출발한 것이다. 평소 조박사가 추구하여왔던 오토피아가 단순한 학술적 이론에만 그친 것이 아니라 실전운동으로서 구체화된 것이라고 할 수 있다.

3. 클럽을 통한 밝은사회운동

정신적으로 아름다운 건전사회 물질적으로 풍요롭고 편익한 사회는 인간으로서 누구나 소망하는 사회이며, 마땅히 이루어야할 사회이다. 이러한 소망의 사회는 우연히 오는 것이 아니라 꾸준한 노력과 협동을 통해서 이루어질 수 있는 사회이다. 그리하여 실천방법으로서 밝은사회운동이 제시되었으며 밝은사회운동을 실천하기 위해서 밝은사회클럽을 결성하자고 하였다. 밝은사회클럽은 밝은사회운동의 주체로서 한국에서 시범적으로 시작하고 한국의 경험을 살려 세계적으로 환산시키자고 결의한 바 있다.

1) 클럽결성과 국제적인 연결

밝은사회클럽은 밝은사회운동을 범세계적인 운동으로 발전시키고 지속적인 사업을 추진함으로써 인류 모두가 공존 공영하는 지구공동사회를 이룩하기 위한 추진주체이다. 이러한 클럽들이 지역사회와 직장에 많이 결성되어 활동하고 이들 조직이 서로 제휴하고 전세계로 확대될 때 인류공동사회는 이루어질 것이다. 각 클럽에서는 단순히 이웃에 어려운 사람을 돕는 차원이 아니라 클럽단위로 이웃돕기사업 지역사회개발사업 등을 추진하면서 그러한 단위클럽이 다른 단위클럽과 제휴하고 그러한 단위클럽들이 모여 연합회를 조직하고, 연합회들이 모여 지역본부를 만들고, 국가단위로 국가본부를 두어 통합 조정하는 역할을 하며, 국제적으로는 국제본부를 두고 국가 간의 협력 사업을 추진하고 더 나아가 국제본부에서는 다른 사회단체 또는 기관들과 제휴하여 종합계획을 세워 추진한다면 오토피아사회는 실현될 것이다. 밝은사회클럽의 세계적 확산을 위하여 1992년에 UN소속 NGO로 등록되었으며 경제사회이사회자문사회단체로 활동하고 있다. 1999년10월에는 "서울NGO세계대회"를 서울에서 UN과 밝은사회국제본부가 공동주체한 바 있다. 현재 밝은사회국제클럽에서는 국제태권도연맹과 제휴하여 세계 여러나라의 태권도 지도자들을 중심으로 밝은사회클럽을 결성하여 활동하고 있는 것도 밝은사회클럽의 세계적 확산을 위한 노력의 일환이라 할 수 있다.

2) 밝은사회운동의 기본정신과 클럽활동

① 밝은사회운동의 3대정신

밝은사회운동의 3대정신은 선의 협동 봉사-기여의 정신이다. 첫째 선의의 정신은 자기 자신을 사랑하며 타인을 보살피고 기쁘게 하고 매사를 잘되는 방향으로 기원하는 마음이다. 인간은 원래 착한 마음을 지니고 태어났다. 사랑과 인정, 환희와 보람이 선의에서 싹튼다. 이 착한마음을 바탕으로 사회생활 속에서 잘못 학습된 미움 적개심 대립 투쟁의식을 버리고 서로 존경하고 양보하고 감사하는 정신을 갖도록 하자는 것이다. 모두가 선한마음을 갖는 다면 이 사회는 밝은사회가 될 것이며 살기 좋은 오토피아의 사회가 될 것이다. 그러나 누구나 마음 속에 지니고 있는 선의의 마음을 행동으로 옮기기는 쉽지 않다. 사회 곳곳에 선의의 마음을 파괴시키려는 악의 요소가 많기 때문이다. 이러한 점에서 클럽활동을 통해서 선의의 마음을 실천하고 습관화 되도록 해야 할 것이다. 밝은사회클럽에서 모일 때마자 명상을 하는 것도 선의의 마음을 훈련하는 과정이며, 회원 상호간에 친밀한 인간관계를 유지하며 회원끼리 형제처럼 지내 도록하는 것도 선의의 생활을 습관화하기위한 방법이다.

둘째 협동의 정신이다. 협동은 두 사람 이상이 함께 힘을 합쳐 공통의 목표를 달성하는 정신이다. 인간은 혼자 태어날 수 없고 혼자서 살아갈 수 없다. 역사적 산물은 모두 인간의 협동의 산물이고 협동을 통해서 발전할 수 있었다. 인간이 가정을 이루고 지역에 모여 사회집단을 만들어 활동하는 것도 협동을 위한 방법이다. 오토피아사회를 이루는 것도 결국에는 건전한 협동정신이 인류 모두의 가치관으로 정립되고 협동을 생활화할 때 가능하다. 사회 속에 건전한 협동의 정신은 훈련을 통해서 가능하다. 밝은사회클럽에 모여 회의도하고 이웃돕기 사업도하고 클럽 간에 제휴하여 활동하는 것도 협동의 훈련과정이라 할 수 있다.

셋째 봉사-기여의 정신이다. 인간은 원래 나약한 존재로서 태어나면서 누구의 도움 없이는 살아갈 수 없다. 성장하는 과정에서 가족과 친지에 도움을 받고 이웃에 보살핌을 받고 살아간다. 내가 지닌 모든 것은 남으로부터 얻은 것이니 사회에 보답하는 것이 당연한 이치이다. 봉사 기여의 생활은 어떠한 대가를 기대함이 없이 타인을 기쁘게 이익 되게 하고 사회발전에 헌신적으로 참여하는 활동이다. 모든 사람들이 이러한 봉사 기여의 정신이 투철하다면 우리사회는 어려운 사람이 보호받는 사회가 되는 것이며더불어 잘 사는 사회가 되는 것이다.

그러나 아무리 정신이 바르고 건전해도 실천하기는 쉽지 않다. 그리고 조직 없이 개별적으로 추진한다면 파급효과를 기대하기 어렵고 지속적인 활동도 어려울 것이다. 그러므로 밝은사회클럽이 필요하고 조직적인 클럽활동이 요구된다.

② 밝은사회클럽의 활동

밝은사회클럽 회원들은 자주 모여 회의도하고 회원 상호간에 친목 도모도하면서 상부상조하고 자체의 인적 물적 자원을 활용하여 지역사회에서 어려운 사람을 돕고 지역사회발전에 도움이 되는 사업을 선정하여 활동한다. 밝은사회클럽에서 추진해야할 활동은 클럽의 실정에 맞게 사업계획을 추진할 것을 원칙으로 하고 있으나 대체로 다음 5대운동에 기본을 둔다.

첫째 건전사회운동이다. 인간은 사회적 존재로서 사회구성원으로 활동하기 때문에 사회의 공동규범을 지키며 공동생활을 하지 않으면 안 된다. 우선 클럽회원들은 명상을 통해서 심신을 단련하며 고운 말, 밝은 표정, 바른 행동으로 지도자로서의 모범을 보인다. 클럽활동을 통해서 회원 상호간에 형제애를 키우며 이웃을 사랑하고 지역사회가 지닌 공동관심사를 토론하며 계획을 수립하여 실천하면서 협동사회 건설에 최선을 다한다.

둘째는 잘살기운동이다. 건전한 정신을 바탕으로 물질적 풍요를 이룩하는데 힘쓴다. 개인적으로는 근면 자조 자립의 정신을 키우며 소득원을 개발하고 기계화 과학화로 생산성 증대에 힘쓴다. 클럽활동을 통하여 지역사회개발 사업을 추진한다. 지역사회개발 사업으로는 주거환경개선 마을주변 환경미화 소득증대를 위한 활동을 들 수 있다. 지역사회개발사업을 추진함에 있어서는 주민들의 자발적 참여를 유도하는 방향에서 추진되어야하며 주민들의 부족한 부문을 도와주는 방법으로 추진되어야한다. 특히 주민들이 협동 체제를 통해서 소득증대사업을 추진할 수 있도록 지도 지원함으로써 지속적인 성장을 이룰 수 있도록 동기부여에 힘쓴다. 잘살기운동은 지역사회의 특성에 맞게 추진되어야하며 소득수준에 맞는 사업을 선정하여 추진하여야 한다.

셋째 자연애호운동에 힘쓴다. 인간은 자연 속에서 자연과 더불어 살아가고 있다. 인간이 호흡하고 먹고 사는 것도 자연에서 온 것이며 자연을 멀리하고는 살아갈 수 없다. 인구가 증가하고 도시화가 진행되는 과정에서 자연은 파괴되고 축소되는 경향이 있어 자연애호운동이 절실히 요구되고 있다. 자연은 현재 우리가 살아가는데 필요할 뿐만 아니라 미래 후손들이 활용해야할 자원이기 때문이다. 가정과 지역사회에서는 나무를 심고 꽃길 꽃동산을 만들고 어디에 가나 자연이 숨 쉬는 국토를 만들며 산림보호 공기정화 동물보호에 힘써 자연과 인간이 함께 더불어 살아가는 인류협동사회를 이루어야한다

넷째는 인간복권운동이다. 인간은 이 세상에서 가장 중요한 존재이고 주인이다. 인간의 존엄성이 지켜지고 인간이 지닌 기본권리가 존중되어야 한다. 인간은 만물의 영장으로서 존경받고 대우받아야한다. 아무리 중요한 제도라도 인간 위에 존재해서는 안 된다. 물질만능주의로 인간이 물질에 밀려나서도 안 되고 과학기술의 발달로 인간이 기계의 도구가 되어서도 안 된다. 인간복권은 물질만능주의 풍조에서 오는 인간 경시풍조를 지양하고 인간이 독립된 주체자로서 제자리를 찾게 하여 역사 문명의 창조자로서 자주적 인간사회를 만들자는 것이다. 물질 과학 제도는 인간에게 봉사하는 도구와 수단이어야 하며 인간이 부재하는 사회가 되어서는 안 된다. 돈이 중요하다고 하여 인간 보다 앞설 수 없고 아무리 제도가 중요하다하더라도 인권이 과소평가되어서도 안 된다.

다섯째 세계평화운동이다. 과학기술의 발달과 도시화 산업화로 살기 좋은 사회로 변모되고 있다. 어디를 가나 고층건물이 늘어서고 더 편리하게 더 아름답게 변모되어가고 있다. 그러나 물질만능주의 이기주의 풍조로 우리사회는 대립 투쟁사회로 변화되고 있으며 지구상에는 전쟁이 그칠 사이가 없다. 지구상에 인간을 살상하는 도구와 무기는 늘어나고 인류의 전멸을 가져올 핵전쟁의 위험성은 고조되고 있다. 이제는 선진국이 아니라도 후진국가 또는 사회집단에서도 핵을 만들 수 있고 그러한 핵이 인류를 전멸시키려는 무리들에게 안 넘어간다는 보장도 없다. 핵을 쓰는 전쟁이 발발한다면 그동안 이룩하였던 인류문명은 파괴될 것이며 전멸되지 않고 살아남는 사람이 있다하더라도 인간이 먹고살 터전이 없으니 생존자체가 어려울 것이다. 핵

무기는 전쟁에 쓸 무기가 아니라 상대방으로 하여금 도발을 막고 힘을 과시하기위한 상징적인 무기일 뿐이라고 주장하는 사람들도 있으나 존재하는 무기는 유사시 사용한다는 목적으로 만들어진 것이기 때문에 언젠가는 사용될 가능성이 있다고 보아야한다. 앞으로의 핵전쟁은 모두의 전멸을 우려해야하기 때문에 평화세계의 건설만이 해결해야할 인류사회의 과제라 할 수 있다. 평화는 전쟁으로 얻어지는 것이 아니며 핵무기가 전쟁의 승리조건이 될 수 없다. 지구 곳곳에 쌓여가는 대량 살상무기는 인류를 더욱 위험스럽게 하는 자살적 무기가 될 수 있다.

대립 투쟁의 역사를 화해 협동의 역사로 바꾸고, 전쟁 물자를 생산도구로 사용하고, 전쟁을 위한 전술 전략을 인류협동사회건설을 위해서 활용한다면 평화세계가 이루어질 수 있을 것이다. 그러나 밝은사회를 지향하는 역사의 진로를 열어간다는 것은 쉽지 않은 일이다. 그리하여 밝은사회운동이 필요하고 지역사회에서 직장에서 밝은사회클럽을 만들고 선의 협동 봉사기여의 생활을 실천하며, 이러한 클럽이 세계로 확산되어 인류 모두가 밝은사회운동에 동참할 때 평화세계는 이루어질 것이다.

V. 결론

위에서 조영식박사의 생활신조와 추구하고자했던 사회운동에 대하여 살펴보았다. 생활신조로서 삼정행이론 주의생성론 삼정명상에 대하여 알아보았다.

삼정행이론은 "매사를 바르게알고(正知) 바르게 판단하고(正判) 바르게 행동한다(正行)"는 뜻으로 누구나 생활 속에서 실천해야할 덕목이다. 평소에 삼정행을 실천한다면 못 이룰 일이 없고 성공적인 삶을 살아갈 것이다. 조박사는 바르게 알기위해서 독서를 계을리하지 않았고 결정을 하기까지 서둘지 않고 깊이 생각했으며 여러 가지 대안을 모색하며 신중을 기했다. 그리고 일단 결심이 서면 어떠한 어려움이 있어도 실천에 옮겼다.

주의생성론은 인간의 의식과 생각이 사회변화와 발전에 기본이 된다는 이론이다. 어떠한 의식을 지니고 있느냐가 발전의 원동력으로 의식개혁이 있어야 변화가 따른 다는 것이다. 오늘의 도시화 산업화는 우연히 자연적으로 이루어진 것이 아니라 그러한 변화를 꿈꾸며 실천한 사람이 있었기에 가능하였다고 할 수 있다. 오늘의 발전상은 그 발전상을 의식하고 고심하며 실천한 사람이 있었기에 가능하였고 미래의 사회상은 앞으로 살라갈 사람들의 의식의 결과로서 나타날 것이다. 인간의 바람직한 의식, 건전한 가치관은 사회발전을 이끌어온 선각자들의 정신을 받들고 선의 협동 봉사의 정신을 키우며 실천할 때 형성된다. 밝은사회운동에서 밝은사회정신을 강조한 것도 이러한 주의생성이론을 적용한 것이라 할 수 있다.

삼정명상은 의식개혁을 실천하는 기법으로 도입하게된 정신계발 방법이다. 바른 마음을 가지고, 바른 자세를 취하며, 바르게 실천하는 생활습성을 키우는 것이다. 바른 마음은 서로 돕고 서로를 아껴주는 마음이며 긍정적이고 적극적인 사회발전에 기여하는 정신이다. 올바른 지식은 바른 마음이 전제되어야 사회발전에 기여할 수 있다. 명상에서 바른자세를 강조하는 것은 바른 자세가 건강의 기초가 되기 때문이다. 바르게 서고, 바르게 앉고, 바르게 눕는 습관만 들여도 병원환자는 줄어들 것이다. 명상은 한번해서 되는 것이 아니라 우리가 매일 음식을 통해서 생명명력을 얻듯이 매일 명상을 하면서 좋은 습관이 자연스럽게 몸에 익히도록 하고 정신을 정화하여 건강생활을 할 수 있도록 해야 할 것이다.

조박사는 생활신조를 실천하면서 사회가 필요로 하는 것이 무엇인가를 찾으려고 힘쓰고 매사에 최선을 다했다. 우리나라가 1960년대 무지 빈곤을 특징으로 하는 빈곤 국가에 속해 있을 당시 사회적 당면과제는 가난으로부터 벗어나는 일이었기에 잘살기운동을 전개하였고 교직원 대학생들이 나서서 농민을 계몽하고 문맹퇴치에 힘쓰도록 하였다. 대학생들은 방학이 되면 농촌으로 내려가 농촌봉사활동을 하였다. 이러한 민간차원에서의 잘살기운동은 1970년대에 들어와 정부차원의 새마을운동으로 추진되기에 이르렀다. 1970년대에 들어와 고도경제성장이 이루어지기 시작하니 대립투쟁의식이 싹트기 시작하였다. 이대로 가다가는 가정이 파괴되고 이웃이 상실되고 사회가 해체되어 비정의 사회가 될 것을 우려하여 밝은사회운동을 전개하게 되었다. 밝은사회운동은 직장이나 지역사회에서 서로 잘 아는 사람들이 모여 클럽을 결성하고 명상을 통해서 심신을 단련하고 이웃에 어려운 사람들을 도우며 서로 돕고 협동하는 인류한가족사회를 건설하려는 운동이다. 정신적으로 아름답고 물질적으로 풍요하고 인간적으로 보람 있는 오토피아사회를 이루기 위한 실천운동이라 할 수 있다. 밝은사회운동의 세계적 확산을 위해서 세계대학총장들이 적극 참여하도록 하였으며 세계석학들이 발기인이 되어 밝은사회클럽국제본부를 결성하게 되었다. 한편 조박사는 UN을 통한 세계평화를 강조하면서 UN으로 하여금 세계평화의 날, 평화의 해를 선포하도록 주도적 역할을 하였다.

그분이 남긴 대학을 통한 인재양성, 밝은사회클럽을 통한 인류공동사회 건설, UN을 통한 세계평화구상 등 많은 과제들에 대하여 오늘을 살아가는 우리들이 그 뜻을 계승하여 결실을 볼 수 있도록 해야 할 것이다.

제5장

글로브 빌더—실천적 사상가 조영식의 꿈과 도전

21세기 젊은이들에 던지는 메시지

홍덕화
한국군사문제연구원 이사

I. 머리말

지구가 전방위적으로 몸살을 앓고 있다. 인간과 동.식물, 육지와 바다 등 지구별의 구성체 모두 예외가 아니다. 가뭄, 홍수, 이상 기온, 지진.화산 활동 등이 빈번해지고, 재앙적인 자연 현상이 날로 심화하는데다, 환경오염, 전쟁 등 인위적인 요소들도 발생 빈도나 그 해악성이 점차 심각해지는 까닭이다. 지난해 7월은 지구 기상 관측 이래 가장 더운 달로 기록[1]된 가운데 대한민국 기상청은 2024년 추석 이후까지도 찜통 무더위와 열대야 현상이 계속되자[2] 연내 '폭염백서' 발간 계획을 밝혔다. 장마나 태풍, 엘니뇨 등에 대한 백서는 나왔지만, 폭염백서가 등장하게 된 것은 이번이 처음이다.

---

1   미국 국립해양대기청(NOAA)은 2024년 7월 지구표면 온도 평균이 175년 관측 역사상 가장 높은 17.01도로 측정됐다고 밝혔다(세계일보. 2024.8.18.).
2   무더위가 계속되다가도 '모기의 입이 삐뚤어진다'는 처서(處暑) 절기가 오면 마법처럼 시원해진다는 '처서 매직'이 2024년에는 통하지 않았다.

이처럼 근래 부쩍 심해진 이상 고온 현상에다 급속한 사막화[3] 등 환경 위기에 놀라고, 40년 만에 다시 어슬렁거리기 시작한 핵전쟁의 유령도 공포를 자아내는 모습이다. 러시아는 우크라이나 침공(2022.2) 후 3년 째 전황이 교착상태에 빠진 상황에서 우크라이나에게 쿠르스크 지역을 빼앗기고, 무차별적인 드론 공격으로 상당한 량의 미사일과 포탄이 파괴되는 등 궤멸적인 타격을 입어 전세 역전 조짐을 보이자 핵전쟁 가능성을 수없이 공언해왔다. 블라디미르 푸틴 대통령은 우크라이나군이 전격적으로 국경(쿠르스크)을 침공, 상당한 지역을 손에 넣은 가운데 핵무기 사용 가능성을 수 차례 경고한 것이다. 러시아와 최근 군사동맹에 준하는 조약(2024.6.19)[4] 체결 후 막대한 규모의 포탄과 탄도미사일 등을 제공한 김정은 북한 정권도 수 년째 한국과 동맹국에 대한 핵공격 위협을 가해왔다.

'문명의 이기'로 반겼던 AI(인공지능)와 챗GPT 등 기계문명도 머잖아 사람을 대체하거나 인간 자유의지를 박탈할 수 있다는 경고 속에 '통제 불능'[5] 가능성에 대한 우려도 제기된 상황이다. 지난 수 년간 지구촌을 강타한 코로나 팬데믹(Covid-19 바이러스 대유행)을 겪었지만 - 2015년 한 때 반짝했던 메르스 바이러스 사태와 달리 - 바이러스는 종식되지 않고 인간과의 공존을 선택했다는 것이 전문가들의 대체적인 견해다. 이런 상황에서 기후 급변동이 수퍼 박테리아 등 한층 가공할 위력의 괴물 생물체의 출현을 앞당길 수 있다는

---

3 사막화는 농지 확보를 위한 개간 등 산림 벌채나 기후 온난화의 영향을 크게 받기도 하지만, 기후 급변동을 초래하는 직접적인 원인이 될 수도 있다고 본다. 이런 점에서 '역 인과(retrocausality)', 즉 후행 사건이 선행 사건에 영향을 줄 수 있다는 개념으로도 설명이 가능하다.

4 김정은 북한 국무위원장과 블라디미르 푸틴 대통령이 이날 체결한 북러조약 제4조는 사실상 자동군사개입으로 해석될 수 있는 조항이 있어 한국과 미국을 비롯한 서방세계가 우려하고 있다.

5 '시키지도 않았는데…AI가 가짜뉴스 만들었다. 5000만명이 쓰는 美 뉴스앱 논란'(조선일보, 2024.6.11.).

전망도 나왔다.[6] 우크라이나, 팔레스타인.레바논.이란-이스라엘 전쟁에 이어 한반도와 대만해협에서의 전운이 고조될 경우 핵전쟁 공포의 일상화 가능성도 배제하기 어려운 상황이다.

이에 따른 '인간문명의 종언'[7] 등 잿빛 전망들이 난무하는 오늘날 지구촌의 각종 위기들은 조영식 박사와 로마클럽 회원, 게오르규 등 세계 지성인들이 반세기 전부터 경고[8]하며 신속한 대책 마련을 촉구한 것들이다. 조 박사는 5대양 6대주를 쉼없이 오가며 인간 소외, 인간 부재 현상의 문제점을 제기하고, 물질만능주의에 함몰되어가는 인류사회의 재건 필요성을 역설했다. 아울러, 미국과 소련 정부에 영향력이 있던 세계적인 연구소와 이에 관계한 지성인들을 찾아다니며 "핵전쟁만큼은 절대로 안된다"라고 설파했다.

이런 점에서 이 책 출간의 영감을 준 두 인물인 조영식 박사와 이케다 다이사쿠 선생 등 두 거인의 부재와 공백이 한층 안타깝다. 어려운 때일수록 지혜가 충만하고 불굴의 용기로 위기를 돌파해 온 이들의 삶과 저작물, 또 남긴 유산의 재조명 작업을 통해 건강한 지구와 밝은사회를 이룩하는 등 지구적 난제들을 해소, 완화해나가는 방법을 얻고 싶다. 특히 기계문명의 뒤안길에서 인간성 상실과 부재를 경험한 데 이어 이제 인간문명의 종말 위기에

---

6 유엔환경계획(UNEP) 보고서에 따르면 기후 변화도 항균제(항생제)에 내성을 갖는 수퍼박테리아의 확산 요인이다. 이 보고서는 "약제에 내성을 가진 박테리아나 바이러스, 곰팡이가 늘고 있다...(중략)... 기온 상승이 박테리아 증가율과 미생물 간 항생제 내성 유전체의 확산율을 높인다"고 밝히고 이런 추세를 제어하지 못하면 2050년의 연간 사망자는 1천만명에 달할 것으로 예상했다(연합뉴스. 2023.2.8.).

7 미국 루이빌대 사이버보안연구소의 로만 얌폴스키 교수는 100년 내로 인공지능(AI)이 인간을 멸종시킬 확률이 99.9%라는 섬뜩한 '인공지능(AI) 종말론'을 제기했다(주간조선. 2024.6.16.).

8 지구멸망까지의 시간을 상징적으로 보여주는 지구 종말시계(Doomsday Clock)는 오후 11시 58분 30초를 가리키고 있다(서울신문. 2023.1.25). 자정(지구종말단계)까지 딱 90초 남은 셈인데, 러-우크라이나 전쟁의 장기화로 앞당겨졌다고 한다.

까지 직면한 절박한 상황에서 이를 극복할 수 있는 새로운 리더십의 필요성이 대두된 만큼 두 거인이 남긴 유산 외에 '실천적 리더십'의 성격과 유형 등을 심층적으로 연구하고 따라 배울 수 있는 사례들을 제시해 보는 것도 의미가 있는 시대적 과제일 것이다.

첨언을 한다면 조영식과 이케다를 연구하다 보면, 같은 시대에 태어났지만 오랜 시간을 다른 곳에서 살아 온 두 위인의 삶에서 공명의 흔적을 수없이 찾을 수 있는 것이다. 울산대 이인택 교수는 '전쟁 없는 평화'를 촉구하면서 미-소 데탕트에 기여한 조영식 박사의 세계평화 여정이 중-소 전쟁 화해에 공헌한 이케다 회장의 발자취와 흡사하다[9]고 지적했다. 그는 또, "문화와 교육으로 조국 근대화를 앞당기려 했던 그의 노력은 평화, 문화, 교육을 기치로 내건 이케다 회장의 SGI 실천방향과 동일하다"[10]는 점도 강조했다. 이론 연구에만 매달리지 않고, 현장을 중시했던 두 실천적 사상가의 삶을 심층적으로 연구, 현대사회에 적용해 볼 필요성과, 그 절실한 이유가 여기에 있다.

II. 無에서 창조한 有: 불황기 리더십의 전형

1. 현실 인식, 위기 타개의 실마리

시대는 영웅을 낳는다는 말이 있다. 고복격양의 시기와 달리 난세이거나 역경의 시기에는 이를 극복하고 더 나은 세상으로 만들어보려고 애쓰는 인물이 나타나기 마련이다. 씨족사회 등 작은 규모나 나라, 인류사회 등 큰 집

9　이인택(울산대 교수. 교양대학 학장). 2024. 토론문. 〈조영식·이케다 다이사쿠 평화포럼 2024〉 자료집.
10 이인택. 2024. 앞의 논문.

단을 막론하고 누구라도 공동체가 처한 상황을 발전 국면으로 바꿔나가려는 의지가 있다면 그 사회는 그 만큼 전진하는 것이다.

조영식은 공산치하를 견디지 못해 1947년 6월 월남했지만, 3년도 못 되어 동족상잔의 비극을 겪게 됐다. 부산 피란지에서 3년 간 머물며 대학을 인수하고 교육입국의 꿈을 키웠지만, 1953년 7월 휴전으로 서울로 돌아온 뒤 '환도'의 기쁨도 잠시 또 다시 큰 좌절을 맞보았다. 전 국토가 잿더미로 변하고 국민 절대 다수가 하루하루 연명조차 어려울 만큼 절대 빈곤한 상황에서도 좌.우파 진영의 극한적인 대결이 이어지고 있었다. 8.15 해방 직후처럼 서울 환도 후에도 극도의 무질서와 혼란 상황의 지속, 한껏 피폐해진 국민의식 등 하나 같이 절망적 상황이었다.

33세 청년 조영식의 남다른 점은 한국 사회가 당면한 현실에 대한 냉철한 인식을 바탕으로 자신에게 주어진 역할을 찾았던 것이다. 이것이 이승만 정부와 윤보선, 박정희 정부로 이어지는 과정에서 – 한 차례도 감투나 관모(冠帽)를 써 보지 않았던 – 민간인 조영식이 정부 각 기관들과 협력해가면서 위기 타개의 실마리가 됐고 멋진 도약을 위한 발판을 만들게 된 동인이기도 했다. 청년 조영식은 피란지에서 교육사업으로 몹시 분주한 와중에서도 2차세계대전 이후 유럽의 전후 복구사업(마샬 플랜, 얄타협정 등)과 관련된 자료들을 숙독하면서 전쟁 이후 재건 방안 등에 대해 정부에 건의하는 등 나름대로의 구상도 갖고 있었다. 1, 2차 세계대전에서 연합국, 추축국 등으로 갈라져 전쟁까지 벌인 유럽 국가들이 미국과 협력해 재건사업을 추진해가는 과정 등도 관심이 있는 학습거리였다. 전후 국토 재건과 잘살기 운동, 농촌계몽운동의 씨앗은 피란지 부산에서 뿌려둔 터였다.

자신과 집단이 심각한 고난에 처해 있거나 점차 위험한 상황으로 치닫고 있는 상황임을 재빨리 인지, 인식함으로써 한층 적극적으로 해결책 모색에 나섰다고 볼 수 있다. 이는 어떤 역경에도 굴하지 않는 불굴의 용기와 공동체를 위한 헌신, 어려운 이웃들을 위한 이타적인 마음에서 비롯됐다고 본다. 아울러, 조영식에게 이런 비전과 용기를 준 것은 어릴 때부터 위인전을 자주 접하고, 과학,기술,문학 등 다양한 방면의 책들을 폭넓게 읽고, 생각하면서 차곡차곡 정립해 온 신념체계 덕분이었던 것 같다. 6.25 전쟁과 피란살이, 서울 환도 후 무질서 상황 등 시공간적 배경은 호학(好學) 기질과 넓은 안목, 특유의 열정을 두루 갖추고 있었던 청년 조영식의 지성을 자극, 국토재건과 농촌계몽, 문맹퇴치, 잘살기운동 등에 대한 비전을 갖추게 됐을 것이다.

3년 전쟁으로 전 국토가 잿더미로 변한 국가적 위기 상황에서 지도자적 역할과 재능을 발휘할 수 있었던 동인은 수불석권의 독서광으로 다양한 분야의 지식을 쌓은 것과 늘 생각에 잠겨 있던 사색왕으로서의 삶, 즉 다독과 사유의 습관이었다[11]. 그가 생사불명의 피란지 부산에서 교육입국의 꿈을 꾸고 신흥전문대학을 인수한 것을 선견지명으로 본다면, 학교 교사가 화재로 전소된 충격과 재정난 등 악조건 속에서도 굴하지 않고 더 큰 학교를 지어 전화위복의 기틀을 마련한 것은 백절불굴의 의지와 난관을 돌파해가는 용기였다.

이처럼 고난 속에서 더욱 빛을 발하는 덕성에 힘입어 교직원들도 함께 어려움을 극복해나갈 수 있었고, 조영식은 전후 상황의 교육 행정가로서 무에서 유를 지속적으로 창조해나가면서 세계속의 한국인으로 성장해갔다고 볼수 있다. 그럼에도 일정한 목표를 정한 뒤에는 이를 달성하기 위해 엄청난 준비와 치밀한 계획을 세웠다고 한다. 어느 하나도 허투루 이뤄진 것은 없다

---

11 조영식 총장은 생전에 평화복지대학원에서 학생 대상의 특강이나 수요 토론, 목요 세미나에서 사색의 중요성을 강조하면서 이같이 밝힌 바 있다(1988.3.4. 입학생 대상 특강).

는 뜻이다.

조영식의 90평생 삶을 돌아보노라면 '세계 7대 불가사의' 영화처럼 적어도 7개 분야에서는 누구도 따라잡을 수 없을 위대한 족적을 남겼다고 해도 과언이 아니다. 주목해 볼 점은 이 과정에서 끝없이 괴롭히던 시대적 고난, 사회적 관계의 힐난(詰難), 숨돌릴 틈도 없는 재정난 등 3대 난관, 특히 제일 고통스러웠던 자금 융통, 즉 돈 문제에 늘 발목을 잡힌 채 일궈낸 성과들이라는 점에서 후학들도 흉내 내 볼(benchmarking) 수 있는 사례들이다.

2. '7대 불가사의'로 살펴 본 조영식의 리더십

1960년대만 해도 뉴욕 유엔본부나 로마클럽,[12] 세계대학총장회(IAUP) 등지에서 1인당 GDP 수백 달러의 한국 학자(경희대 총장) 조영식을 알아보거나 반기는 사람은 많지 않았을 것이다. 조영식의 남다른 점은 최빈국 출신 학자인 그가 1960년대 IAUP 활동을 시작으로 로마클럽 인사들과 적극적으로 교류하고 유엔 방문 활동 등으로 국제적으로 저명한 인사들과의 인맥을 급속도로 확장해갔다. 이를 바탕으로 1970년대에는 세계평화운동을, 1980년대에는 제2르네상스운동, 밝은사회운동, 1990년대에는 NGO 운동 등을 통해 세계 시민운동가로서 굵직한 족적을 남길 수 있었다. (6.25 전쟁) 휴전 후 전란에 휩쓸린 전 국토의 피폐해진 상황을 목도한 뒤 국토재건, 산림녹화, 잘살기운동 등을 통해 나라 재건의 토대를 구축하고, 새마을운동의 전기를 마련한 50년대 활동을 고려해본다면 1950~1990년대까지 적어도 40년간 우

---

12 로마클럽은 1968년 이탈리아 로마에서 사업가 아우렐리오 페체이의 제창으로 결성됐다. 페체이는 지구의 유한성이라는 문제의식을 가진 유럽의 경영자, 과학자, 교육자 등을 모아 지구 위기에 대한 대책을 논의했다. 이를 계기로 자연자원 고갈, 환경오염 등 인류가 직면한 위기 타개책을 모색하면서 정책 권고와 조언을 해왔다. 알렉산더 킹과 데이비드 록펠러도 로마클럽의 공동 창시자로 참여했다.

리나라는 물론 전세계, 인류사회의 재건과 발전에 헌신했음을 알 수 있다. 키 160cm의 '작은 거인'으로서 참으로 대단하고 대담한 여정이 아닐 수 없다.

30대 청년 조영식은 농촌계몽, 국가부흥, 산림녹화, 잘살기운동 비전을 꿈꾸고 이를 실천했다.[13] 이후 기아선상에 있던 농촌 인구 등 일반 국민들의 생활 수준이 향상된 1960년대 후반 이후 시선을 국경 밖으로 돌려 전쟁을 반대하고 분쟁을 해소하는 적극적인 평화운동에 본격적으로 나서게 됐다. 세계무대에서 조영식 총장이 펼친 공익적인 활동 대부분은 당시 한국 정부나 일반 국민이 볼 때는 경이적인 일로 회자가 됐다.[14] 수많은 사례 중 대표적인 7가지 활동을 추려 '세계 7대 불가사의' 형식으로 간추려 소개해 본다.

1) 세계대학총장회 초대 회장 취임: 정부수립 후 최대 국제행사 제2차 세계대학총장회의

조영식은 경희대 총장 시절인 1965년 6월 29일 미국 페얼리디킨슨대학의 영국 옥스퍼드 분교인 록스톤 캠퍼스에서 열린 세계대학총장회(IAUP) 창립총회에서 회장으로 선출됐다. 세계지도에서도 찾아보기 힘든 대한민국의, 또 '들어보지도 못한' 경희대 총장이 회장으로 뽑힌 것도 놀라운 일이다. 그런데 3년 임기의 회장직을 2대와 3대까지 연거푸 9년 간 연임할 수 있었던 것은 행운으로만 볼 수 없다. 미국과 영국을 위시한 선진국 학자들에게서 탁

---

13 박정희 대통령은 조영식 총장이 해외 순방에서 돌아와 펴낸 '우리도 잘 살 수 있다'는 책을 3독한 뒤 청와대로 불러 잘살기운동의 철학을 청취했고 훗날 이를 새마을운동의 뿌리로 설명했다(춘천시 새마을운동 관련 행사 연설).

14 1970년대 연세대 정외과 학생이었던 서준원 세종시청자미디어센터장(뮌헨대 국제정치학 박사)는 입학 후 교내에 "경희대 학생들은 조회 시간에 조영식 박사님 특강을 듣는다더라."라는 소문이 퍼지고, "조영식이 누구야?"라고 묻는 등 경희대 학생들이 부러웠다고 술회한 바 있다(홍덕화. 2023. 『유엔 세계평화의 날 제창자. 경희학원 설립자 조영식』. 이지출판사. p.314.

월한 리더십을 인정 받은 덕분이었을 것이다. 일본 유학 시절에도 빛을 발했던 뛰어난 리더십을 소유한 조영식에게 세계대학총장회 회장직은 5대양 6대주를 쉼없이 오가며 세계 학술계와 교류와 협력을 강화하게 해 준 튼튼한 날개였다.

이처럼 동분서주하며 세계적인 학자, 저명 인사들을 단합시키고 규합하는 일을 맡아 한 덕분에 3년 뒤 차기 대회 장소를 수도 서울로 유치하는 일종의 '기적'을 만들어낼 수 있었다. 1968년 6월(6.18.~20) 경희대 서울캠퍼스에서 열린 제2차 IAUP 서울대회에는 박정희 당시 대통령이 직접 참석해 기조연설을 하고 국내 언론의 취재 경쟁이 벌어지는 등 전국가적인 빅 이벤트로 치러졌다. 동서문화의 교류, 학생의 사회참여 및 대학과 세계평화란 주제로 30여 개국의 150여명의 대학총장들과 200여명의 국내 저명인사들이 옵서버로 참석해 상호 의견을 교환한 이 행사는 정부 수립 후 최대 국제행사로 자리매김을 했다.

2) 유엔 세계평화의 날과 평화의 해 제정 제안

조영식은 1981년 7월 3일 코스타리카에서 열린 제6차 세계대학총장회 총회에서 유엔에 대해 '세계평화의 날', '세계평화의 해'를 제정해줄 것을 제안했다. 4개월 후인 1981년 11월 27일 '세계평화의 날 제정' 결의안이 유엔총회에 상정되었고, 이 제안은 사흘 뒤인 11월 30일 열린 제36차 유엔총회에서 미국과 구소련 등 회원국 157개국의 만장일치로 가결됐다. 드디어 오매불망 염원이 실현된 것이다. 이로써 이듬해인 1982년부터 매년 9월 셋째 주 화요일을 '세계평화의 날'로,[15] 또 1986년을 '세계 평화의 해'로 제정 공포

---

15 매년 9월 셋째 주 화요일을 세계평화의 날'로 기념하다가 2001년부터 9월 21일로 고정했다.

했다. 고 김관봉 경희대 교수(정경대)는 필자와 서울 역삼동 연구실이나 평화복지대학원에서 수 차례 만날 때면 "조영식 박사가 세계평화의 날과 평화의해 제정을 유엔에 제안하고 이를 통과시키려고 세계 각국 지도자들과 대표단을 끊임없이 설득했다"고 강조했다. 그러면서 "이러한 역사적 계기를 통해 세계는 새로운 데탕트와 협력의 시대로 진입했음을 많은 사람들에게 알려달라"고 당부하기도 했다.[16]

3) 지구공동사회(Global Common Society) 건설

미원의 또 다른 혜안은 '통합'(Integration)이라는 시대적 조류 속에서 내놓은 '지역적 블록주의'에 대한 경고이다. 유럽연합(EU) 출범 과정에서 모두들지역과 국가 간 통합 움직임 등을 주목하고 있을 때 미원은 이에 따른 부산물이 있음을 염두에 두고 '지역협력사회(Regional Cooperation Society) 대안을 내놓은 것이다. 미원은 EU 외 아세안(ASEAN), 북미자유무역협정(NAFTA), 남미공동시장(MERCOSUR), 아프리카연합(AU/African Union), 아랍연맹(Arab League)등 지역 협력체들이 늘어나는 것에 대해 앞으로 국가 단위가 아닌 지역국가사회, 즉 지역협력사회(RCS: Regional Cooperation Society)가 생기게 될 것으로 내다봤다.

그러면서 RCS를 이룬 뒤 그것을 그대로 방치하면 오늘 우리 사회에서 염려하는 블록주의에 빠질 수 밖에 없다고 경고했다. 위에 언급한 여러 지역기구들을 지역공동사회로 확대시켰다가 종국적으로 세계공동체인 지구공동사

회(GCS: Global Common Society)로 개편해 전쟁이 없는 지구촌에 더불어 사는 인류가족사회를 만들어가자는 것이 조영식의 "오랜 꿈이고 지론"[17]이었다. 유엔 창설 50주년을 맞은 1995년 그는 도덕과 인간성 회복을 위한 지구적 차원의 '네오 르네상스 운동'을 선언했다. 이어 1999년에는 경희대 창설 50주년 기념행사의 일환으로 '서울 NGO 세계대회'를 열어 모든 세계인들이 새로운 천년을 희망 속에서 맞이할 수 있는 계기를 마련했다. 조영식의 이같은 선각자다운 발상과 대안 제시 능력을 살펴보면 경희대가 1997년도 교육개혁 교육부 종합평가에서 전국 1위에 오른 것도 단순한 행운이나 우연이 아니었음을 알 수 있다.

'GCS'는 국민국가(Nation State)의 경계와 한계를 초월해 지구공동체라는 관점에서 생각하고 행동하는 인류의 공동체이다. 현 세계는 국가들마다 자국의 이익을 앞세운 나머지 배타적 국가주의에 의해 인류는 이상적 사회에 도달하지 못하고 있다. '팍스 유엔'은 유엔을 중심으로 국제 질서를 확립하고 세계평화를 구현하자는 이념이다. 종전의 국제 질서가 강대국에 의해 유지된 것과 달리, 팍스 유엔은 전 세계가 가입해 있는 국제기구를 중심으로 국제평화 질서를 구축한다는 의미에서 한층 발전된 형태라고 전문가들은 평가한다.

팍스 유엔의 이념은 보편민주주의와 지구공동사회 등과 맥락을 같이한다. 조영식은 역저 '오토피아 Oughtopia (당위적 요청사회)'[18]에서 인류사회의

---

17 조영식. 2008. 『밝은사회운동의 이념과 기본철학: Oughtopia를 지향하며』(자료집). 밝은사회연구소.

18 조영식은 16세기 영국 정치사상가 토머스 모어의 '유토피아'에서 착안해 오토피아 개념을 만들고, 이를 토대로 독자적인 철학 사상을 확립해 1979년 '오토피아' 책을 발간했다. 30여 년간 학습하고 깨달음을 얻은 동서양의 문화사상과 자신의 독창적 사상 및 실천 원리를 집대성했다는 평가도 받았다(홍덕화. 2023. 앞의 책. pp.273-274).

위기를 두 갈래로 나눠 진단했다. 우선 근대 이후 인류문명이 발전 과정에서 잘못된 방향을 잡았다는 점을 지적했다. 조영식은 서구의 르네상스 운동은 신(神) 중심에서 벗어난 인간 중심 인본주의 정신의 승리를 가져왔으나 중세 정신문명에 대한 반작용은 '도구적 이성(instrumental reason)'으로 연결돼 과학 기술과 물질문명을 우상화하며 정신문화를 황폐화시키는 결과를 낳았다고 진단했다.

또한 문명의 실패로 인해 인류는 물질에 지배당하고 현실 생활에서 인간 본연의 가치와 공동체 정신을 상실하게 됐다고 지적했다. 성과와 효율에 치중하는 실용주의와 물질주의가 팽배해 인류공동체보다는 개인의 이익, 지구공동체보다 국가 이익만을 추구하는 약육강식의 반인간적 질서가 구축되는 바람에 오늘날 인류사회가 위기를 맞게 됐다고 설명했다.

미원은 이 같은 인류의 위기 극복 방안으로 '그릇된 문명의 방향을 바로 잡을 수 있는 철학과 규범의 재정립'과 함께 '과도한 물질주의에 의해 왜곡된 인간 생활을 조직적.제도적 개선'의 필요성을 제시했다. 국내외 학계에서는 이를 "20세기 시대정신의 체현"(랴오닝대 샤오샤오꽝 邵曉光 교수), "조영식 박사의 철학은 전통적인 동양 철학과 세기적 전환기의 시대정신이 상호 결합한 산물로 21세기 인류가 필요로 하는 철학(베이징대 예랑 葉郎 교수), "미래를 위한 실현 가능한 발전경로를 구축, 시대정신의 정수 구현"(랴오닝대 루지에롱 陸傑榮) 등으로 평가하며 주목해 왔다.

4) 실천적 사상가 : 잘살기운동. 국토재건. 산림녹화. 문맹퇴치

실천적 사상가로서 조영식의 면모는 경희대학교의 교육철학에 잘 나타나 있다. 대학은 교육과 연구를 담당하는 학술기관이다. 그러나 미원은 봉사를 통한 사회적 책임의 실천도 그에 못지않게 중요한 대학의 사명이라고 생각했다. 교육, 연구, 실천의 창조적 결합은 '보릿고개' 시절인 1950년대 전 국민 대상의 잘살기 운동으로 이미 확립된 경희의 오랜 전통이다. 조영식은 가난과 무지에서 국민을 해방시키기 위해 경희를 '의식혁명'과 '생활혁명'의 전진기지로 삼고 1956년부터 교직원과 학생, 졸업생들과 함께 방학을 이용해 농촌계몽운동을 펼쳤다.

특히 3년 간 이어진 전쟁으로 농업기반이 철저히 파괴된 상황에서 농민들은 좌절감에 빠져 희망이 없는 삶을 간신히 유지할 뿐이었다. 추수가 끝나면 이듬해 농사를 시작하기까지 도박과 같은 비생산적인 일로 소일하던 시대적 배경에서 탄생한 사회운동이었다. 경희 봉사단원들은 농촌뿐만 아니라 도시에서도 야학을 열어 글을 가르쳤고 민둥산에 나무를 심고 송충이도 잡는 등 산림녹화와 보호 활동에도 적극적이었다.

당시 우리나라 산림의 대부분은 주민들이 연료 부족으로 나무를 마구잡이로 베어내 땔감으로 쓰는 바람에 상당수가 민둥산이었다. 미원이 주도한 농촌계몽 및 문맹퇴치 운동은 "문화와 교육의 힘으로 조국 근대화를 앞당겨야한다"는 신념에서 비롯됐다. 이는 오랜 사색 과정을 거쳐 실천 방안으로 찾아낸 것이다.

구소련 과학원 부원장을 지낸 아나톨리 로구노프 전 모스크바 국립대학교 총장은 "조영식이라는 이름은 한국의 경제 기적과 깊은 관계가 있다. 그는 수십 개국을 방문해 경제성장의 기본 요인을 근원적으로 연구한 후 '우리도 잘 살 수 있다'는 저서를 출간, '새마을운동'이라는 국가 차원의 국민운동으로 확산하는데 지대한 영향을 주었다"고 평가했다. 조영식이 우리나라를 빈곤으로부터 해방시키자는 생각에서 이 책을 출간한 뒤 '잘살기 운동'을 전국적으로 전개한 것을 평가한 것이다.

또한, 조영식이 교육자 중에도 남다른 점으로 교시(校是)로 내건 학원. 사상. 생활의 민주화를 들 수 있다. 연세대 의과대학의 인요한(John Linton) 국민의 힘 의원은(가정의학과장) 조영식이 군사독재 정부 시절, 민주 제도와 사상의 자유를 엄격히 규제하던 상황에서 '학원과 사상의 민주화'를 경희대 교훈으로 삼은 것은 대단히 용기 있는 교육행정가임을 웅변해주는 것이라고 말했다. '평화가 개선보다 귀하다'는 메시지 역시 지금의 눈이 아닌, 미.소(美蘇)대결, 즉 냉전이 절정에 달하고 제3차 세계대전, 핵전쟁 위기가 날로 고조되던 1970년대에 나왔다는 점에서 경이롭기도 하다. 또 후진국으로 간주되던 대한민국의 대학 총장의 음성으로 전 세계에 울려 퍼지고 세계인의 마음을 움직였다는 점에서 높은 평가를 받아 마땅하다는 게 조영식 연구가들의 중론이다.

5) 문화세계의 창조와 인류사회의 재건: 『오토피아』 『인류사회의 재건』 『민주주의 자유론』 등 4대 명저 발간 행진

1950년 당시 27세 청년 조영식은 6.25 전쟁 피란지 부산에서, 간헐적으로 포성이 울려 퍼지던, 전쟁터에서 『문화세계의 창조』 책을 펴냈다. '문화세계 창조'로 집약되는 원대하고 심오한 사상을 체계화하고 이를 실천 가능한 이론들로 만들어낸 것 역시 그가 무실역행의 사상가였음을 보여주는 것이다. 생사 불명의 전쟁터에서 그것도 하루하루 연명을 걱정하던 절대 빈곤 상황에서 정치 선진화와 경제 사회 문화발전과 미래에 대한 비전을 세웠다는 것은 상상하기 어렵다.

'문화세계 창조'의 비전을 세운 조영식은 서울 환도 후 대학생 봉사단을 농촌에 보내 소득증대 방안을 가르쳐주는 등 계몽운동과 함께 문맹퇴치 운동에도 주력했다. 문자 해득률이 낮은 사회에서 문화의 축적과 전파는 생각할 수 없었기 때문이다.

랴오닝대 샤오샤오광 교수는 미원이 각종 이론을 정립한 데 그치지 않고 실천 가능한 항목을 찾아내 행동으로 옮긴 실천주의적 사상가라고 평가했다. 샤오 교수는 미원의 '문화철학'을 현대성의 문제점에 대해 반복적으로 사색했고 부단히 비판하면서 점진적으로 발전, 성숙된 것으로 설명했다. 그는 미원이 현대사회의 5대 위기를 극복하기 위해 건전사회.잘살기.자연애호.인간복권.세계평화 등 5대 운동을 직접 발기했고 세계적으로 확산시킨 것은 동양 철학의 지행합일 중 '실제적으로 행함(做實)'의 집중적 체험이라고 부연했다.

또한, 밝은사회운동(영문 약칭 GCS)이란 헌장 2항의 선의(Goodwill)와 협동(Co-operation), 봉사 · 기여(Service)에서 따온 것이자, 이 운동의 궁극적 목표인 지구공동사회(Global Common Society)의 약칭이기도 하다. 이 운동의 사상적 기반이 된 것은 미원이 1975년에 펴낸 『인류사회의 재건』이다.

조영식은 책 출간에 앞서 '기술사회를 바라보며 밝은사회운동을 제창한다' 제하의 글에서 과학기술의 자기 증식, 인간 부재, 인간소외 현상 문제점 등 과학의 확대재생산 등 현대 과학기술 문명의 한계 등을 지적했다. 대규모 개발 · 생산 · 소비 등 현대사회의 원리는 과학화, 능률화, 합리화만을 절대시하게 함으로써 오늘의 비정한 인간사회를 만들어놓고 있다는 것이다.

이로 인해 인간 자신이 이룩한 과학문명에 의해 스스로 소외되는 역리 현상을 빚게 됐다고 진단한 조영식은 '새로운 정신적 방향' 설정을 시급하고도 중요한 과제로 설정하고 이를 실천한 것이다. 이런 점에 비춰보면 밝은사회운동도 조영식의 실천적 사상가로서의 면모를 보여준다. 그는 늘 현장을 돌아보며 문제점이 있으면 사색 과정을 통해 해결하는 실천적 방안을 내놓곤 했다.

‘물질과 정신이 조화를 이루는 평화공동체’ 건설에 대한 조영식의 의지는 첫 저서인『민주주의자유론』과 3년 후 나온 두 번째 책『문화세계의 창조』에 나타나 있다. 서구 선진국들이 수백 년 만에 이룩한 경제발전을 30~40년 만에 압축적으로 실현해 세계의 주목을 끌었으나 고도성장의 부산물들인 부정적 측면이 노출되면서 시대변화를 수용하여 미래비전을 제시할 더욱 발전적인 이론과 실천이 요구됐다. 이것이 경희대가 기치를 내걸고 범국민운동으로 발전시킨 밝은사회운동의 태동 배경이다.

6) ‘21세기 시대정신’ 천명한 오토피아

　상술한 대로 조영식은 1948년『민주주의자유론』을, 3년 후 1951년에는 『문화세계의 창조』제목의 책을 각각 펴냈다. 이렇게 시작된 저술 대행진은 정치와 사회, 교육, 철학, 과학, 군사 등 실로 다양한 방면에서 아주 열정적으로 진행됐다. 2004년 뇌출혈로 쓰러진 뒤 8년 여 병상 생활을 빼면, 80여 년 일생동안 그가 남긴 책은 - 각종 주제로 된 보고서들은 빼고라도 - 45권에 이른다. 과학기술 부문과 핵전쟁 위협 등 국가안보 분야에 대한 발표 논문만 60여 편에 달하니 실로 방대한 저작이 아닐 수 없다.

　조영식의 쓴 수많은 책 중에서도 미국과 중국, 일본, 러시아 등 주요 국가의 학자들로부터 가장 주목을 끌고 이구동성의 극찬을 받은 것은 1979년에 출간된『오토피아(Oughtopia)』이다. 30여 년간 학습하면서 터득 또는 깨달음을 얻은 동서양의 문화사상과 자신의 독창적 사상 및 실천원리를 이 한 권의 책에 집대성했다는 게 조영식 연구가들의 중론이다. 16세기 영국의 정치사상가 토머스 모어가 쓴 비슷한 이름의 ‘유토피아(Utopia)’를 연상시키는 이 책의 사전적 의미는 ‘당위적 요청사회’로, 조영식의 평생 꿈꾸어온 ‘인간중심의 지구공동사회'이기도 하다. '유토피아'는 '없음'을 뜻하는 그리스어 형용사 Ou와 '장소'를 뜻하는 명사 topos를 합쳐 만든 복합어로 어원의 의미대로 '세상에 존재하지 않는 곳', 즉 '이상향'이다.

'오토피아'는 지구상에 당연히 있어야 하고(Ought to be), 응당 이뤄져야 하는(Ought to do) 문화 세계를 의미한다. 미원은 근대 기술문명의 발전이 인간을 오히려 기계나 도구에 종속시키는 등 '인간해방'을 위한 전진이 아닌 도리어 인간의 구속과 퇴보를 불러왔다고 비판하면서 "소망스러우면서도 소망할 수 있는, 즉 실현 가능한 인간의 이상사회" 건설 필요성을 주창해왔다. 이 책은 현대문명의 위기를 진단하고, 인류가 마땅히 도달해야 할 '당위적 요청사회'에 대한 사상적 토대와 구체적 실천과제들을 제시했다. 즉, 인류가 직면한 각종 난제들을 종합적이고 전체적인 관점에서 살펴보고 ▲인간중심의 사회 건설 ▲문화 규범 정립 ▲보편민주주의 확립 ▲지구공동사회 구축 ▲팍스 유엔(Pax UN) 구현 등 현실 생활에서 실현 가능한 대안으로 5가지를 제시했다.

'인간중심의 사회'는 인간사회의 주체가 (과학기술 등에 지배되지 않는) 인간 자신이며 인간의 역사와 문명도 인간에 의해 만들어지고 발전돼왔음을 강조한 것이다. 이런 맥락에서 '인간중심주의(human-centrism)'는 확고한 자율적 의지에 입각해 인류사회 전체의 공동가치와 목표를 구현하는 것이다.

'문화 규범(Cultural norm)'은 약육강식과 적자생존의 '자연 규범'이 오랫동안 인간사회를 지배해 온 점을 반성하면서, 물질문명과 자연 사관이 결합된 기존의 도구적 이성 체계를 극복하자는 것이다. 즉 물질과 정신이 조화를 이루는 새로운 규범체계는 인류가 서로 존중하고 협동하는 가운데, 물질과 정신의 조화로운 발전 속에 평화를 구현하는 '진정한 문화 세계'이다.

로익 부바드 전 프랑스 국회부의장은 미원의 주요 저작물만이라도 영어

외에 다른 외국어로 번역해달라는 소망을 내비친 바 있다. 부바드 전 부의장은 '개선문에서의 평화의 다짐' 제목의 기고문에서 "상당히 안타깝게 여기는 것은 조영식 총장의 책들이 지금까지 불어로 전혀 번역이 되어 있지 않다는 것이다"라고 아쉬워했다. 그는 "특히 조 총장의 빛나는 저서인 '오토피아(Oughtopia)'의 불역본이 속히 나왔으면 하는 마음이 간절하다"고 덧붙였다.

오토피아 건설에 대한 미원의 의지와 열정은 인류사회재건운동으로 구체화 됐다. 미원이 제창한 인류사회재건 운동은 1974년 8월 미국 애틀랜타에서 열린 제1회 세계인류학자대회에서 '교육을 통한 인류사회 재건' 제목으로 행한 기조연설에서 싹이 텄다.

당시 '인류사회의 신 선언'으로 주목받은 이 연설에서 미원은 "물질문명에 경도돼 인간 가치가 상실되고 있는 현대사회 위기를 극복하고 바람직한 미래사회 건설을 위한 각종 연구를 함께 수행하자고 촉구했다. 미원은 이듬해(1975년) 11월 미국 보스턴에서 열린 제4차 세계대학총장회 연설에서도 "인간중심주의에 입각한 새로운 가치질서 확립"을 촉구했다. 경희대는 인류사회재건운동의 이론적 실천적 토대 제공과 연구물 축적을 위해 1976년 인류사회재건연구원을 설립했다. 오토피아 운동과 건설 작업의 방향을 제시하면서 학문적 성과도 내기 위한 싱크탱크인 이 연구소는 국제학술회의 개최와 '세계시민교과서' 등의 출판물을 간행하고 있다. 이 연구소는 1979년 10월 28일 로마클럽과 공동으로 경희대 개교 30주년을 기념하는 국제학술대회를 열었는데 아우렐리오 페체이 로마클럽 회장 등 국내외 저명학자 300여 명이 참석한 가운데 성황리에 행사를 마쳤다. 미원은 기조연설을 통해 '21세기의 전망과 오토피아를 향한 우리의 자세'에 대한 청사진을 밝힌 바 있다.

7) 시대적 사명: 미.소 핵대결 흐름 돌려 놓다.
핵전쟁 예방 리더십의 요체 - 집념과 노력의 결과물

핵전쟁 위기가 한껏 고조됐던 1980년대 중반 레이건 미국 대통령과 미하일 고르바초프 소련 공산당 서기장은 아이슬란드 레이캬비크에서의 '세기의 담판'(1986.10.11)을 벌였다. 이어 이듬해 12월 워싱턴 D.C.에서 정상회담을 열고 '중거리핵전력조약(Intermediate-Range Nuclear Force Treaty, INF)'을 체결함으로써, 핵전쟁 위기를 무사히 넘기게 됐다는 것이 중론이다.

"냉전의 벽을 허물고 화해(데탕트)의 시대를 앞당긴 선구자"

이 인용문은 얼핏, 이제는 고인이 된 레이건 대통령과 미하일 고르바초프 (2022.8 타계) 구소련 대통령에 대한 찬사로 보일 수 있다. 또 다른 주인공으로 '세계시민'을 자처했던 조영식에 대한 지구촌 지성들의 찬사임을 아는 사람은 많지 않을 것이다. 조영식이 핵전쟁 위기에서 지구촌을 구한 직접적인 당사자는 아니다. 하지만, 핵전쟁을 피하기 어렵다고 보고 차선책으로 '전쟁터 (戰場) 최소화' 대안을 제기했던 동서 진영의 지도자와 전략가들을 상대로 핵전쟁의 속성을 들어 '지구와 인류 멸망' 가능성을 경고하며 평화적인 해결책 마련을 호소한 것이 미-소 무력대결의 흐름을 바꿔 놓는데 나름대로 기여했다는 것이다.

다행히 이들도 극동 아시아 출신의 왜소한 평화 운동가가 세계 곳곳을 순방하면서 줄기차게 호소한 '전쟁 없는 평화' 노래에 귀를 기울여주고, 서한 등으로 공감을 표시했음은 여러 자료집에서 기록으로 확인할 수 있다. 조영식이 불가능해 보였던 소명(Mission Impossible)으로 인식했던 '핵전쟁 위기 해소' 역할을 끝내 완수할 수 있었던 힘의 원천이나 원동력은 무엇이었을까 생각해 본다. 모름지기, '무에서 창조한 유' 평가를 받은, 경희대 창학과 성장과정에서 보여준 뛰어난 혜안과 직관력, 설득력, 상상력을 씨줄로, 또 아이젠 하워 미국 대통령의 말처럼 "운명아 비켜라, 내가 나간다"라는 불굴의 신념 을 날줄로 엮어낸 탁월한 문제 해결 역량이었을 것이다.

여기에 하나를 더 보탠다면 – 평소 그가 주창했던 – 치밀한 계획과 이를 수행하기 위한 집념과 노력의 결과물이었다. 그는 1976년 펴낸 저서 '창조 의 의지'(을유문고)에서 "주도면밀하게 세운 계획 아래 베르그송이 말한 '순 수 지속',[19] 즉 부단한 노력을 지속함으로써 마침내 '질적 변화'를 이끌어내 는 그 집념이 창조의 의지다."라고 강조한 바 있다. 경희대 제자 출신인 신용 철 사학과 명예교수는 스승인 미원을 일컬어 "조영식 학원장은 대한민국에 서 역사상 최고로 무섭게 분출된 민족 발전의 에너지를 상징하는 위인 중 하 나"로 꼽았다. 신 교수는 "사람들은 그를 '천의 업적을 이룩한 교육인'으로 '민족의 주체성을 확립하여 국위를 선양'하고, '교육입국을 실천한 개척자이 며 아울러 국제평화의 세계적 지도자'라고 평가한다."고 말한다.

이어 조영식이 시대적 사명으로 인식하고 매진해 온 다양한 사회 및 국제 운동에 대해 "실천을 위한 정열은 그에게 마치 신앙과 같았다."고 소회를 밝 혔다. 그러면서도 스승의 삶과 발걸음을 온전히 인식하지 못했던 데 대한 아 쉬움도 털어 놨다. "그의 외침이 너무 크고 중요하며 어려운 문제들이어서 세상 사람들은 충분히 이해하지 못했고, 협력도 부족했다. 그래도 그는 마치 구도자처럼 이상의 구현을 위해 끊임없이 투쟁하며 살았다"면서 조영식의

---

19 '순수 지속(duree pure)'은 앙리 베르그송 철학의 근간을 이루는 개념으로, '공간적으로 표현할 수 없 는, 의식 등 생명적인 흐름, 즉 참된 시간의 존재 방식'을 일컫기 위해 베르그송이 창안해 낸 말이다. 베르그송이 창안한 개념어인 '지속(duration)'의 의미는 한 사물이 시간이 지나면서 질적 변화를 일으 키는 것으로 이때가 '순수 지속의 시간'이다. 기존의 분석철학에서 말하는 '지속(persistence)'의 뜻은 한 사물이 시간이 흘러도 (속성의 변화 없이) 동일성을 유지하는 것이다.

시공적인 공백에 대한 아쉬움을 피력했다.

III. 미원 조영식의 유산과 미완의 과제

1. 조영식의 유산

1) 지구촌 설계자 조영식

'평화의 사도'(Kofi Annan UN 사무총장.[20] '한국의 성현(聖賢 Korean Sage'/마카파갈 전 필리핀 대통령), '세계 지성의 선도자'(로구노프 소련과학원 부원장),[21] '한국의 공자'(이케다 다이사쿠 池田大作, 장웨이궈 蔣緯國 전 대만 국가안보회의 비서장.장제스 총통 차남),[22] "한 세기 앞서 가는 선지자적 인물"(반기문 제8대 유엔사무총장),[23] '교육행정가', '창조의 달인'… 국내외에서 '무에서 유를 창조한 대표적인 인물'로 통하는 미원 조영식 박사(2012년 작고)를 수식하는 단어들이다. 이중에서도 그의 90년 일생을 한 단어로 집약해보라면 '인류사회 발전에 공헌한 실천적 사상가'로 불러보고 싶다.

그가 세상을 떠난 지 13년이 흐른 지금 지구촌의 사정은 더욱 심각해지고 도처에서 경종이 울려퍼지는 형국이다. 기후 급변동과 사막화 가속화, 각

---

20 '세계평화에 대한 헌신적 추구' 제목의 코피 아난(Kofi Annan) 유엔사무총장 메시지(2002.7.1.).

21 소련의 과학원 부원장과 고(高)에너지물리연구소장을 지낸 아나톨리 로구노프(A. Logunov) 전 모스크바 국립대 총장은 조영식 총장이 "시공의 한계를 초월한 정열과 힘과 지력과 다양하고도 웅장한 계획들로 세계 지성의 선도자 역할을 해 왔다"고 평가했다.

22 조영식 총장이 유엔본부와 워싱턴, 모스크바, 베이징, 도쿄, 테헤란 등 5대양 6대주를 누비며 평화와 화해, 전쟁 반대 목소리를 전하는 삶을 살아온 것을 공자(552~479 B.C.)가 마지막 생애(498~484 B.C.)에서 14년 간 열국을 방문해 나라를 다스리는 도리(治國之道)를 설파한 것으로 빗댄 것 같다.

23 홍덕화. 2023. 앞의 책. p.41.

종 변이, 전염병 창궐, 도처의 전쟁 상황 등이 그것이다. 지난 2015년에는 메르스 바이러스 사태로 한국의 경우 응급체계가 붕괴(2015년)된 데 이어 불과 2-3년 전에도 코로나-19 팬더믹에 지구촌이 초토화 되고, 박멸은커녕 '인류와 공존하는 전염병' 하나가 추가된 상황이다. 지구환경은 날로 악화일로로 치닫고 있는 상황에서 또 다시 70-80년대의 핵전쟁 위협이 또 다시 가열되고 있는 형국이다. 지구 멸망을 경고하는 '오후 11시(The eleventh hour)'에 점점 가까워지고 있다고 해도 과언이 아니다.

지난 2016년 3월 바둑 세계 챔피언 이세돌을 불계승으로 꺾고 알파고는 본격적으로 AI시대의 서막을 알렸다면 챗GPT는 세인들의 뇌리에 기계문명과의 공존 불가피 상황을 확실히 각인시켰다고 볼 수 있다. 이런 가운데 최근 뉴욕타임스는 시키지도 않은 가짜 뉴스를 AI가 임의대로 지어낸 것을 확인했다고 보도했다. 이 뿐 만이 아니다. 이미 생활의 방편이 된 무인기, 드론, 무인 무기 등이 사람들을 위협하고 있고, 몇 년 뒤에는 AI의 지능이 인간을 뛰어넘을 것이라는 관측도 나왔다. 조영식이 각종 행사에서 수 없이 경고했던 기계문명으로 인한 '인간 소외 현상 심화', '인간 부재 상황 도래'의 우려가 한갓 사치성 구호에 지나지 않을 수 있음을 보여준 것이다.

2022년 2월 러시아가 우크라이나에 대한 특수작전 선전포고를 한 지 수일 만에 우크라이나를 본격 침공했다. 러시아는 수일 만에 수도 키이브(옛 키에프)를 점령하고 군사작전을 속전속결로 완수하겠다고 호언했으나 3년이 넘도록 승기를 잡지 못하고 있다. 포탄 등 전쟁수행 물자 부족에 시달려온 푸틴 대통령은 핵무기 사용을 수 차례 경고한 데 이어 북한을 두 차례 방문, 상대국이 침략을 받으면 지체없이 지원하는 내용의 군사협정까지 맺었다. 북한은 1만 여 명 규모의 전투부대를 러시아 쿠르스크 전선에 투입한 사실을 1년 여 지난 뒤에야 조선중앙통신 보도를 통해 시인했다. 한,소 수교

(1990)의 영향으로 1996년 폐기됐던 자동적인 군사개입 조항의 부활이라는 군사 전문가들의 평가 속에 한국은 러시아가 '레드라인'으로 설정한 우크라이나에 대한 살상무기 공급 가능성을 시사했다.

2) 국경 넘은 GCS: 전세계 지도자 77인 공동발기인으로

앞에서도 밝혔듯이 '잘살기 운동'은 박정희 대통령 정부가 채택한 '새마을운동'의 이론적 토대가 됐다. 미원은 이를 확대시켜 '밝은사회운동'과 '인류사회재건운동'을 본격적으로 전개함으로써 국내는 물론 세계적으로도 큰 반향을 불러 일으켰다.

경희대가 1970년대 중반부터 선의 협동 봉사-기여의 정신을 토대로 한 온 인류의 당위적 요청사회-오토피아(Oughtopia)를 건설하자며 앞장섰던 전 인류 캠페인이었다. 조영식은 밝은사회운동의 국내 기반이 어느 정도 마련되자 국경 밖으로 그 기수를 돌리게 된다. 1970년대 이후 경제발전과 함께 한국의 국제적 위상이 높아진데다 세계 속의 대학을 표방한 경희대도 명실상부한 종합대학 체제를 확립하고 국제화 역량을 크게 높인 덕분이었다. 경희대는 이 운동을 체계적으로 전개하기 위해 교내외에 밝은사회클럽(GCS Club)을 결성했다. 조영식은 1978년 6월 이란 수도 테헤란에서 열린 제5차 세계대학총장회에서 참석자들에게 밝은사회운동에 동참해주도록 호소했다. 이에 공감한 세계적 석학과 국제사회 지도자 77인이 GCS 국제본부 공동 발기인으로 참여했다. 발기인 중에 돋보이는 인물로는, 적극적인 지지 의사를 보인 노벨 경제학상 수상자 군나르 뮈르달(Gunnar Myrdal)과 '인류의 두뇌'로 불려 온 로마클럽(The Club of Rome) 창설자인 아우렐리오 페체이(Aurelio Peccei) 로마클럽 회장 등이다.

2. 미완의 과제

1) 밝은사회운동의 깃발 들다 : 한계에 직면한 인류사회

조영식은 잘살기 운동이 정부가 성공적으로 추진한 새마을운동의 초석이 된 데 힘입어 1970년대에 접어들면서 "경제개발에 수반한 국민정신의 타락을 막자"는 명목으로 밝은사회운동에 나섰다. '한강의 기적', '압축성장' 등으로 상징되는 한국의 쾌속 경제발전은 농어촌의 소득증대와 산업화, 도시화 등의 빛과 함께 빈부격차 확대, 도시 빈민 증가, 농촌 공동화 등 그림자도 사회 곳곳에 짙게 드리워졌다.

이와 함께 급속한 도시화, 산업화 진행 과정에서 환경 파괴, 범죄율 증가, 인간소외, 도덕적 타락, 물질만능주의 등 산업사회의 어두운 면인 각종 병폐들이 일거에 나타나기 시작했다. 조영식은 수단과 목적이 뒤바뀐 산업사회 모순을 지적하며 인간이 진정으로 추구해야 할 가치가 무엇인지 일깨우는 명제를 제시했다. 물질적으로 풍요한 사회라면 정신적으로도 아름다워야 한다는 생각을 갖고 있었다. 같은 논리로 정신적으로 풍요한 사회라면 물질적으로도 풍요로워야 한다는 일관된 신념을 갖고 있었다. 1975년 10월 28일 대운동장에서 경희학원 전체 교직원과 1만 5천여 학생들이 모여 밝은사회운동 경희학원 결성대회가 열렸고, 이 자리에서 밝은사회운동 헌장이 채택됐다.

> 정신적으로 아름답고(Spiritually Beautiful),
> 물질적으로 풍요하며(Materially Affluent),
> 인간적으로 보람 있게(Humanly Rewarding)![24]

---

24 홍덕화. 2023. 앞의 책. p.264.

영문 두음자를 합성한 'BAR'은 경희학원의 대표 슬로건 중 하나로 인간의 권리회복을 위한 3대 원리를 담고 있다. 조영식이 이런 신념 속에 열정적으로 시작한 밝은사회운동은 전국적으로 확산되었고, 미국과 중국, 일본, 태국 등 세계 80개국의 주요 도시에 지부가 조직되어 있는 밝은사회클럽(G.C.S) 운동으로 발전해왔다. 미국 출신인 엠마누엘 파스트레히(Emanuel Pastreich) 전 경희대 교수는 조영식의 예지력을 높이 평가했다. 한국인 대다수가 하루하루 연명에 바쁘다 보니 거의 관심을 두지 못하거나 두지 않던 시절에 평화와 복지, 인류평화 등에 관심을 두고 실현 방안을 찾으려 진력하던 점을 주목했다.[25] 파스테레히 교수는 미원의 위대성 중 하나로 환상적인 것으로 받아들여지던 유엔 기능 강화 방안인 팍스 유엔론(Pax UN)과 한국의 국제무대에서의 주도적 역할을 생각해 낸 것을 탁월한 예지력으로 평가했다. 미원의 이런 선각자적인 노력에 힘입어 이후 한국에서 반기문 유엔사무총장 등 국제무대에서 맹활약할 수 있는 인적 기반도 마련될 수 있었다는 것이다.

파스테레히 교수는 6.25전쟁 후 한국 상황을 둘러 본 서양 학자들이 한국을 경제적으로 재건하기 어렵다고 내다보면서 이를 '쓰레기통에서 장미를 피워내는 것'으로 지극히 비관적으로 생각하던 상황을 주목했다. 이런 현실을 딛고 조영식이 우리 민족의 백절불굴의 정신과 저력을 믿어 의심치 않고 국민들을 상대로 잘살 수 있다는 자신감을 심어주고 근대화를 이끌었다고 평가한 것이다.

---

25 Emanuel Pastreich. 2018. "Young-Seek Choue's Philosophy and its Promise for a Unified Korean Peninsula." 하영애 편저. 『조영식과 이케다 다이사쿠의 평화사상과 계승』. 한국학술정보. p.365.

Ⅳ. 결론에 대신하여: 후학들의 과제

1. 미원의 참모습 재평가 시급

조영식 박사님은 각종 난제에 직면한 우리 세상을 구원하고 실질적으로 발전시킬 수 있는 인물이자 한 세기 앞선 현인이다. (반기문 전 유엔사무총장)[26]

(조영식) 총장님은 인류문명이 당면할 어려움을 50년 전에 예견하고 준비했던 선각자이자 시대의 스승이다. (이수성 전 서울대 총장, 29대 국무총리)[27]

시공의 한계를 초월한 정열과 힘과 지력, 다양하고 웅장한 계획들로 세계 지성의 선도자 역할을 해왔다. (아나톨리 로고노프 전 모스크바 국립대 총장)[28]

반기문 전 유엔 사무총장과 이수성 전 서울대 총장(29대 국무총리), 아나톨리 로고노프 전 모스크바 국립대 총장(구소련 과학원 부원장) 등 국내외를 대표하는 지성인들이 조영식 총장의 타계를 전후해 쏟아낸 찬사들이다. 이밖에도 세계 대학 중 최초로 경희대학교와 경희학원에 일관교육 체계를 만든 것이나 등 한국인으로서 듣기 어려운 영웅적인 평가를 받았다고 해도 과언이 아니다. 27세 나이에 '민주주의 자유론' 책을 펴낸 데 이어 '문화세계의 창조', '인류사회의 재건,' '오토피아' 등 4대 명저를 저술한 것만으로도 그를 평범한 교육 행정가로 보기 어렵다. 그는 기계문명의 뒤안길에 놓인 인간소

---

26 반기문 전 유엔사무총장은 '조영식 전기' 추천사 의뢰를 받고 필자를 반기문 재단 사무실로 초대해 추천사 내용을 구술했음(2022.9.23.).

27 이수성 전 총리. 2023. 《『유엔 세계평화의날 제창자 경희학원 설립자 조영식』 출판 기념식》 축사 (2023.3.16. 서울 부영빌딩).

28 홍덕화. 2023. 앞의 책. p.337.

외 현상의 문제점을 통찰하고 인간성 회복을 통한 인류사회 재건의 당위성을 역설, 국내외 지성들의 이목을 끌었다. 문맹퇴치, 농촌계몽 등 사회 운동가로, 전쟁을 반대하는 평화운동을 이론 연구에 그치지 않고, 국내외 현장을 누비면서 적극적으로 실천했다.

'평화는 개선보다 귀하다(Peace is more precious than the triumph.)'는 평화철학을 부르짖으며 미국과 소련을 위시한 5대양 6대주를 쉼없이 누비고 다니는 등 실천적 사상가였던 미원 조영식. 2012년 2월 타계한 그의 삶을 돌아보노라면 아놀드 토인비가 말한 "문명은 동작이지 상황이 아니다. 또 항해이지 항구가 아니다." 라는 말이 떠오른다.

그에게 쏟아진 세계 각국 지도자들의 찬사는 서한과 유엔, 대학교 등 주요 기관의 기록으로 고스란히 남아 있다. 미원의 측근 중 다수는 그가 1980년대 핵전쟁과 3차 세계대전 위기를 불식시킨 인물 중 한 명임에도 이러한 헌신과 공로가 널리 알려지지 않았다며 안타까움을 토로하고 있다.

그런데도 조선일보가 학계 연구서를 인용해 '서북 출신 학병 세대'가 대한민국의 지적 설계' 제목으로 보도한 기사(2017.4.5.)에서는 10대 교육행정가 명단에서조차 빠져 있다. 장준하, 김준엽, 선우 휘, 김수환 등 서북 출신 인물 10명이 "조국 근대화의 밑그림을 그리며 정치 언론 종교 교육의 기초를 놓았다"고 소개한 것이다.[29] 전쟁터에서 교육입국의 꿈을 꾸고, 대학을 인수한 것이라든지, 국민교육의 터전을 만든 그는 경희대를 세계적인 대학으로 발전시키고 세계대학총장회 탄생의 산파역으로 한국의 위상을 한껏 드높인 점 역시 한국의 교육자에게는 이례적인 일이 될 것이다.

---

29 홍덕화. 2023. 앞의 책. p.365.

2. 난세의 롤 모델: 실천적 사상가, 조영식과 이케다

그의 재건 영웅 다운 풍모는 서울 환도 후에 더욱 빛을 발했다고 볼 수 있다. 전란의 폐허 속에서 망연자실하던 전국민을 대상으로 잘살기 운동과 문맹퇴치, 농촌계몽 운동에 매진한 결과, 박정희 당시 대통령의 부름을 받고 브리핑을 하는 등 우리 정부의 새마을 운동 씨앗을 뿌려준 셈이 됐다. 1980년대에는 아시아 태평양 시대의 도래를 외치며 지구촌 시대에 대비하자고 국민들을 일깨웠다. 평생 수많은 책을 읽고(다독), 저녁 마다 수 시간 씩 200자 원고지에 책 원고를 써내려갔고,[30] 날마다 생각하는 시간을 업무 일정에 포함시키도록 비서실에 지시(多商量)할 정도로 일생을 고고한 학자로 살았다. 또 교육행정가이자 평화운동가, 사상가 등으로 살면서 그가 기록한 출판물도 다섯 수레에[31] 실을만 할 것이다. 그런데도 우리 언론과 학계 연구자들에게는 널리 알려지지 않은 것 같다.

미국, 프랑스, 중국, 러시아 등 동서양의 저명한 학자와 대통령, 총리, 유엔 사무총장 등 세계적인 인물들이 미원을 '평화의 사도', '위대한 사상가' 등으로 극찬할 때에도 유독 국내에서는 미원에 대한 평가가 박했다는 게 중론이다. 1974년 미국 애틀란타시는 제1회 세계인류학자대회에서 미원에게 인류최고 영예의 장을 수여한 것도 이와 무관치 않을 것이다.

이처럼 그가 평생 일궈낸 성과만을 나열해가며 살펴봐도 전방위적인 비범성이나 인간주의자로서의 모범을 발견할 수 있지만, 교육을 통한 세계평

---

30 고 오정명 여사가 남편(조영식)의 투병 기간에 평화복지대학원(GIP) 학생들을 공관으로 불러, 저녁을 대접하며 밝힌 일화.

31 두보는 '백 학사의 이영 집에 붙여(題柏學士茅屋)' 제하 시에서 "부귀는 꼭 근면한 데서 얻어야 하나니(富貴必從勤苦得), 사내라면 모름지기 다섯 수레 책을 읽어야(男兒須讀伍車書)"한다며 독서의 중요성을 강조. 남자에게 국한된 말이 아니라 지성인이라면 독서를 생활화해야 한다는 의미로 보임. 『장자(莊子)』「天下」편에도 "혜시는 방술이 많으니 책이 다섯 수레(惠施多方伍車書)"라는 말이 있음.

화 구현과 물질문명에 찌든 인류사회 재건, 문화복리와 복지 증진, 문화세계 창조 등을 위해 선구자로, 선각자로, 행동하는 지성인의 모습을 줄곧 보여준 점도 주목되는 부분이다. 그가 평생 일궈 놓은 연구 업적과 성과를 바탕으로 새로운 학문의 길을 개척하고 그가 남긴 유산을 발전적으로 계승해야 하는 책임과 의무는 필자를 비롯한 제자와 후학들에게 있다고 생각된다. 그런데도, 우리나라에서는 조영식의 참모습이 있는그대로 알려지거나 평가를 받고 있지 않다는 생각이다.

이런 점에서 볼 때 지난해 여름(2024.7.6.) 개최한 세미나와 관련 연구서 발간 작업은 미원과 이케다 선생 연구의 끝이 아닌 본격적인 연구를 알리는 시작의 종소리라는 생각이 든다. 아울러, 두 거인이 실천적 사상가로서 자국과 지구촌 사회의 발전을 위해 헌신한 만큼 이들이 이룩한 불후의 업적을 면밀히 살펴보고 분석도 하면서 우리 사회와 지구 공동체가 직면한 여러 문제점들을 해소하고, 지속적인 발전을 이어갈 수 있는 지혜와 영감을 적극적으로 얻으려는 노력이 필요하다고 본다. 이런 점에서 '조영식과 이케다 다이사쿠 총서' 시리즈 발간을 계기로 각 연구자들이 주제별로 난국에 대한 인식과 타개 방법, '말세 위기' 우려가 제기돼 온 지구의 건강 회복 전략을 수립하는 등 두 거인이 남긴 유산을 종합적으로 평가, 분석하고 따라 배우는 제2단계 과정의 개시(Commencement) 포인트로 볼 수 있다.

다양한 부문에서 탁월한 지도력을 발휘했고 위기 극복 능력에서도 세계적 명성을 얻은 조영식 총장의 발자취를 '7대 불가사의' 키워드로 정리하면서 고난과 역경에 대한 인식과 이에 대처하는 자세와 방법, 극복 사례 등을 살펴보았다. 이 작업이 오늘날 당면한 국내외의 제반 문제점, 특히 '뉴노멀' 조짐을 보여 온 기후 변동, 전장(戰場)의 확대, 분쟁과 갈등의 심화 등 지구적 위기 극복 방안을 마련하는데 도움이 되었으면 좋겠다.

미원 사유의 근원 생각하며 (思源頭)[1]

洪德和[2]

高凰桃李滿天下 (고황도리만천하) 고황산 경희 동산의 인재들 세상에 가득한데

何用光陵更種樹 (하용광릉갱종수) 어찌 광릉 학당에 또 꽃나무 심었던가[3]

絳帳詩思淸人骨 (강장시사청인골) 스승의 시와 사상 뼈속까지 시원케 하더니[4]

三峰幽宅氣兩水 (삼봉유택기양수) 삼봉리 묘역 기운 두물머리 강물로 흐르네[5]

北風寒雪遺忘河 (북풍한설유망하) 북풍한설 속 영구차 망각(Lethe)의 강가 이르니

萬疊靑山境暈瀜 (만첩청산경운용) 만첩청산 구름 일어 명암으로 나뉘고[6]

悲傷笛聲界幽明 (비상적성계유명) 이승 넘는 구슬픈 피리소리 처량함 더할 새[7]

---

1 조영식 총장님과 대화나 특강, 저작물 독서 등을 통해 그의 90 일생을 일견해 보면 주자(朱熹.1130~1200)가 제자들에게 학문하는 자세를 일깨워 준 '관서유감(觀書有感.책 읽으며 드는 생각)'이 연상됨. 이 시에 나오는 '연못의 (고여 있는) 물이 어찌 이다지도 맑을까(問渠那得淸如許)', '마르지 않는 근원지에서 새로운 물이 (끊임없이) 흘러드는 때문이지(爲有源頭活水來).' 구절은 조 총장의 평소 학문하는 태도이자 제자들에게 권면한 내용임. '고황산'은 경희대 본교의 소재지이고 광릉은 조 총장이 평화지도자 양성을 위해 세운 평화복지대학원의 터임.

2 미원의 제자. 경희대 평화복지대학원 졸업생. 한국군사문제연구원 이사. 전 연합뉴스 부국장.

3 당(唐) 시인 백거이(白居易)의 '령공께서 녹야당에 꽃을 심었다는 시에 답하여'(奉化令公綠野堂種花) 시에서 '도리만천하'와 하용..갱종' 구절 차용.

4 강장(絳帳)은 진홍색 휘장으로 스승이 앉아 있던 자리를 지칭.

5 경기도 남양주 삼봉리 묘역에서 지은 시. 조 총장의 9주기 추도식(2021.2.18.) 때 헌화하던 중 간간이 흩날리는 눈을 타고 내려온 시상을 토대로 백거이의 시어를 참조해 완성했음.

6 운옹(暈瀜)은 미술에서 색칠할 때 한쪽은 짙게 하고 다른 쪽으로 갈수록 차츰 엷게 나타나게 하는 일. 묘역에서 두물머리 건너편 수종사쪽 산세를 보던 중 먼 하늘가의 산세는 가물거리는 모습에서 생사의 경계를 비유했음.

7 밀양 표충사 등 주요 사찰에는 저승의 유명계(幽明界)를 사찰 속에 옮겨 놓은 법당 명부전(冥府殿)이 있음. 한 참배객의 추모 노래를 들으면서 슬픈 피리 소리가 하늘로 울려퍼지는 듯한 느낌이 들었음.

出迎郎君孺人鴻 (출영낭군유인홍) 마중 나온 강 저편 기러기 아내 화사한 미소로 '끼룩끼룩'

南山之壽已常事 (남산지수이상사) 범부들도 백수(白壽) 넘기는 이 시절에[8]
萬壽亭運豈不享 (만수형운기불향) 만수무강 백세복 왜 못 누렸을꼬 아쉽지만
文化世界創造夢 (문화세계창조몽) 그가 심고 가꾼 문화세계 창조의 꿈과
再建人類理想鄉 (재건인류이상향) 인류사회 재건, 오토피아 건설의 씨앗 건실하니

春在枝頭時運轉 (춘재지두시운전) 나뭇가지 끝에 봄이 오듯 시기가 무르익으면[9]
美源遺香四方溢 (미원유향사방일) 미원이 남긴 그윽한 꽃 향기 사방으로 내뿜어
吐絲結繭秋收豊 (토사결견추수풍) 누에가 실 토해 고치 틀 듯 풍성한 수확 얻을 지니
世上和合願結實 (세상화합원결실) 지구공동사회와 평화 화합 소원 결실 멀지 않겠네

---

8 장수를 비는 성어에 '남산보다 오래 사세요(壽比南山)'이 있음.
9 '춘재지두'는 중국 송나라 나대경(羅大經)의 저서 『학림옥로(鶴林玉露)』에 보이는 '봄은 나뭇가지 끝에 이미 무르익어 있다.(春在枝頭已十分)'는 싯구에서 차용. '진리(眞理)는 가까운 곳에 있다.'는 뜻임.

○

제6장

세계평화 운동의 거장 조영식의 아내

오정명의 리더십

하영애
학교법인 경희학원이사
조영식 · 이케다 다이사쿠 연구회 회장

I. 서론

오정명은 사명감이 강한 기질의 여성이었다. 이 사명감의 기질이란 6.25 전쟁 이후 폐허 속에서 대학건설의 커다란 꿈을 가진 남편 조영식 박사의 꿈을 현실로 이루는 일. 그 남편의 일이 바로 아내의 일이라 생각하고 모든 어려운 상황들을 묵묵히 헤쳐나갔다. 오정명은 1921년 평안북도에서 태어났다. 일제강점기인 1943년에 조영식과 결혼하여 한 사람의 아내가 되었다. 기실 한국 사회의 역사를 보면, 불과 100여 년 전만 하더라도 대다수의 기혼 여성들은 대가족의 생활에서 세 끼 식사를 준비해야 했고 농사일과 겨울에도 빨래터나 우물가에서 그 많은 세탁물을 손수 빨고 삶아야 했다. 또한 여성은 태어나서는 아버지에게, 결혼해서는 남편에게, 남편이 죽고 나면 아들에게 의존하는 삼종지도(三從之道)에 얽매였고 심지어 남성(시아버지, 남편, 아들)은 방에서 밥을 먹고, 여성들은 부엌에서 밥 먹는 경우가 적지 않았다. 또한 봉건예속의 가부장제에서 사회는 가난했고 여성들은 그 삶의 적지 않은 부분에서 각고의 노력으로 가정과 사회를 위해서 노력하였다.[1]

사회운동은 가치(values), 규범(norms), 구조(structure), 인간행위(human behaviors)라는 네 가지 요소를 포함하게 된다. 첫째, 가치는 사회운동의 한 요소로서, 사회공동체의 구성원으로서 인간이 추구하게 되는 요구(needs), 태도 혹은 욕구(desires)와 관련된 목표 또는 이 목표와 관련된 사물이라고 할 수 있다. 이러한 가치는 종종 하나의 관념의 형성을 매개로 성취될 수 있다. 추상적으로는 사회정의, 평화, 성실 등이 모두 가치의 대상이 될 수 있다.[2] 오정명의 가치관은 재정적 뒷받침으로 어떻게 남편을 도와 육영사업(대학건설)을 완성하고 세계평화를 위한 다양한 활동을 전개하는가에 있었다고 하겠다.

둘째, 사회운동의 규범(norms)적 요소는 규칙(rule), 표준(standard), 혹은 행동양식(pattern for action)을 의미한다.[3] 오정명의 사회운동의 규범은 밝은사회운동 헌장, 인류사회재건연구원 정관 등에 기초를 두고 있다. 셋째, 역할은 어떤 특정 직위를 담당하고 있는 사람이 사회가 가지는 기대 혹은 요구에 대하여 필히 이행해야 할 하나의 이상적 행위를 일컫는다. 조직구조는 사회운동의 중요한 요소이다. 사회과학에서는 여러 가지 조직과 역할에 대한 정의가 있는데 가장 보편적인 정의를 개략적으로 살펴보면, 조직 또는 조직체계(Organization)란 특정한 목표를 추구하기 위해 의도적으로 구성된 인간 활동의 지속적인 체계를 일컫는다.[4]

---

1   대표적인 자료는 조혜정,『남성과 여성』, (서울: 문학과 지성사, 1988).; (사)한국여성연구소 지음,『새여성학 강의: 한국사회, 여성, 젠더』, (서울 : 동녘, 1992).

2   Louis Schneider, Institution in Julius Gould and William L. Kolb(ed), *A Dictionary of the Science* (1974)(臺北: 馬陵出版社, 民國64年), pp.15-20.

3   Louis Schneider, *op. cit.*, p. 15.

4   Fremont E. Kast and James E. Rosenzweig, *Organization and Management: A System Approach* (New

오정명은 남편과 함께 수많은 조직을 탄생시켰다. 사회 봉사조직으로서 UN 경제사회이사회 민간자문기구인 밝은사회운동(GCS)[5]과 각 국가본부가 그 대표적인 예라 할 수 있다. 특히 라이온스(Lions), 로타리(Rotary), 제이씨(JC)의 사회 운동조직이 모두 미국에서 한국으로 유입되었던 것에 비하여, 밝은사회운동은 남편 조영식에 의해서 한국에서 태동하였고 세계 각국으로 확산일로에 있다는 점이 독창적이다. 즉, 밝은사회국제본부, 밝은사회한국본부, 해외 각 국가본부 및 각 단위 클럽 등이다. 그리고 그의 사회운동의 한 축인 실천을 중시한 밝은사회운동 조직은 대표적이라고 할 수 있겠다.

넷째, 인간의 행위이다. 가치, 규범, 조직구조는 모두 사회운동의 정태적 요소이다. 이러한 요소들만 가지고는 그 사회운동이 제대로 기능을 발휘할 수가 없을 것이다. 그러므로 필히 인간이 개입되어 직위를 가지고 역할 행위의 각종 활동을 할 때야 비로소 조직체계에 동태적 현상이 발생하며 나아가 그 기능을 발휘하게 된다.[6] 하나의 조직체가 그 기능을 발휘하느냐 못하느냐 하는 것은 실제로 그 집행자가 어떤 사람인가에 따라 긍정적 기능과 심지어 잠재적 기능(latent function)을 발휘하기 때문에 어떤 인물인가에 따라 결과적으로 다른 효과가 나타난다.

세계평화와 고등교육을 위해 100여 개 이상의 국가를 누비며 수많은 지식인 정치인 유엔 전문가들을 만났고 조국의 통일을 위해 일생을 바쳐온 남편 조영식의 아내로서 오정명은 어떠한 역할을 하였을까? 특히 한국 사회의

York ; McGrow-Hill Book Co.,1970).

5　GCS는 선의(Good Will), 협동(Cooperation), 봉사-기여(Service-Contribution)의 영문 약자 GCS 를 밝은사회의 약칭으로 사용하며, 이러한 GCS 운동의 정신으로 나아가서 GCS(Global Cooperation Society)사회를 만들자라고 표현할 수 있다. 하영애, 『밝은사회운동과 여성』, (서울: 범한서적 주식회사, 2005), 제1장 제1절 GCS 운동과 관련된 개념들 참고.

6　河暎愛, 『臺灣地方自治選擧制度』, (서울: 삼영사, 1991), p. 22.

관습으로서는 여성은 가정에만 머무를 수도 있었는데 그녀는 어떤 사회활동을 하였는가.? 이 사회활동을 추진할 수 있었던 동력은 무엇인가.? 이러한 작은 물음이 이 글을 쓰게 된 동기이다.

오정명에 관한 연구는 평화복지대학원의 동문회가 발행한 그리운 어머니,[7] 홍기준의 조영식 코드,[8] 홍덕화의 조영식,[9] 하영애,[10] 조영식 · 이케다 다이사쿠 연구회 학자들이 함께 쓴 미원 조영식을 생각한다.[11] 등에서 부분적이고 단편적인 글들이 있을 뿐이다. 그가 다양한 사회운동을 해왔음에도 학술논문의 연구는 찾아보기 어렵다. 따라서 이글은 아내와 큰어머니로 만 각인 되어왔던 오정명의 사회운동을 통해 그녀가 이룬 업적을 재조명해보고 그의 리더십을 고찰하는 데 목적을 두고 연구를 시도(試圖)해 본다. 일반적으로 리더십은 조직원들이 추구하는 이상과 가치를 실현하기 위하여 지도자가 구성원들을 유도하는 것을 의미한다. 이러한 리더십은 국가나 조직의 목표와 가치를 위하여 수단과 방법을 가리지 않고 지도자가 추종자들을 유도 조정하는 정치적 리더십 과는 차별화 된다고 할 수 있다.[12] 연구방법은 문헌 연구를 중심으로 하고 부분적으로 인터뷰를 진행하였다.

---

7 경희대 평화복지대학원 동문회 편, 『오 내사랑 목련화: 그리운 어머니』, 2010.

8 홍기준, 『조영식 코드: 문명 전환의 시대에 전하는 메시지』, (경기도 고양: 도서 출판 인간사랑 2022),

9 홍덕화, 『미원 탄신 100주년 기념 조영식』, 조정원 국제밝은사회재단 이사장 발행(서울: 이지출판, 2023)

10 하영애, 『밝은 사회운동과 여성』, (서울: 범한서적 주식회사, 2005).

11 조영식 · 이케다 다이사쿠 연구회 편, 『미원 조영식을 생각한다: 조영식 박사 탄생 100주년 기념문집』, (파주: 한국 학술정보, 2021),

12 하영애, "세계의 여성리더-여성리더의 정체성 찾기", 『한중사회 속 여성리더: 선덕과 측천은 어떻게 달랐나』, (파주: 한국 학술정보, 2015), pp. 115-132.

II. 오정명의 생애와 시대적 배경

한국은 삼종지도와 봉건 예속 사회의 오랜 관습으로 인해 여성들은 사회활동에 참여가 서양과 같이 자유롭지 못했다. 물론 서양 각국에서도 여성들은 많은 학대와 비자유와 비인권적인 탄압을 받으면서 서서히 자신들의 목소리를 낼 수 있었으며 [인형의 집]에서 로라의 자각적인 역할을 통해 여성도 한 사람의 주체적인 인간으로 살아야 한다고 강조하였고 세계적으로 많은 여성에게 호응받았다. 오랜 질곡의 여성 역사에서 비로써 1920-30년을 신여성 시대라고 부르게 된다.

오정명은 1921년 10월 18일(양력 1922.1.15.) 평안북도 운산군 북진읍의 꽤 부유한 집안에서 태어났다. 그녀는 북진 공업보통학교를 다녔으며 5년제 평양 여중을 졸업하고 도쿄에 있는 호리코시(堀越) 고등학교에 진학하여 가정과를 졸업한 뒤 귀국하여 평양 서문공립 고등여학교에서 교편을 잡았다고 기록되어있다. 오정명은 동갑내기인 조영식과 만나 1943년 11월 23일 평양에서 전통혼례식을 올렸다.[13] 당시 신부 오정명은 운산군 북진 읍에서 양조장 영창상회를 경영하던 갑부 오경호의 딸로서 일본 유학에서 돌아온 신식여성이었다. 신랑 조영식은 운산에서 금광을 운영하던 조만덕의 아들로서 역시 비슷한 시기에 일본에서 유학한 수재로서 맞선을 본 뒤 결혼을 약속하였다. 그러나 그들은 조영식의 징집으로 파혼 위기에 이르기도 하였다. 결혼 후 불과 몇 개월 뒤인 1944년 1월 20일에 남편이 학도병 징집 통고서를 받고 일본군 제48공병부대로 입대하게 되었기 때문이다. 훗날 오정명은 친아들 이상의 '목련 아들에게 두 사람의 약혼까지도 힘들었지만, 자칫 결혼식도

---

13 홍기준, 『조영식 코드:문명 전환의 시대에 전하는 메시지』, p. 17.

못 하고 파혼할 수 있었다는 아찔한 순간을 회고하였다. 즉, 어느 날 약혼자가 찾아와 청천벽력 같은 얘기는 했는데, "일본학도병으로 징집되어 군대에 가게 되었는데 앞으로 살아 돌아올지 어떨지도 모르는데 지금이라도 파혼을 하는 게 순리적이지 않겠느냐"고 말했다고 한다.[14] 이 말을 전해 들은 오정명은 부모님께 고했고 부모님은 "이미 정혼을 한 이상 어떤 일이 있더라도 약속을 깨선 안 된다."라고 강경하게 고수해서 결국 두 사람의 혼사가 이루어졌다.

그 후에 남편이 먼저 남하하였고, 그녀는 둘째 아이(첫 딸 조여원)를 임신한 채 온갖 위협을 무릅쓰고 남쪽으로 내려와 구사일생으로 남편 조영식과 상봉하게 된다. 그러나 어렸을 적부터 사서를 비롯해 수많은 책을 읽고 커다란 꿈을 가진 남편 조영식의 아내 노릇은 남한에 내려와서는 더욱 힘들었다. 조영식이 신흥대학을 인수하고 부산에서 피난 생활 중에 교육사업을 시작하였는데 그녀는 약품을 판매하고 노점상을 하며 학교 운영에 대한 재정을 담당하였으며 종일 힘들게 다니다가 해가 질 무렵에는 영도다리를 쳐다보며 탄식하며 흥얼거렸던 노래가 후일 애창곡이 된 '바우고개'이다. 가난하고 암울했던 그 시대에 오정명은 억척스러웠던 삶과 고통스러웠던 생활을 통해 실물경제를 자연스레 체득하지 않았을까 생각된다. 왜냐하면, 후일 그의 이러한 경제 마인드는 삶의 곳곳에서 나타나기 때문이다.

오정명과 조영식은 슬하에 4명의 자녀를 두었다. 아들 2명, 딸 2명의 자녀는 부모의 교육사상에 영향을 받아서인지 4명 중 3명이 박사학위를 하였고 훌륭한 학자 집안의 가문을 이어 나갔으며 두 아들은 벨기에와 미국의 명문대에서 유학한 뒤 대학의 총장을 역임하였다. 큰딸 역시 미국 유학과 박

---

14   홍덕화, 『미원 탄신 100주년 기념 조영식』, p. 85.

사학위 후 20여 년의 해외 생활을 하였고 귀국 후 국내대학에서 대학원장을 역임하였고 법인 상임 이사의 중요한 역할을 수행하였다. 위에서 설명한 것처럼 자녀들을 석학으로 각자가 각 분야에서 최고의 역량을 발휘하도록 하였고 특히 둘째 아들은 국내대학 총장으로서는 드물게 '기후위기'에 관한 많은 저서와 다양한 논문을 썼다. 이와 관련하여 그는 폭넓은 식견을 가지고 세계적인 석학들과 정치철학, 과학, UAP(Unidentified Aerial Phenomenon) 등 인류의 수많은 실존적 위기에서 희망의 지평을 모색하는 학술 포럼을 개최하였고 국내에서 선도적으로 기후위기에 대해 경종을 울리며 국내외의 많은 학자에게 좋은 반응을 얻고 있다.

필자 역시 아들과 딸을 가진 어머니였기에, 특히 해외 유학 기간에 자녀들과 떨어져 있다가 귀국 후 늦둥이들을 교육시킬 때 꽤 잔소리했던 기억이 있다. 마음대로 아이들이 따라주지 않을 때 언성을 높이기도 하고 속이 상하기도 했기 때문이다. 한국의 어머니들은 교육열이 높아서 맹모삼천지교(孟母三遷之敎)같이 나름의 자녀교육에 신경을 쓰기도 한다. 오정명의 자녀교육은 어떠했을까? 자녀들을 박사로, 대학의 최고지도자들로 키운 그녀는 자녀들에게 공부하라고 한 적이 없다고 한다.

> 부모님께 공부하라는 말씀을 듣거나 꾸중을 들은 기억이 없다. 다만, 공치기 하다가 유리창을 깨어 할머니께 야단을 맞은 적은 있다. 특히 어머니는 자녀들이 자율적으로 성장하도록 하였고 학원장님(아버지)께서는 인간의 중요성, 우주의 중요성, 생각의 중요성 등 꽤 어려운 얘기를 자주 하셨다.[15]

---

15 필자는 대화 중에 짓궂게 4남매 중 누가 가장 총애받으셨나요? 라고 물었는데, 모든 자녀에게 골고루 사랑을 베푸셨다고 응답하였다. 그러나 4남매 중 막내아들이었던 그는 유독 어머니의 사랑을 많이 받

첫 딸 조여원 교수와의 인터뷰에서도 어머니의 자녀교육에 관해 질문하였다. 그는 말하기를, "어머니는 모든 것을 내 스스로 결정하도록 했고 공부하라고 하신 적은 없었다. 내가 어떤 결정을 하든지 백 퍼센트 나를 믿어주셨고 대학의 과 선택도 본인이 결정하였다. 다만 '가족들 간에 암묵적인 사항'이 하나 있었는데 그것은 형제자매가 초중고나 대학, 대학원 중에 한번은 경희를 다녀야 한다."[16]는 것이었다. 조여원 교수는 타 대학(이화여고, 이화여대)을 다녔기 때문에 그 암묵적 선택은 경희대 대학원(한의대 석사)을 선택하였고 그 후 미국 유학을 했는데 의과 분야에서 영양학으로 한방을 접목하였다. 이 또한 본인이 선택하였는데 어머니 오정명은 큰딸이 약대를 가기를 원했으나 그렇다고 학문에 크게 간섭하지는 않았으며 큰딸로 인해 소원 풀이는 하신 것 같다고 하였다. 이러한 가정교육은 자녀들로 하여금 자연스레 인류와 세계문제를 심층적으로 되새기는 근원이 되었다. 어머니 오정명의 남편에 대한 내조에 대해 어떻게 생각하는지 물어보았다. 조 교수는, 어머니는 남편께 모든 것을 다 바쳤다. 그 누구도 할 수 없는. 가정에서도 아버지는 학교건설 등 큰일에 전념하고 경제적인 부분은 어머님이 감당하셨다. 특히 학교 일과 교수 대접을 많이 챙기셨는데 가족보다 더 생각하고 자녀들 생일은 잊어버려도 교수들은 명절 등에도 챙기셨다고 말했다. 특히 조교수는 아버지에 대한 어머니의 마음을 다음과 같이 설명하였다. "훌륭하셨다. 그런 아내를 찾을 수 없을 것 같다. 아버지를 마음으로 존경심을 가지고 항상 보조하셨다."

오정명의 가정에서의 생활은 어떠하였을까? 유복한 가정에서 태어났지만 그녀의 결혼 후 명륜동에서의 가정생활을 보면 주위에서 놀랄 정도로 검

왔던 것 같다. 양 캠퍼스 여교수회가 당시 총장이었던 그를 초청하여 간담회를 하였는데 그때에도 어머니 얘기를 언급하였던 적이 있었다. 막내아들과의 대화 중에서 2024년 5월 24일.

16　조여원 교수와의 인터뷰. 2024. 9. 11. 오후 3시-4시 30분

소하고 절약하는 생활을 하였다. 부슬부슬 비가 내리는 날에나 저녁 컴컴한 데도 집안에 전등을 켜지 않았으며, 심지어 겨울철에도 보일러를 켜는 날이 극히 적었다. 남편이 대학 총장인데도 집에 그 흔하고 변변한 식탁도 없었으며 밥상에 앉아서 식사할 정도였다. 당시 가정의 가계부에 대해서 큰 일은 어머니가 예산을 잡고 집행이나 전반적인 살림은 할머니가 맡아 하셨다고 한다. 시어머니 강국수와 며느리 오정명의 사이는 대단히 돈독했다. 이런 영향으로 조교수 역시 대학이나 사회활동(영양사회 회장 등)을 할 수 있도록 시어머니의 커다란 도움을 받았고 감사하게 생각한다고 했다. 많은 여성의 성공적인 사회활동에는 또 한분의 어머니, 시어머니의 헌신과 보살핌이 중요한 것이다. 오정명은 고부간에 화목하고 상호협조하였으며 생활 속에서 습관화된 절약 정신으로 대학원생들에게 입히는 체육복을 직접 재봉틀로 만들어 입혔다.

Ⅲ. 오정명의 육영사업

1. 대학재정위기 시기 사명감 발휘

대학을 설립했지만, 운영하기는 너무나 어려운 일이 많았다. 피난 시절 부산에서 천막생활로 대학을 운영하였고 한때 불이 나면서 재정상황은 더욱 악화 되었다. 고향 운산에서 백화점과 양조장을 경영하던 부유한 가정에서 자란 오정명. 그것도 일본에서 유학까지 했던 신여성 오정명은 어떠한 역할로 이 어려운 상황을 극복해 나갔는가? 교수와 직원들의 봉급 준비가 막막한 상황이었을 때 오정명은 시집올 때 가지고 온 많은 값진 혼수품을 내다

팔아서 교직원들의 봉급을 지급하게 했다. 심지어 이 경비를 마련하기 위해 월남한 이후에도 위험을 무릅쓰고 38선을 두 차례나 왕래하면서 금붙이나 옷감 등을 추가로 갖고 내려왔다.[17] 한국에서 경희대학을 설립한 조영식과 일본에서 소카대학을 설립한 두 창립자는 어느 날 대화 중에 '설립자만이 느끼는 공통점에 공감'을 가졌는데 수많은 어려움 중에 재정적인 어려움에 공감하면서 대화를 나누었다. 특히 이케다 다이사쿠는 오정명의 비화 '이마의 상처, 어머니의 훈장'에 대해 어느 책에서 이렇게 기록하고 있다.

> 대학 초창기에는 교직원에게 월급을 지급하기 어려웠고, 부인은 월급일 전날 다이아몬드 약혼반지를 전당포에 가지고 갔다. 살을 에는 듯한 결단이었다. 그런데, "진짜인지 가짜인지 알 수 없다."라고 퇴짜를 맞았다. '내일부터 대학의 모든 가족의 생활을 어떻게 해야 하나?'라는 생각으로 망연자실하며 밤길을 걸어왔다. 쏟아지는 눈물이 앞을 가려서 전신주에 부딪혔다. 지금도 이마에 남아 있는 상처를 사람들은 '어머니의 훈장'이라고 부른다.[18]

전쟁 이후 폐허에서 교육만이 가장 바람직한 길이라는 용기와 열정과 의지로 남편이 대학을 설립은 하였으나 설립자가 결코 모든 일을 다 할 수 있는 것은 아니었다. 오정명은 남편이 인수 당시 초라했던 2년제 가인가 초급대학을 살릴 수 있는 운영의 묘책을 발휘하였다. 당시에 경제적으로 어려움을 겪었던 상황을 자녀 중 한 사람이 설명해 주었다.

---

17 홍덕화, "고 오정명 여사의 생애", 『오 내사랑 목련화』, pp. 60-61.
18 이케다 다이사쿠 칼럼집, "경희학원 창립자 조영식 박사와의 만남", 『내가 만난 세계의 명사들』, (서울: 중앙일보 플러스 월간중앙, 2020), p.146.

오정명 명예 이사장을 재정사업본부장으로 부른다. 왜냐하면, 부산 피난 시절 영도동 광동 교사 시절(판잣집 교사) 약품을 파는 보따리 장사로 돈을 모았다. 하루 종일 힘들게 보따리 장사를 하다가 집으로 가는 길에는 영도다리를 보면서 흥얼거리며 자신의 신세를 한탄하기도 했을 것이다---중략

서울 본관을 1952년에 캠퍼스 부지를 구해서 1954년에 건물을 짓는데 은행에서 돈을 꿔주지 않았다. 당시에 식구 7명이 월세방에서 살았는데[19] 돈 꾸기가 막막하였다. 그래서 부자답게 보이는 묘책을 세웠다. 착공 후 본관을 1957년에 완공은 하였는데 빚을 갚지 못하니까 생각 끝에 부근의 300 몇십 평 되는 명륜동 사택을 사들이게 되었고 미군 부대의 중고 승용차를 사게 되었다. 외부에서 보기에는 사택을 사고, 차도 사니까 은행에서 좋게 보고 돈을 빌려주었다.[20]

이러하듯 집을 헐값에 사고 중고차를 구입 하는 묘책으로 돌파구를 찾은 그의 지혜는 자칫 재정위기에 몰려 설립이 불가했던 대학을 살리는 사명감의 발휘하여 위기를 극복하였다.

---

19 "아직도 기억하는데 나는 혜화동 22-88에서 태어났는데, 박소아과 의원(아직 건물 있음) 뒤 한옥에 두 분(오정명, 조영식)과 할머니(강국수), 4형제 총 7명이 월세방에서 살았다". 막내아들과의 대화에서, 2024. 5. 23. 명예 이사장 오정명 여사 선능에서.

20 제17대 경희대 총장 선임은 수개월이 걸렸다. 마지막 무렵의 5명의 후보를 두고는 법인 이사진 10명이 후보 1명씩을 직접 인터뷰하는데 아침 9시부터 12시까지 4시간씩. 금요일 오전 오후, 토요일 오전 오후, 일요일 오전부터 시작하여 12시에 인터뷰가 완료되는 대장정이 소요되었다. 이후 어느날 우리 이사진은 수고함과 단합의 차원에서 함께 저녁식사를 하였는데 자연히 대학의 역사와 오정명 명예이사장의 파란만장한 얘기를 듣게되었다.

2. 재단 이사장과 행림학원 이사장 활동

대학과 마찬가지로 학교법인(당시 고황재단)을 이끌어 가는 것 역시 쉽지 않았다. 손재식에 따르면, 당시 법인에서는 "난관이 무척 많았던 수원 캠퍼스(현재는 '국제캠퍼스')의 인허가와 용지매수 등에 대해 경기도에 협조를 요청하였고 여러 가지 행정적인 지원을 하였다."라는 과정에서 경희대의 제2캠퍼스의 설립과 인가에서 재단 이사장으로 오정명은 심혈을 기울였던 것으로 보인다.

오정명은 오랫동안 경희대학교의 법인에서 일하였다. 기록에 따르면, 재단법인 고황재단 이사(1961), 재단법인 고황재단 이사장(1963~ 1980.5.), 학교법인 고황재단 명예 이사장(1981), 학교법인 고황재단 이사(1992), 학교법인 경희학원 이사(2006~ 2008.5.)로써 법인에서 많은 활동을 하였다. 오정명이 공식적인 일을 시작한 것은 1961(단기 4294)년 이사로 선임되면서부터이다. 당시 수기로 쓴 이사회 의결록에 따르면,

> 박홍열(朴弘烈)理事는, 우리 大學의 草創期부터 現在에 至하기 까지 始終一貫하여 財團과 大學의 發展을 爲하여 財政的인 後援을 하는 等 至大한 功勞을 세웠고 또한 앞으로도 持續하여 우리 財團을 위하여 더 많은 手苦를 하여야 하겠으므로 吳貞明 女史를 本 財團의 理事에 最適任者로 생각하여 推薦한다. ---理事全員 贊成하여 滿場 一致로 可決 通過되다.[21]

특히 그의 법인 재임 기간 중의 업적으로 동양의과 대학의 인수를 대표로

---

21 이사회 의결록, 일시: 단기 4294년 12월 18일 하오 5시-하오 6시 30분 , 장소: 서울 특별시 동대문구 회기동 山 4번지. 필자 경희대 기록관 방문 2024. 9. 24. 오후 3시-5시 까지.

들 수 있겠다. 1965년 4월 27일에 경희대 한의과대학의 전신인 동양의과대학을 인수하였는데 그 과정을 보자.

당시 경영난에 빠진 동양의과대학 인수를 위해 국내 7~8개 대학이 경합을 벌였으나, 오랜 교섭 끝에 재단법인 고황재단이 행림학원을 흡수 병합하는 절차가 진행되었다. 고황재단에서 제출한 '동양의과대학을 인수 경영하기 위한 계획서'를 놓고 65년 1월 중순 열린 재단법인 행림학원 임시 이사회가 개최되었는데 논의 끝에 고황재단과 병합을 결정하고, 고황재단에서 추천한 정이사 7명의 취임인가를 문교부에 신청하기로 하였다. 3월 4일 제출한 신청서를 3월 20일 문교부에서 승인하였고 그 결과 고황재단 추천 이사 7명과 이종규 동양의과대학 학장까지 8명으로 개편된 행림학원 이사회는 3월 22일 제1차 회의를 개최하고 이 자리에서 이사장에 오정명 고황재단 이사장을 의결하였다. 행림학원 제2차 이사회에서는 학교법인 행림학원을 고황재단에 흡수 병합하면서 동양의과대학을 경희대학교 의과대학으로 흡수 병합하기로 결의했고 29일 열린 고황재단 이사회에서도 이에 상응하는 사항을 결의하게 되었다. 이후 양쪽 이사장 공동명의로 합병인가 신청서를 문교부에 제출하였고 치열한 경쟁에서 많은 대학을 물리친 합병은 이해 9월 3일 자로 정식 인가를 득하였다. 이에 따라 동양의과대학의 이름을 경희대학교 의과대학으로 고치고 교명 개명식을 가졌다.[22]

그의 고황재단 이사장 기간인 1968년은 제2차 세계대학총장회의 (The International Association for University Presidents-IAUP로 약칭)가 경희대학교에서 개최되었다. 이 대회는 34개국의 105명의 총장, 44명의 옵저버, 5명의 초청연사 등 156명의 석학들과 교육자들이 세계의 곳곳에서 한국을 찾고 경희대학

---

22 경희대학교 기록관 자료 제공, 2024. 6. 20.

교에 모여들었다.[23] 1968년 6월 18일 국내에서는 박정희 대통령이 직접 경희대의 IAUP 행사장에 참석하여 축사를 하였다. 전날에는 참석자들 300여 명이 청와대 리셉션에 초대되었고 조영식 오정명 부부는 경회루에서 만찬을 개최하였다. 오정명은 재단 이사장으로서, 이 대회 주최자인 조영식 총장의 부인으로서 105명의 총장과 페어리그 디킨스 대학교의 삼마르티노 총장부인 등 다수의 총장 부인들을 맞을 준비와 대접에 최선을 다했다. 정부에서는 IAUP 2주년 기념 우표를 발행하고 신탄진 담배를 생산했으며, 오정명과 조총장은 신라금관을 참석한 각국 대학의 총장에게 선물하였다. 경희대, 도서관 4층 '조영식 자료실' 사진에서 볼 수 있었다. 당시 GDP 80불의 한국에서 이 대회를 개최한다고 결정 했을 때 해외에서는 많은 사람들이 그 나라에 수돗물이 나오느냐? 전기시설은 있느냐고 문의했던 상황이었다. 그러나 한국의 경희대는 훌륭하게 이 대회를 성공적으로 끝냈다. 국내외의 매스컴은 이 소식을 며칠간 중요기사로 다루었고 좋은 평가를 받았다. 이 제2차 IAUP 대회는 오정명 이사장과 조영식 총장의 따뜻한 정성과 1년이 넘는 철저한 준비로 한국의 국격을 높이는 것은 물론 한국의 역사와 교육의 역사와 경희의 역사에 길이 빛날 업적을 남겼다.[24]

1995년 2월 소련의 고르바쵸프 서기장이 경희대학교에서 학원장(學園狀)을 수상하였을 때 오정명은 차담회 자리를 정성껏 준비하였다. 오정명도 동참한 이 자리에서 고르바쵸프는 1980년 조영식 IAUP 의장의 세계평화의 날 제정 건의 덕분에 오늘날의 평화가 이루어졌다고 극찬하였다. 2004년 7월 오정명은 명예이사장으로서 (입원 중인 학원장을 대신하여) 전 코스타리카 카

23 『경희20년』, (서울: 경희대학교출판국, 1969), p.180.
24 『경희20년』, pp. 184-215.

라조 (H.E. Rodrigo Carazo Odio) 대통령에게 제5회 오토피아 평화대상을 직접 수여하였다. 이 제5회 오토피아 평화대상 수상자는 2명이었는데, 다른 한 사람은 바로 평화, 문화, 인간에 대한 사상을 전 세계에 펼치고 있던 일본 소카대학교 설립자 이케다 다이사쿠(池田大作)회장이 수상하였다.

3. 평화복지대학원의 설립과 대모 역할

경희대 평화복지대학원(The Graduate Institute of Peace Studies: 약칭 GIP)는 오정명 조영식 부부가 '지도자 중의 지도자를 양성할 목적'으로 1984년에 경기도 봉선사 옆에 설립한 정규 대학원 교육 기관이다. 그러나 당시 이곳은 임업시험장이었기 때문에 전기가 들어오지 않았다. 따라서 평화복지교육기관으로 우수한 학생을 양성한다는 취지로 신청서류를 수차례 제출하고 설득하는 우여곡절를 격은 후, 문교부와 한국전력공사의 협조로 문교부로부터 설립인가(1983. 10. 29)를 받았다. 설립당시의 학생정원은 100명이었고 석사과정으로 평화학과, 안보학과, 지도자학과, 사회복지학과, 지역연구학과의 6개 과정에 26개 전공을 설치하였다. 처음 신입생은 13명에 불과하였지만 GIP의 개원식에는 카라조 전 코스타리카 대통령의 세계평화 전망, 스베르드럽(Dr.Jakob Sverduo) 노르웨이 노벨 연구소 소장의 노벨(Alfred Nobel)을 중심으로 한 평화운동, 에스칼라테(Dr.Rodofo Pisa Escalate) 남미 인권협회장의 인권과 평화 특별강연을 개최하였다.[25] 또한 개원식을 축하하며 보내 온 드 케야르(Javier de Cuellar) 당시 유엔 사무총장의 평화메세지는 본관 홀 정면에 조각, 게시하여 많은 이들에게 평화복지대학원 개원의 의미와 평화 사상을 마음에

---

25   경희대학교 평화복지대학원,『평화복지대학원 25년사』, (서울: 청솔디자인, 2013), p. 54.

새기도록 하고 있다. 오정명 부부는 평화복지대학원생들에게 세계평화에 대한 이해를 높였을 뿐만 아니라 이들에게 거는 기대는 실로 대단하였다고 할 수 있다. GIP 에는 '평화의 탑'이 건립되어있다. 이 탑은 오정명과 이정숙 등 목련클럽에서 8,000만 원을 후원하여 건립하였다.[26]

오정명은 학생들을 내 자식처럼 생활 전체를 챙겼다. 전교생이 매 학기 30명 - 50여 명이 되는 대학원생들은 하나의 대가족이었다. 함께 잠자는 기숙사 시설을 짓고, 함께 세끼를 같이 먹고 생활하는 공동식당을 마련하였으며 함께 학문을 연마하는 강의실과 도서관은 물론 함께 몸을 단련시키는 체육시설과 명상관을 지었다. 명상관 앞에는 '父情으로 마음을 다스리고 母情으로 세상을 안으라!'는 문구가 새겨져 있다. 2024년 파리 올림픽에서는 한국 펜싱은 금·은·동 많은 메달을 따는 쾌거를 이루었지만, 당시 대학에서는 보기 드문 펜싱부를 비롯하여 족구부, 배구부 등을 구성하여 자신도 함께 뛰면서 체력단련을 시켰고 이 거대한 숫자의 학생들에게 입힐 체육복은 고부간인 두 여성이 맡았다. 재정적으로 넉넉하지 않았기에 오정명과 시어머니 강국수(姜菊秀)여사는 동대문 시장에 가서 옷감을 사 가지고 와서 학생들의 체육복을 직접 재봉틀로 만들어 입혔다.[27]

평화복지대학원에는 '목련 어머니 제도'가 있다. 오정명이 만든 이 목련 어머니 제도는 신입생들이 제비뽑기 추첨방식으로 1대1 어머니를 맺고 목련 가족이 탄생하게 되는데 20여 년 이상 이 어머니들은 입학식과 졸업식은 물론 Home Comming Day 등 1년에 3~4차례씩 학교를 방문하여 겨울 스웨터나 잠바, 츄리닝, 면내의 등의 생활필수품을 정성껏 마련하여 전달한다.

---

26 평화복지대학원 25년사, p. 56.
27 현재 충남대학교 교수이며, 경희대 평화복지대학원을 졸업한 오영달 교수와의 대화 중에서
    2022. 5. 26. 오후 3시-4시. 필자는 몇 해 전부터 이 주제에 관해 주위의 많은 분들과 대화를 하였다.

졸업하는 학생들에게는 사회인으로 채비할 수 있도록 여학생들에게는 핸드백을, 남학생들에게는 멋진 가방을 선물하였다. 이들 학생은 주말 외출할 때 목련 어머니에게 연락하기도 하며 친가족 이상으로 돈독한 관계를 유지하고 있다. 민경남 목련 어머니는 학생(목련 아들과 딸)이 결혼하여 그들이 딸과 아들을 낳고 총 17명의 자녀를 갖게 되어 함께 즐겁게 지냈다고 회고하였다. 오정명은 나아가 명절, 특별한 날, 스승의 날에는 교수들과 교직원들 나아가 학교의 시설 관리자, 각 부문의 기사, 청소부들까지 선물을 챙겨주면서 정성을 쏟았다. 신년에는 자신의 집에서 며칠 동안 그 학생 대식구들에게 평안도의 유명한 조랭이떡국, 만두를 빚어 먹이며 한 사람 한 사람을 격려하였다. 오정명은 가장 기쁜 일은 이렇게 함께 공부했던 학생들이 성장하여 자신의 분야에서 돈독한 역할을 하며 편지를 보내왔을 때가 가장 기쁜 일이라고 회고하였다. (필자와 담소 중에서). 신상협 교수는 오정명 큰어머니를 통해 훌륭한 모성의 가치와 실천적 삶을 보게 되었으며 명절이 되면 어머니의 조랭이떡국 맛을 잊을 수가 없다고 눈시울을 적셨고 많은 학자도 큰어머니 오정명을 그리워한다.

평화복지대학원의 입학식과 졸업식에 오정명 부부는 빠진 적이 없었다. 조박사가 입원한 뒤로는 오정명이 대표로 참석하여 학생들을 격려하고 장학금을 주었다. 이 대학원은 졸업식과 입학식을 독특하게 한다. 졸업생과 신입생 한명 한명이 무대에 올라가 본인의 학교생활의 소감과 졸업후의 포부를 말하는 '다짐의 시간'은 졸업식과 입학식의 백미였다. 그 후 저녁 식사에 오정명 부부는 물론 목련어머니회, 교수 및 학생가족들과 함께 저녁 식사를 하였고 학생들이 준비한 프로그램을 즐기기도 했는데 거리가 멀기도 하고 친목과 회의를 겸해 오정명과 목련어머니들은 하루 전에 도착해서 숙박하는 경우가 자주 있었다. GIP는 꽤 멋있는 파티를 자주했었다. 오정명 부부는

'세계평화의 날 기념탑' 제막식을 위해 참석한 내빈들과 교수들, 학생들과 디너파티를 하였으며 홈커밍데이에는 졸업생과 재학생들에게 기숙사 잔디에서 저녁에 바비큐파티를 해주었다. 또한 그들은 학생들에게 세계를 보는 안목을 키울수 있도록 해외프로그램을 도입했다. 즉 2년에 한번씩 대학생 전원이 해외학습체험 프로그램으로 중국 북경, 상해, 베트남을 비롯하여 일본의 마쯔시다 정경숙에서는 학생들의 발표와 토론을 통해 상호이해를 높혔다. 또한 2년 반의 교육 기간중에 '해외 인턴십제도(Internship System)'를 마련하여 학생들이 유엔을 비롯한 다양한 국가에서 인턴으로 활동하였다.[28] 유네스코는 평화증진을 위한 교육과 연구에 전력한 공헌을 높이 평가하여 1993년 국내 최초로 평화복지대학원에 '유네스코 평화 교육상'을 수여하였고 부상으로 6만 달러를 지급하였다. 육영사업이 힘들었지만 오정명과 조영식은 GIP를 설립했으며 GIP에서 학생들과 함께 멋지고 행복한 시간들을 보냈다. 그랬다. 오정명은 "학교의 구상, 설계까지도 함께하였다."[29]

Ⅳ. 밝은사회운동에서의 역할

1. GCS 클럽의 국내 활동

밝은사회운동은 정신적으로 아름답고 우아하고, 물질적으로 편익하며, 인간적으로 보람 있는 사회를 만들어 요청 적인 낙원 사회, 오토피아(oughtopia)

---

28 필자는 GIP에서 여학생 담당 교수로 12년간 재직하면서 오정명과 학생들이 함께하는 학교생활 전반을 직접 목도 할 수 있었다.

29 학교법인 경희학원 조인원 이사장과의 담소에서

사회를 이루기 위해 노력하는 사회운동이다. 이 아름답고(Beautiful), 풍요롭고(Affluent), 보람있는 (Rewarding) B.A.R 사회를 이루기 위한 방향제시로 추구하고 있는 밝은 사회는 선의(Good Will), 협동(Cooperation), 봉사-기여(Service-Contribution)를 말하며 영문 약자 GCS를 통상 밝은 사회로 부른다. 오정명의 대표적 사회활동이라고 할 수 있는 이 밝은사회운동을 짧은 지면으로 모두 다 소개할 수는 없지만, 국내외 활동으로 나누어 고찰해본다. 한국본부의 목련클럽은 역사가 오래된 대표적 여성클럽이며 1978년 6월에 결성하여 수십 년간 활동하였다. 밝은 사회클럽을 창립한 국제클럽 국제본부 총재 조영식의 아내인 오정명이 초대 회장으로 추대되었으며 주요 회원을 경희대학교의 학장 부인들로 구성하였으며 매월 말일에 정기모임을 어김없이 개최하였다.

오 회장의 목련클럽은 한국본부나 국제본부에서 개최하는 GCS클럽의 크고 작은 행사에 많은 회원이 적극적으로 지원하였다. 또한 최초로 개최한 '전국여성클럽 회장단 회의'와 '제1회 한국본부 전국여성클럽 수련회'의 행사에서도 각각 격려금과 수해 의연금을 내어 줌으로써 여성클럽의 활성화에 일조하였다. 이러한 밝은사회 여성클럽과 필자는 독특한 관계가 있다. 조영식 박사의 요청으로[30] 필자는 밝은사회 한국본부 초대 여성부장으로서 남성 중심의 클럽에서 온전히 여성들만으로 여성클럽 결성을 추진하였다. 맨 먼저 '다산 여성클럽', '서울 여성클럽'이어서 '제주도 여성클럽', '동울산 여성클럽' 등 많은 여성클럽을 결성하였으며, 이 여성클럽의 역할과 활동을 지속

---

30 어느 날 조영식 학원장님과 독대를 하였다. 학원장님 말씀의 요지는 대략 이러했다. 요즈음은 여성들의 능력과 학력이 뛰어나다. 밝은 사회클럽에 전문직 여성들을 모아 여성클럽의 확산을 추진해보는 것은 어떨까? 그래서 "하 교수를 한국본부 초대 여성부장으로 임명 할 테니 능력을 최대한 발휘해 보기 바란다."라고 하셨다.

적으로 펼치기 위해 "밝은사회 전국 여성클럽 연합회"를 태동시켰는데 오정명은 이 여성클럽과 여성 클럽연합회가 활동하는 데 다양한 지원을 아끼지 않았고 이 과정에서 나는 오정명 회장과 함께할 수 있는 시간이 많았다. 특히 1997년 10월 일본의 소카대학교를 오정명 부처와 주요 교수들이 방문할 때 사모님의 배려로 여성 교수인 나를 추천하셔서 함께 참석하게 되었다. 인연이란 참으로 묘한 것 같다. 그 일본 방문의 인연으로 나는 후일 두 대학 설립자의 존함을 딴 [조영식-이케다 다이사쿠 연구회]를 뜻있는 교수들과 설립하였고 9주년째 두 분의 사상과 철학을 연구 계승하고 있다. 또한 연구회에서는 두 분의 사상과 철학을 젊은이들에게 알리고 계승하기 위하여 [작은 장학회]를 운영하고 있다.[31]

밝은사회클럽은 성인클럽, 여성클럽, 대학생클럽, 청소년 클럽 등 다양하다. 이들은 각 클럽의 특색에 따라 장학금 지급, 집 지어주기, 의료 지원, 개천 정화사업, 도서 보급, 혈액은행 운영 등 봉사하고 있다. 이중에서 "밝은사회 전국 여성클럽 연합회"의 대표적 활동을 소개해본다. 이 연합회는 경희의료원, 동서 한방병원 등에 요청하여 '전국여성클럽 연합회 무료의료봉사'를 주요 활동으로 수십 년 동안 시행하였다. 즉, 각 여성클럽 회원들과 경희의료원 의사, 간호사들, 동서한방병원의 의사들과 함께 구리시, 종로구, 광진구, 삼척시, 동해시를 비롯하여 경주 안강지역 등에서 치과, 내과, 침구과 등 지역주민들에게 무료의료봉사를 시작하였다. 경주 안강지역은 거리 및 준비 관계로 1박 2일 일정으로 추진하였는데 약 1,000여 명의 노인과 지역주

---

31 조영식 · 이케다 다이사쿠 연구회의 '작은 장학회'는 매년 3월에 공고를 내고 있는데. 대상은 모든 대학의 대학생, 대학원생 그리고 휴학생, 외국인 학생으로 참가의 폭이 넓다. 매년 2~3명을 선발하고 있으며 다음에서 자세히 참고할 수 있다. 조영식 이케다 다이사쿠 연구회 사무국 이메일 주소 참조 :cipeace2050@gmail.com.

민들이 진료 혜택을 받았다고 당시 일간지 및 지역 신문에 보도되었다. 이때는 '전국 순회 의료 버스'까지 공동으로 참여하여 규모 면에서 가장 큰 의료 봉사였다고 기억된다. 그 외에도 '전국 여성클럽 연합회'에서는 여성들이 가장 잘하는 일로 '김장담기 및 지역 어르신 나누어 주기'를 매년 실시하였다. 어느 경우는 일주일간 날짜를 정해놓고 전국에 있는 여성클럽이 동시에 전개하기도 하였는데 '전북 전주 여성클럽'에서는 5,000포기를 하는 극성으로 지역주민들에게 좋은 평가를 받기도 하였다. 서울지역에는 밝은사회 다산클럽, 경희여중고 클럽, 남중고 클럽, 초등학교 클럽, 유치원 클럽의 회원들이 중심이 되어 어느 해는 여중·고 식당에서 어느 때는 남·중고 식당에서 이 대대적인 김장 봉사가 진행되었다. 최근에는 경희 여교수회, 경희대 교직원회를 비롯하여 서울 근교의 클럽 등 30여 개 클럽에서 참여 하기에 이르니 통상 100~150여 명이 김장을 한 후 그 김장을 자신이 속한 클럽의 주위 이웃들에게 나누어 주고 있다.

밝은사회 클럽의 이 김장 담기 봉사는 20년이 넘도록 추진되고 있다. 이 봉사 정신은 여성클럽의 밝은사회운동을 총지휘한 오정명의 신념과 가치관이기도 하며 또한 밝은사회운동의 3대 정신(선의, 협동, 봉사)이기도 하다.

2. GCS 클럽의 국제활동: 이산가족 재회 상봉 운동과 NGO의 제도화

부모님과 가족들을 북한에 두고 시어머니와 남하했던 오정명은 후일 7남매 중에서 언니만을 한국에서 만날 수 있었고 그 나머지 가족들은 그가 이 세상을 고별 할 때까지도 소식이 전무 하였다. 이 가족에 대한 그리움으로 그는 부군(당시 조영식은 일천만 이산가족 재회추진 위원회 위원장)과 함께 국제봉사사업과 이산가족 상봉 사업에 진심을 다했다. KBS를 통해 생중계되어 전 국민을 울음바다로 만들었던 이산가족 상봉은 오정명과 국제 밝은 사회클럽에서 시작되었다. 밝은 사회 국제클럽에서는 해외 GCS 국가본부와 국내의 모든 GCS 각 클럽과 회원들에게 '일천만 이산가족 재회 상봉' 사업에 동참을 호소하는 공문을 보냈다. 특히 오정명은 각 클럽과 여성회원들에게 참여를 요청했는데 그 열정에 감탄하였던 서울 중앙클럽의 어느 여성회원은 10만 명의 서명을 받는 놀라운 결과를 가져왔다.[32] 아침에 남편이 출근하고 자녀들이 등교한 뒤 도시락 몇 개를 싸서 온종일 이산가족 상봉 운동에 동참해달라는 서명운동을 펼쳤던 이 여성은 자신 또한 북한에 가족을 둔 실향민이었기에 더 절실하게 이에 동참하였던 것이다. 그뿐만 아니라 전 세계에 평화애호가, 지식인, IAUP회원, 각국의 대통령 등 지도자들이 서명하는 등 총 2천여만 명의 서명을 받음으로써 세계기네스북에 올랐다. 500여 명의 이산가족 상봉을 이룬 이 운동은 2015년 10월 관련 기록물이 유네스코 세계기록 유산에 등재되었다. 또한 GCS 국제본부에서는 '밝은사회 판문점 인간 띠 잇기' 행사를 하여 참석한 많은 이들에게 하루속히 통일되어 그리운 부모와 형제를 만나보는 염원을 갖기도 하였다. 이 자리에 참석했던 이북 출신의 이연숙 전 장관은 이 판문점 인간 띠 잇기 행사를 통해 GCS운동을 이해하게 되었고 이를 계기로 이산가족 상봉 때 북에서 온 그리운 언니와 상봉하는 기쁨을 가졌다고 술회하였다.

오정명은 국제사회에 끊임없는 봉사활동을 하였는데 기금 모으기를 통한 후원 활동과 오페라공연을 앞장서서 추진하고 적극 지지하였다. 예컨대, 체르노빌 원전 피해 아동 돕기, 인도의 수재민 구호 물품 및 성금 보내기, 아동

---

32 조영식은 밝은사회서울클럽 월례회의에서 이 내용을 발표하였으며, '한국본부 연차대회'에서 이 여성에게 시상하였다.

들에게 분유 보내기를 비롯하여, UN 평화 활동 기금지원 캠페인 차원에서 독일 퀼른음대와 음악회를 개최 후 44,987달러를 UN사무총장에게 전달하여 어머니로서의 따뜻한 손길을 전했다. 또한 서울클럽 회원으로 당시 서울 오페라 단장이며 경희대 음대학장 김봉임으로 하여금 세계평화의 날 국제행사에 오페라 The Crucible 공연(1985), Don Pasquaiie 공연(1986), Tosca를 공연(1987) 함으로써[33] 오페라를 통한 평화 의식을 갖게 하였다. 부군 조영식이 1981년 유엔본부에 '세계평화의 날' 제정을 위해 IAUP의장단 명의로 건의하였고 살신성인의 역할로 노력한 결과 그해 10월 드디어 유엔에서 의결되었다. 1981년 이후 매년 이루어진 '세계평화의 날 기념 및 국제세미나'가 한국에서 개최되었으며 이 대회에 오정명은 목련클럽 회원들은 물론 전국의 여성클럽 회원들이 적극적으로 참여할 수 있도록 독려하였다.

1999년은 세계 NGO와 한국 NGO의 역사에 획을 그을 수 있는 중요한 분수령이 되었다. 남편은 '1999 서울 NGO 세계대회'를 한국에서 개최하기로 결정하였고 밝은사회 국제클럽, 경희대학교, 유엔경제사회이사회(ECOSOC)가 공동주최를 하기로 하였다. 모든 크고 작은 일들이 그렇듯이 이거대한 NGO 세계대회를 개최하는 데는 엄청난 재정이 필요했다. 난감했다. 당시 남편은 경희대학교의 자금은 한 푼도 이 대회에 사용하지 않기로 한터였다. 당시의 상황을 경희대 부총장으로서 행사의 조직위 사무총장을 맡았던 박명광은 이렇게 회고했다.

세계 NGO 대회를 준비하던 중 가장 큰 어려움 중 하나는 대회개최 비용 문제였습니다. 경희대학교 교비를 절대로 쓰지 않겠다는 전제하에

---

33 하영애, 『조영식과 민간외교』, (파주: 한국 학술정보(주), pp. 118-120.

모든 경비를 모금에 의존하다 보니 애로가 많을 수밖에 없어 실무자들이 걱정하고 있던 어느 날 사모님(오정명)께서 총장단을 불러서 저녁을 사주시면서 핸드백에서 봉투 하나를 꺼내서서 저에게 전해주셨습니다. 〈우리 목련회 회원들이 창립 이래 수십 년간 모은 곗돈 전액〉이라고 말씀하셨습니다.[34]

이처럼 오정명은 후원금 수억 원을 쾌척하여 행사가 성공하는 계기를 마련하였다. 좋은 의지는 자연히 주위 사람에게도 영향을 미친다. 그리고 그 일을 성공하도록 하는 초석이 되는 것이다.[35] 실로 이 대회는 많은 주목을 받았다. '1999 서울 NGO 세계대회'는 김대중 대통령을 비롯하여 로빈슨 전 아일랜드 대통령, 프레헛 UN 사무처장, 에스트라다 필리핀 대통령 부인 등 수많은 인사가 참석하였다. 이 대회에는 'The Role of NGO's in the 21st Country'라는 주제로 전 세계에 107개국 522개 단체와 국내 351개 NGO에서 약 13,000명이 참가하여 187개의 분과토의와 약 240개 개별 세션에서 다양한 토의가 진행되었다.[36]

그동안 제4차 북경 세계 여성 NGO 대회, 리오 환경 NGO 대회 등 단일 주제로 NGO 대회가 개최된 적은 있으나 다양한 수많은 주제로 107개 국가의 수만 명의 NGO 들의 축제가 경희대학교 평화의 전당과 올림픽 광장에서 개최되었고 이후 한국에서 NGO 기금이 제정되어 뿌리내리게 되었으며

---

34 박명광, "조영식과 평화운동", 하영애 편저, 『조영식과 이케다 다이사쿠의 생태문명과 평화운동』 조영식.이케다 다이사쿠 연구회 총서 3, (파주: 한국 학술정보(주), 2023), p.111.

35 당시 박명광 부총장은 처음에 아줌마들이 모은 돈이니 많아야 얼마 되겠나? 하는 가벼운 마음이었는데 큰 액수를 확인하고는 깜짝 놀랐으며 이를 계기로 본인도 후원금 모으기에 심혈을 기울였고 성공리에 끝낼 수 있었다고 하였다. 박명광 부총장과의 인터뷰, 2023. 3. 15. 14:00-15:30.

36 1999 서울 NGO 세계대회 조직위원회 발행, 『1999 서울 NGO 세계대회 (The 1999 Seoul International Confernce of NGOs) 백서』, (서울: 2000) 참조.; 박명광, "조영식과 평화운동", p. 111.

국내외로부터 좋은 평가를 받았을 그뿐만 아니라 시민단체와 여성 NGO의 의식변화에도 큰 영향을 끼쳤다.[37] 또한 이 대회에서 필자는 '여성 NGO와 평화' 패널을 기획하고 일본의 여성 NGO 대표, 중국 북경대학교의 정필준 교수, 미국, 인도의 여성 NGO 대표가 패널 발표를 통해 상호 여성 문제를 논의하는 수많은 논문이 발표되었고 밝은사회국제본부가 공동주최자였기 때문에 오정명은 그 어느 때보다도 바쁜 일주일간의 밝은사회국제본부 이사 역할을 성공적으로 수행하였다.

3. 특급 비서관 활동

오정명의 활동 중 빼놓을 수 없는 것이 바로 남편을 보좌하고 보이지 않는 곳에서 잡다한 직무를 하는 특급 비서관의 역할이었다. 남편 조영식은 영국 옥스퍼드 대학에서 IAUP를 발기하였고, 그가 회장이던 보스턴에서 개최된 제6차 IAUP 회의에서 밝은사회운동(Good will, Cooperation, Service : 약칭 GCS)을 태동시켰다. 이러한 국제활동들은 조영식을 전 세계 100여개 국가를 방문하고 다양한 회의를 하게 만들었으며 GCS 국제클럽의 이사였던 오정명 역시 수십 개 국가를 방문하고 회의에 참여하였다. 필자가 기억하는 것만 해도 미국 유엔본부, 보스턴, 노르웨이, 캐나다, 스웨덴, 중국, 대만, 일본, 인도, 베트남 필리핀 등등 헤아릴 수 없이 많다. 우리는 개인이 해외를 갈 때 만나는 상대에게 줄 선물을 사기 위해 인사동이나 남대문이나 때에 따라서는 백화점에 가게 된다. 오정명은 수많은 국제행사나 해외 방문 때 이 선물을 담당하는 특급 비서관의 역할을 묵묵히 수행하였다. 예컨대, 1997년 10

---

37 하영애,『밝은사회운동과 여성』, pp. 94-96.

월 오정명 부처와 교수들이 방문단으로 구성되어 소카대 설립자 이케다 다이사쿠 박사의 초청을 받고 일본에 가게 되었다. 오정명은 여러 가지 고심하다가 '은주전자'를 이케다 다이사쿠 박사와 부인 가네코 여사의 방문 기념 예물(禮物: 중국에서는 보통 선물을 예물로 부른다)로 준비하였다. 이 방문단의 일행으로 함께 소카대를 방문했던 필자는 출국 며칠 전 명륜동 자택으로 갔다가 다양한 준비물을 보았고 오정명은 '은주전자'를 보여주었다. 언젠가 대만에 있는 자매교인 '중국 문화대학교'를 오정명 부처와 함께 참석하였는데 이때는 그 대학의 창립기념일이었고 오정명 여사는 명예박사 학위를 받았다. 그때는 도자기를 예물로 준비하였던 기억이 난다. 대만 장개석 총통이 한국의 독립에 적극적으로 도움을 주었기 때문에 조영식은 대만과 밝은사회운동을 많이 개최하였고 수많은 GCS국가 본부 중에 대만본부의 활동 역시 뛰어났다. 어느 해 오정명 이사를 선두로 대만 GSC 클럽 행사에 참여했다가 대만의 초대 여성 부통령 여수련(呂秀蓮)을 예방하고 대담한 적이 있었다. 오 이사는 대만 여성들의 활동과 대만 GSC 클럽을 격려하는 담소를 나누었는데 상호 좋은 인상을 가졌으며 당시에도 경희대학을 상징하는 기념품을 준비했던 것으로 기억한다. 필리핀에서 개최된 'GSC 필리핀 국제대회'에서는 당시 아로요대통령이 영접과 대회에 직접 참석해주셔서 성대히 진행되었고 한국에서는 오정명 부처를 비롯하여 밝은사회국제본부, 한국본부 회원 등 200여 명이 참석하였다. 그때도 오 이사는 여성 대통령이 선호하는 정성스러운 선물을 준비했던것이다. "해외를 가시거나 학교를 찾아오시는 내빈들의 선물을 준비할 때 학교가 어려우니까 어머니 개인 돈으로 준비하신 것이많다. 어딜 가시거나 빈손으로 가지 않았다."고 조여원은 말했다.

보이지 않는 곳에서 묵묵히 남편을 내조하며, 또한 밝은사회운동이 국제적으로 확산 및 뿌리내릴 수 있도록 특급 비서관은 한 푼의 급여도 받지 않고 평생 그 역할을 수행하였다.

V. 결론: 오정명의 행동하는 리더십

필자는 본 연구에서 사회운동을 적용하여 오정명의 역할과 리더십을 고찰해보았다.

오정명은 경희 상아탑 설립의 가치와 비전을 가지고 고황재단, 밝은사회 국제본부, 밝은사회 목련어머니회 등 다양한 조직을 운용하여 여성의 사회적 활동이 쉽지 않았던 그 시기에 다양한 역할을 유감없이 발휘하였다.

오정명은 초기 대학의 재정위기 시기 사명감을 발휘하였고 고황재단 이사장의 능력을 강인하게 수행하였으며, 국내외 밝은사회운동을 통해서 또한 '특급 비서관'으로 끊임없이 물질적 정신적 봉사활동을 실천하였다. 그녀는 수 차례의 오페라 공연으로 국내외 많은 사람에게 평화의식을 함양시켰고 수십 년간 정성껏 모은 수억 원을 쾌척하여 '1999 서울 NGO 세계대회'를 성공시킴으로써 한국 NGO가 자리매김하는데 밝은사회국제본부가 큰 역할을 할 수 있는 단초를 마련하였다.

그는 GCS 국제본부 이사로서 남편이 해외 방문 시 수십 개 국가를 동행하였고 인도 국제회의에서는 즉석에서 어린이 분유 돕기를 제의하여 자선봉사활동을 펼치기도 하였다.

오정명과 부군은 1968년 제2차 IAUP 회의가 경희대학교에서 개최되었을 때 100명이 넘는 총장들을 공항에서부터 '일일이' 맞이하여 국제세미나를 성공시켰으며, '신라 금관'을 선물하는 등 정성과 예를 다하여 세계 각국으로부터 커다란 찬사를 받았다. 이는 당시 80불 소득의 저개발 국가인 한국과 신생 경희대학교를 세계에 드높게 인식시키는데 적지않는 공헌을 하였다. 또한 평화교육의 요람인 평화복지대학원 설립 시기에는 부군과 함께 부지 물색과 전기공급은 물론 공사 기간 중에도 수 십 차례 방문하는 등 직접 뛰면서 운영하였다. 학생들에게 유수한 세계 석학들, 전현직 유엔 전문가, 전 대통령들로 하여금 강연과 실천 교육을 배우게 함으로써 졸업생들이 대학교수, 평화운동가, NGO 전문가, 외교관, 저널리스트 등 국내외서 활약할 수 있도록 멋있고 훌륭한 대모의 역할을 하였다. 그리고 그들로부터 편지를 받는 것이 오정명은 가장 행복한 일이라고 했다. 친자녀 대다수가 해외 명문대학에서 박사학위를 받고 교육계와 세계태권도 분야에서 각자 최고의 역할을 하는 인재로 길러내었다. 그러나 본인의 자녀 4명 외에 500여 명[38]의 자녀를 둔 어머니였다. 함께 먹이고, 재우고, 공부시킨 수백 명의 자녀. 젊은 시절 그들과 배드민턴, 배구, 족구를 하며 체육복까지 손수 만들어 입혔던 그 자녀들은 친자식과 전혀 다르지 않았기 때문에 그는 오히려 GIP 학생들의 성공이 자신의 최고의 기쁨과 보람이라고 생각하였다. 그의 노고는 후일 일본 호꾸리꾸 대학에서 명예 약학 박사학위를 받은 것에서 그의 공적을 알 수 있겠다. 그녀는 또한 중국 문화대학에서 명예 철학 박사학위와 일본의 소카대학에서 최고 영예의 장 등을 수훈하였다.

오정명은 '여장부'[39]로 카리스마적 리더십을 가진 지도자로 평가받고 있다. 손 재식 전 통일부 장관은 오정명에 대해 "오랫동안 접촉하며 느낀 것은 오 여사님은 귀인다운 기품과 여걸다운 리더십을 갖춘 분이었으며 그러면

---

38 GIP는 사회적 환경의 영향으로 현재는 '평화안보정책학'을 중심으로 각 군의 장교들이 재학생으로 공부를 하고 있으며 이 졸업생들이 벌써 100여 명 배출되어 2024년 8월까지 GIP 전체 졸업생은 611명이다. 경희대학교 정보처 자료.

39 최관호 전 비서실장, 미원 조영식 박사 기념사업회 사무총장과의 대화, 2023. 11. 23. 오후 2시 30-3시.

서도 겸양지덕과 인정이 철철 넘치는 분이었다. 조직을 이끌어 가는데 필요한 카리스마와 넓은 도량을 가진 분이었다"[40]고 말한다. 그녀는 공사가 분명한 성격이었고 매사가 정정당당하였다. 적지 않은 사람들이 오정명을 찾아 남편에게 혹은 본인에게 청탁하였으나 그녀는 냉정하게 거절하였다고 했다. 그 청탁으로 '아부지(남편)'가 하는 일에 조금이라도 흠집이 나게 해서는 안 된다는 것이 그의 철칙이었다. 이처럼 그녀는 업무를 추진할 때는 냉정하리만큼 단호하고 대담하였으며 여성이라기보다 여장부였던것이다. 그녀는 외유내강의 아내 역할을 하였다. 전기도 잘 켜지 않는 근검절약의 생활신조를 가졌으며 집이 낡았지만 "수리할 돈이 있으면 학교에 쓴다"[41]는 남편과 같은 생각이었다. 이런 그는 남편의 묵직한 사랑을 받았다. 국민의 애창곡 '목련화'는 사랑하는 아내 오정명을 위해 남편 조영식이 작사하였는데 오늘날에도 널리 애창되고 있다.

> 오 내 사랑 목련화야 그대 내 사랑 목련화야 희고 순결한 그대 모습 봄에 온 가인과 같고 추운 겨울 헤치고 온 봄 길잡이 목련화는 새 시대의 선구자여 배달의 얼이로다.

대학교 설립과 대학원 설립이란 육영기관설립의 커다란 업적 뒤에는 남모를 고충도 있었다. 오정명 본인과 남편이 신군사정권의 보안 기관에 연행되기도 하였으며,[42] 평화복지대학원 본관을 현대그룹 창건주 정주영 회장이

---

40 손재식, 경희대 평화복지대학원 동문회 편, 『오 내사랑 목련화 : 그리운 어머니』, 2010. pp. 36-37.

41 이케다 다이사쿠 칼럼집, 위의 책, p. 146.

42 신군부는 조영식 총장에게 군사정권에 협조할 것을 요구하였고 고위 직책을 주겠다고 회유하였는데 이를 거절하자 부부를 임의동행 형식으로 연행하여 강도 높은 수사를 펼쳤다. 자택과 집무실, 비서실, 공관을 이 잡듯 수색하였다. 그러나 후일 담당 수사관은 "털려나온 것은 먼지에 쌓인 고서(古書)뿐이

건설해주었는데 그 뒤에 딜랑 '종이 한 장'(명예 학위증)을 줬다고 누군가 비평하였다. 그러나 이러한 세간의 혹평과는 달리 정주영 회장은 20여 년이 지난 뒤에도 경희대 국제캠퍼스 광장의 오벨리스크를 기증하였다. 설립자의 애환은 설립자만이 안다는 회환에 강인하기만 했던 오정명도 켓츠 공연을 보면서 주인공과 본인을 동일시하였던지 하염없이 눈물을 흘린적이 있었다. 대학교 설립 75주년을 맞이하여 기념 영상 첫 장면에 오정명 명예 이사장이 즐겨 불렀던 바우고개를 녹여내어 설립 정신을 피력했던 조인원 법인 이사장은 "학교의 구상, 설계까지도 두 분이 함께하셨다. 어머니는 내조를 넘어 경희학원 건설의 공동설계자이다."라고 회고하였다. 남편이 입원하고 난 뒤, 오정명은 본인의 거처를 병원으로 옮겨 밤낮으로 남편을 보살폈으며 자칫 두 번이나 과부가 될뻔한 그녀는 남편보다 4년 앞서 2008년 5월 26일 영면하였다. 2024년 오정명 여사 추모 16주년을 맞이하여 선능에서 개최된 추모음악회에는 GCS 클럽 회원들, GIP 자녀들, 지인들 수백 명이 참석하였다. 때마침 GCS 국제본부 조정원 총재가 준비한 오정명과 부군 조영식의 평온한 기념사진(스위스 융프라우)이 기념비처럼 선능의 벽면에 세겨져 있어서 그녀를 회상시켰고 합창한 가곡 목련화는 지금도 그를 기리는 교수와 목련 자녀들에게 SNS를 통해서 불리고 있다.[43]

이상에서 살펴보았듯이 오정명은 대학교 설립, 평화교육기관 설립,[44] 세계

었으며 그렇게 검소하게 사는 총장은 대한민국에 조영식 씨 한 분뿐일 것이다."라는 내용의 후일담을 학교 측에 전해왔다. 『학문과 평화 그 창조의 여정: 경희학원 설립자 미원 조영식 박사』, 미원조영식박사 기념사업회, (서울: 경희대학교 출판문화원, 2014), pp.110-112

43 '목련화와 목련 어머니', 강명옥의 평화일지, 2024. 6. 3. : [교수합창단의 목련화 합창], 2021. 12. 30. 조영식 탄생 100주년 기념, 미원 조영식을 생각한다 출판기념회, 롯데 호텔 37층.

44 때마침 평화복지대학원 설립 40주년을 맞이하여 학교법인 경희학원은 2024년에 설립자 조영식 박사의 세계평화에 대한 공적을 기리는 뜻으로 그의 호를 따서 '미원 평화상(Miwon Peace Prize)을 제정하였다. 첫 수상 기관은 'The Elders'로써 만델라 대통령이 설립한 기관이다. 11월에 서울에서 시상하

160 조영식과 이케다 다이사쿠의 평화 창출 리더십

NGO 대회개최, 평화 기념탑 건립 등 재정적 어려움에 봉착할 때마다 '티끌모아 큰돈으로 후원'하는 탁월한 기질과 강인한 사명감으로 잠재적 기능을 유감없이 발휘하였다. 이러한 오정명의 활동을 종합해 볼 때 우리는 그를 실천을 중시하는 '행동하는 리더십'을 가졌다고 평가할 수 있다.

였으며 본상 트로피 외에 부상으로 미화 20만 달러 (한화 약 2억 6천만 원)을 지급하게 되며, 이 미원 평화상은 2년마다 시행하게 된다. 비록 늦은 감이 없지 않지만 오정명 부부가 그간 일구어낸 평화에 대한 공헌을 세계에 알리고 더 나은 인류의 평화연구 및 실천을 통해 이 상이 그 의의를 높일 수 있기를 기대한다.

○

제7장

질문이 있는 여행

평화를 향한 연구와 실천의 여정

정다훈
서강대학교 글로벌 한국학부 대우교수

Ⅰ. 평화를 향한 첫걸음

평화를 고민하며 국제정치학을 연구하는 학자로서, 저의 연구와 삶의 여
정은 언제나 평화라는 가치와 밀접하게 연결되어 있었습니다. 이 글에서 저
는"질문이 있는 여행: 평화를 향한 연구와 실천의 여정"이라는 제목을 통해,
평화에 대한 저의 고민과 여정을 공유하고자 합니다. 평화라는 개념은 단순
히 학문적 탐구의 대상이 아니라, 우리 모두의 삶에서 실천되어야 할 중요한
가치입니다. 이 글을 통해 저는 평화의 다면적인 성격과 그것이 우리 일상
속에서 어떻게 구현될 수 있는지에 대해 깊이 있게 다루고자 합니다.

평화에 대한 저의 여정은 단순한 학문적 탐구를 넘어서, 개인적인 경험과
성찰을 통해 깊이 있게 발전해왔습니다. 학자로서, 그리고 한 인간으로서 평
화를 탐구하는 과정에서 저는 국제정치학의 전통적인 틀을 넘어서야 했습니
다. 이는 제가 다양한 문화와 환경에서 살아가며, 서로 다른 관점과 경험을
통해 평화를 새롭게 이해하게 된 과정이기도 합니다. 이러한 여정을 공유함

으로써, 평화가 단순히 이론적 개념에 머물지 않고, 우리의 일상 속에서 실천되어야 하는 중요한 가치임을 강조하고자 합니다.

II. 다양한 문화 속에서의 학문적 여정

제가 평화에 대해 깊이 고민하게 된 것은 제가 성장해온 문화적 배경과 국제적 경험에서 비롯되었습니다. 저는 현재 중앙대학교 국익연구소에서 전임연구원으로 활동하고 있으며, 국제정치학을 연구하고 있습니다. 하지만 저는 다른 학자들과는 조금 다른 경로를 통해 이 자리에 오게 되었습니다. 일반적으로 한 국가에서 오랜 시간 학문을 탐구하는 것과 달리, 저는50개국 이상을 여행하며, 5개국에서 다양한 언어로 공부한 경험을 가지고 있습니다. 이러한 경험은 제가 평화를 다원적이고 유기적인 시각에서 바라보도록 만들었습니다.

저의 평화에 대한 고민은 10대 시절 혼자 중국의 운남성과 인도를 여행한 경험에서 시작되었습니다. 이 초기의 여행 경험은 저에게 다양한 문화와 사람들이 어떻게 서로 다른 방식으로 평화를 이해하고 실천하는지를 관찰할 수 있는 기회를 제공했습니다. 이 경험은 이후 저의 학문적 여정에도 큰 영향을 미쳤습니다. 저는 서강대학교에서 중국문화와 정치외교학을 전공하며, 다양한 문화와 정치 체제에 대한 이해를 넓혀갔습니다. 특히, 중국과의 문화적 교류를 통해, 평화가 단순히 정치적 안정에 국한되지 않음을 깨닫게 되었습니다. 문화적 다양성은 평화를 이해하는 데 있어 필수적인 요소임을 알게 된 것입니다.

석사 과정에서는 미국 예일대학교에서 동아시아학을 공부하며, 동아시아

지역의 정치적, 문화적 복잡성을 더욱 깊이 이해하게 되었습니다. 예일대학교에서의 학문적 훈련은 저에게 국제정치학의 다양한 이론적 틀을 배우게 했고, 이를 통해 동아시아의 평화와 안보 문제를 보다 체계적으로 분석할 수 있는 능력을 길렀습니다. 하지만 이러한 이론적 틀은 여전히 평화를 단일하고 고정된 개념으로 다루고 있었습니다. 이는 제가 이후 박사 과정에서 새로운 시각으로 평화를 탐구하게 된 계기가 되었습니다.

박사 과정에서는 중국 북경대학교에서 외교학을 전공하여, 국제 정치의 이론적 틀과 실질적인 문제를 체계적으로 연구했습니다. 중국은 세계 정치에서 중요한 역할을 하는 국가로, 그들의 외교 정책과 국제 관계에 대한 연구는 저에게 큰 도전이자 학문적 성장을 위한 기회였습니다. 특히, 중국의 외교 정책을 통해 평화가 국제 관계에서 어떻게 실천되고 있는지를 이해하려고 노력했습니다. 이 과정에서 저는 중국과의 협력을 통해 동아시아의 평화를 어떻게 구축할 수 있을지에 대한 깊은 고민을 하게 되었습니다.

이후, 일본 와세다대학교 아태지역학 대학원에서 연구펠로우로 활동하며 일본의 외교 정책과 동아시아의 국제 관계를 연구했습니다. 일본은 동아시아에서 중요한 외교적 위치를 차지하고 있으며, 그들의 정책은 지역 평화에 큰 영향을 미칩니다. 와세다대학교에서의 연구는 저에게 일본의 외교 정책을 깊이 있게 이해하고, 이를 바탕으로 동아시아 평화에 대한 새로운 시각을 제시할 수 있는 기회를 제공했습니다. 또한, 러시아어를 사용하는 카자흐스탄 키맵대학교 국제관계학과에서 조교수로 재직하면서 중앙아시아의 국제 관계와 안보 문제를 연구했습니다. 중앙아시아는 동아시아와는 또 다른 평화의 도전을 안고 있는 지역으로, 이 지역에서의 경험은 저에게 국제 정치의 복잡성을 더욱 깊이 이해하게 해주었습니다.

이러한 다양한 경험들은 저에게 국제정치학 분야에서 미중 관계, 동아시아, 한반도 문제에 대해 더욱 깊이 있는 연구를 가능하게 했습니다. 저는 다양한 학술 논문을 통해 미중 첨단기술 경쟁, 경제기술안보 등 주제를 다루었고, 이를 통해 동아시아의 평화와 안보에 대한 새로운 시각을 제시하고자 했습니다. 하지만 학문적 연구와 별개로, 저는 평화라는 가치에 대해 지속적으로 고민해왔습니다. 이는 제가 경희대학교 평화복지대학원을 졸업한 이후 더욱 깊어졌습니다. 그곳에서 저는 국제정치학과는 다른 평화학이라는 학문을 처음 접했습니다.

Ⅲ. 평화의 다양성: 복수의 평화(Peaces)

평화에 대한 저의 첫 번째 깨달음은 평화가 단일한 개념이 아닌, 다양성을 전제로 한 복수의 평화, 즉 "Peaces"로 존재한다는 것입니다. 국제 사회에서 평화는 다양한 문화적 배경, 역사적 경험, 그리고 정치적 환경에 따라 다르게 이해되고 실천됩니다. 평화를 단일한 규범이나 체제가 아닌, 다양한 문화적 토착성과 독자성을 존중하고 공생하는 다원적인 삶으로 이해해야 하는 이유가 여기에 있습니다. 이 때문에 저는 평화를 "PEACE"가 아닌 "PEACES"로 표기하고 있습니다.

평화의 다양성은 우리가 추구하는 평화의 모습이 각기 다를 수 있음을 인정하는 것입니다. 전 세계 각지에서 경험한 다양한 문화들은 저에게 평화가 단일한 형태로 존재하지 않음을 가르쳐주었습니다. 예를 들어, 서양의 평화 개념이 법과 규범을 중심으로 한 질서 유지에 중점을 두고 있다면, 동양에서는 인간 관계와 조화, 상호 존중이 평화의 핵심 가치로 여겨집니다. 이러한 다양한 평화의 형태는 우리에게 평화를 복수의 개념으로 이해하고, 이를 바탕으로 국제 사회에서의 협력을 모색해야 함을 시사합니다.

또한, 평화는 글로벌 차원에서 획일적인 규범이나 체제로 존재할 수 없습니다. 평화는 각 지역의 문화적 특수성과 역사를 존중해야 하며, 이를 기반으로 한 협력이 이루어져야 합니다. 그렇지 않다면, 평화는 단순히 강자의 논리에 의해 지배되는 상태에 불과할 것입니다. 저는 이 점에서 평화가 복수로 존재해야 함을 강조하고자 합니다. 이는 단순히 이론적 주장이 아니라, 제가 경험한 다양한 문화와 사람들을 통해 깨달은 중요한 진리입니다.

Ⅳ. 관계적 유기성: 평화의 연결고리

평화에 대한 두 번째 깨달음은 평화가 관계적 유기성을 전제로 한다는 것입니다. 국제정치학에서 자주 논의되는 현실주의, 자유주의, 구성주의는 모두 자아와 타자를 구별하고, 타자를 정복하거나 사회화시키려는 패권적 논리를 내포하고 있습니다. 현실주의는 강한 힘을 통해 평화를 유지하려 하고, 자유주의는 공통의 규범을 통해 협력을 지향하며, 구성주의는 서로 다른 문명과 문화를 존중하지만, 여전히 타자가 자아의 규칙에 따르도록 사회화되어야 한다고 주장합니다.

그러나 평화학은 모든 생명과 인류가 유기적으로 연결되어 있음을 강조합니다. 자아와 타자의 이분법적 구별을 넘어서야 한다는 것입니다. 이는 우리가 평화를 하나의 연결된 과정으로 이해하고, 이를 바탕으로 세계의 다양한 문명과 문화가 상호 존중과 이해를 통해 평화롭게 공존할 수 있는 방안을 모색해야 함을 의미합니다.

평화의 관계적 유기성은 인간과 자연, 개인과 사회, 국가와 국가 사이의 긴밀한 상호작용을 바탕으로 합니다. 우리는 모두 서로에게 영향을 미치며, 이러한 상호작용이 평화를 유지하는 데 중요한 역할을 합니다. 예를 들어, 환경 문제는 단순히 한 국가의 문제가 아니라, 전 세계적으로 협력해야 할 문제입니다. 환경 파괴는 전 지구적 문제로, 모든 국가가 협력하여 이를 해결해야 합니다. 이러한 협력은 평화의 관계적 유기성을 바탕으로 이루어져야 하며, 각 국가와 개인은 자신이 속한 공동체에 대한 책임감을 가지고 행동해야 합니다.

또한, 평화의 관계적 유기성은 우리가 타자를 어떻게 대하는가에 따라 평화의 상태가 결정된다는 것을 의미합니다. 만약 우리가 타자를 정복하거나 지배하려 한다면, 이는 결코 지속 가능한 평화를 가져올 수 없습니다. 평화는 서로의 차이를 인정하고, 존중하며, 협력하는 과정에서만 실현될 수 있습니다. 이는 제가 평화를"PEACE"로 표기하지 않고, 각각의 알파벳을 연결기호로 이어서 쓴 이유이기도 합니다. 평화는 개별적이고 독립적인 존재가 아니라, 서로 긴밀하게 연결된 과정을 통해 실현되는 가치입니다.

V. 평화의 일상적 실천: Let's Peace

평화에 대한 세 번째 깨달음은 평화가 일상의 실천 과정이라는 것입니다. 평화는 단순히 전쟁이 없는 상태를 의미하는 것이 아니라, 일상 속에서 실천하고, 끊임없이 유지해야 하는 동사적 개념입니다. 18세기 서구의 평화 개념은 전쟁의 부재 상태로 정의되었으며, 근대 주류 국제정치학에서는 냉전을 긴 평화(Long Peace)로 명명했습니다. 그러나 이러한 개념은 평화를 단순히 상태로 정의하는 한계가 있습니다.

현대 사회에서는 자본주의의 승리 이후, 평화라는 보편 가치는 사라지고, 자아이익의 극대화를 추구하는 방향으로 전환되었습니다. 이는 평화가 단순히 전쟁이 없는 상태로 인식되는 것을 넘어, 이기적 이익 추구와 결합되었음을 의미합니다. 그러나 평화는 추상적인 명사로 머리속에서 구별되는 개념이 아닙니다. 오히려 평화는 일상의 과정으로 동사로 이해되어야 합니다. 평화는 특정한 순간에 달성된 성취가 아니라, 끊임없이 실천해야 하는 과정입니다. 이것이 제가 평화를 "Let's Peace"라는 표현으로 강조한 이유입니다.

평화의 일상적 실천은 우리 각자가 일상 속에서 평화를 위해 어떤 노력을 기울이는가에 달려 있습니다. 예를 들어, 갈등 상황에서 비폭력적인 대화와 협상을 통해 문제를 해결하려는 노력, 또는 사회적 약자를 배려하고 이해하려는 자세 등이 평화를 실천하는 구체적인 방법들입니다. 이러한 실천은 일상 속에서 지속적으로 이루어져야 하며, 이는 평화를 추상적인 이상이 아닌, 현실적인 행동으로 전환시키는 중요한 과정입니다.

평화는 일시적인 성취가 아닌, 끊임없이 유지하고 발전시켜야 하는 과정임을 이해하는 것이 중요합니다. 이는 개인의 삶에서부터 국가와 국제 사회에 이르기까지 모두에게 해당되는 진리입니다. 예를 들어, 국가 간의 평화 협정은 단순히 문서상으로 이루어지는 것이 아니라, 그 이후에도 지속적인 협력과 대화가 필요합니다. 마찬가지로 개인의 일상에서도 평화는 단순히 갈등이 없는 상태가 아니라, 서로를 존중하고 이해하려는 노력이 지속적으로 이루어져야 합니다.

VI. 평화교육의 실험: 새로운 교수법의 도입

경희대학교 평화복지대학원에서 배운 교육은 저에게 평화에 대한 깊은 이해와 실천적 고민을 불러일으켰습니다. 졸업 후, 저는 대학 강의를 통해 평화교육을 실천할 수 있는 다양한 방법을 모색하기 시작했습니다. 그 과정에서 저는 찬반 토론과 평화 저널리즘에 기반한 교육을 시도하게 되었습니다.

첫 번째로, 저는 링컨-더글라스 토론(Lincoln-Douglas Debate)을 도입했습니다. 이 토론 방식은 학생들이 특정 주제에 대해 찬반 양측의 입장에서 논리적으로 주장하고 반박하는 과정을 통해, 평화를 위한 깊이 있는 토론을 경험하게 합니다. 이는 단순한 논리 싸움을 넘어, 상대방의 입장을 이해하고, 평화적인 방법으로 갈등을 해결하는 방법을 배우게 하는 데 목적이 있습니다. 예를 들어, 한반도 분단 문제에 대한 토론을 통해 학생들은 분단이 단순히 정치적 문제가 아닌, 평화와 관련된 복합적 문제임을 이해하게 됩니다. 이러한 토론은 학생들에게 평화의 복잡성과 다면성을 이해하고, 이를 바탕으로 문제를 해결하는 능력을 길러줍니다.

두 번째로, 저는 평화 저널리즘에 기반한 기사 분석을 수업에 도입했습니다. 평화 저널리즘은 갈등 상황을 다룰 때, 폭력적인 해결보다는 평화적 해결을 촉진하는 보도 방식을 강조합니다. 이를 통해 학생들은 갈등을 해결하고, 비폭력적인 의사소통을 통해 평화를 실천하는 방법을 배우게 됩니다. 예를 들어, 국제적 갈등 상황에서 언론이 어떻게 보도하는지 분석함으로써, 학생들은 언론이 평화를 촉진하는 데 어떤 역할을 할 수 있는지를 이해하게 됩니다. 이 교수법은 학생들에게 평화에 대한 실천적 고민을 던져주고, 그들이 일상 속에서 평화를 어떻게 실현할 수 있을지 고민하게 만듭니다.

이러한 교수법들은 평화교육이 단순히 이론적 지식 전달에 그치지 않고,

실제로 학생들이 일상 속에서 평화를 실천할 수 있는 능력을 기르는 데 중점을 두고 있습니다. 이는 평화가 단순히 학문적 개념이 아니라, 우리의 일상 속에서 실천되어야 할 중요한 가치임을 학생들에게 강조하는 과정입니다.

Ⅶ. 평화를 향한 끝없는 여정

경희대학교 평화복지대학원을 졸업한 이후, 평화라는 추상적 담론을 어떻게 일상으로 가져올 수 있을지에 대한 고민은 계속되었습니다. 그 결과, 저는 연구와 실천의 조화를 이루기 위해 노력해왔으며, 평화는 개인과 공동체가 함께 이루어가는 과정이라는 결론에 도달했습니다. 평화를 위해서는 포용력과 이해, 그리고 지속적인 질문과 성찰이 필요합니다.

평화에 대한 연구와 실천의 여정은 결코 끝이 없는 과정입니다. 평화는 단순히 특정한 목표를 달성하는 것이 아니라, 끊임없이 변화하고 발전하는 과정입니다. 저는 이 여정을 통해 평화에 대한 새로운 이해와 실천 방법을 모색해왔으며, 앞으로도 계속해서 이 여정을 이어나갈 것입니다.

오늘 이 글을 통해 제가 겪은 평화에 대한 연구와 실천의 여정을 공유드렸지만, 이는 결코 평화로 가는 여정의 끝이 아닙니다. 아마도 살아있는 시간 동안 끊임없는 자기성찰과 질문을 통해 나의 틀을 깨고 경계를 넘는 무한한 시간들의 반복이 앞으로도 이어지리라 생각합니다. 그러나 분명한 것은 이러한 고민을 가능하게 만들어준 여정의 시작에 경희대학교 평화복지대학원의 교육이 있었다는 것입니다.

또한, 오늘 이처럼 영광스러운 자리에서, 평화를 향한 여정에 함께 그 고민을 나누고 갈 수 있는 훌륭한 멘토들을 만날 수 있는 기회를 주신 모든 분들께 깊은 감사를 드립니다. 앞으로도 저는 이 여정을 계속하며, 평화를 실천하는 다양한 방법을 모색해 나갈 것입니다. 평화는 추상적인 개념이 아닌, 우리의 일상 속에서 실현해야 할 구체적인 목표입니다. 저는 이러한 목표를 향해 계속 나아가며, 평화로운 세상을 만드는 데 기여하고자 합니다.

제3부

—

평화를 위한 이케다 다이사쿠의 리더십과 도전

○

제8장

전환기의 세계평화 구축을 위한 리더십의 방향과 과제

이케다 다이사쿠의 평화사상과 구현방안을 중심으로

권찬호
전 상명대학교 부총장

I. 서언: 승리보다 소중한 평화

인간사회는 '존엄'과 '폭력'이라는 두 단어의 교직이 만들어 내는 현상으로 설명할 수 있다. 이는 우리가 자랑하는 노벨문학상 수상자 韓江의 소설들의 주제이기도 하다. 폭력은 크게는 국가 간 전쟁이나 독재 권력의 횡포로부터 작게는 자기 학대에 이르기까지 스펙트럼을 넓힐 수 있다. 폭력은 우리에게 상당한 고통을 안겨준다. 우크라이나 전쟁이나 중동의 분쟁 양상들이 우리에게 주는 두려움도 정신적인 고통의 일종이다. 반면 존엄이란 인간이 모두 고귀한 생명을 가지고 태어나 자유와 행복을 누릴 권리가 있음을 뜻한다. 인류는 이 천부의 권리를 오랜 기간 동안 투쟁을 통해 확보하였다. 사회계약론으로 이론화하고 계몽주의로 일깨우며 곳곳에서 시민혁명을 거쳤다. 존엄의 확인에도 엄청난 고통이 따랐다는 뜻이다.

폭력의 끝인 전쟁과 이에 대응한 평화를 생각해 보자. 우크라이나 전쟁이 장기화되면서 우리는 왜 승리의 환호보다 평화의 보존이 더 소중한지를 생생히 느끼고 있다. 느닷없이 벌어진 이 전쟁은 수백만 명의 난민, 수십만 명의 사상자를 낳았고, 나아가 무엇보다도 자유와 행복의 추구가 박탈된 일상을 양국 국민에게 안겨주고 있다. 세계대전과 냉전을 지나 어렵게 찾아온 탈냉전의 제도화는 불가능한 것일까?

우리는 지금 한반도를 포함한 세계체제(world system)가 불안정해지고 있고, 투키디데스(Thukydides)의 함정이 거론되는 전환기에 살고 있다. 이제 '왜' 평화가 중요한가가 아닌 '어떻게' 평화를 만들어 나갈지에 대해 머리를 맞댈 때가 되었다. 이에 인류에 대한 사랑과 평화를 위한 헌신으로 평생을 보낸 故 이케다 다이사쿠(池田大作) SGI회장의 평화사상을 조명하며 평화 리더십의 방향과 과제를 제시하고자 한다.

전쟁에 대한 결정권은 대개 집단의 리더십이 갖고 있다. 특히, 국가 리더십은 자신의 결정에 수백, 수천만 명의 목숨과 안녕이 좌우된다는 것을 명심해서 극도로 신중하게 결정해야 한다. 그래서 동양의 〈손자병법〉에서는 글 첫머리에 "전쟁은 나라의 중대사로, 생사의 터이자 존망의 갈림길이니 잘 살피지 아니할 수 없다(兵者 , 國之大事 , 死生之地 , 存亡之道 , 不可不察也)"라고 하여 개전을 경계하였고, 서양의 대표적 병법가인 카를 클라우제비츠(C. Clausewitz)는 〈전쟁론〉에서 "전쟁은 다른 수단에 의한 정치의 연속"이라 하여 무력 사용에 대한 결정이 정치적 목적에 비추어 신중히 결정되어야 함을 강조했었다.

주지하듯이 이케다 다이사쿠 회장은 인간 본성에 대한 심오한 통찰을 담은 전쟁 없는 미래에 대한 희망적인 전망을 제시함으로써 인류평화의 연구와 실천에 한 획을 그었다. 그는 핵무기 폐기운동에서 출발한 창가학회와 SGI를 이끌면서 세계 도처를 방문하여 평화를 연구해 온 학자, 정치지도자 및 사회운동가들과 만나 대담을 하고, 하버드를 비롯한 수많은 대학에서 강

연을 하며 평화운동을 펼쳐왔다.[1]

이케다 회장의 성장기에 스승 마키구치 쓰네사부로와 도다 조세이와의 만남에 대한 기록, 그의 저서, 어록, 대담, 강연 등의 자료를 두루 살피면 그의 평화사상은 인간을 존중하는 인간주의와 평화를 실천하는 방법으로서 대화를 앞세우는 대화우선주의가 자리잡고 있음을 알 수 있다. 그리고 그 근저에 생명을 존중하는 불교사상이 바탕이 되고 있음이 분명하다. 또한 이케다 회장은 평화를 구축하는 방법으로 사람들과의 사회적 연대와 상호 의존성의 강화, 그리고 국제기구를 통한 평화의 제도화를 추구하여 왔다. 나아가 이를 실천적으로 구현하기 위해 세계시민 교육을 비롯한 교육활동과 다국적 문화교류 활동 그리고 다양한 방법을 통한 세계평화 운동을 지속적으로 펼쳐왔다. 이하에서는 이를 보다 구체적으로 살펴보려 한다. 아래 〈그림 1〉은 저자가 임의로 구성해 본 이케다 회장의 평화이념 구현 체계도이다.

〈그림 1〉 이케다 회장의 평화이념 구현 체계도

대화 우선주의	평화의 제도화	세계평화 운동
↑	↑	+
인간주의	상호 의존성의 강화	문화교류 활동
↑	↑	+
생태주의 불교사상	사회적 연대의 공고화	세계시민 교육
〈평화이념의 체계〉	〈평화거버넌스의 구조〉	〈평화의 실천 방안〉

---

1 이케다 회장은 1983년 제1회 평화 제언(평화와 군축을 위한 새로운 제언) 이후, 평균적으로 매년도 마다 세계평화를 구축하기 위한 각종 제언을 지속하였다(박상필, 2017). 이케다 다이사쿠의 평화사상의 배경과 평화실현 방법. 일본연구논총, 제45호. pp. 64-65.

II. 전쟁의 원인은 인간의 본능일까?

인간사회는 왜 전쟁과 폭력과 고통이 산재할까? 한강의 언급처럼 인간은 근본적으로 잔인한 존재일까?("소년이 온다." p.134). 많은 인류학자, 생물학자, 철학자들이 전쟁을 인간의 본성과 결부시켜 왔다. 우리가 잘 아는 토마스 홉스(T. Hobbes)는 "리바이어던"에서 인간은 본래 이기적이라 통제가 어렵고 국가의 강제력이 필요하다고 보았다. 인간은 사적이익과 공동이익이 일치하지 않고, 자기 생각이 타인의 생각보다도 더 옳다고 믿는다. 동물들은 어느 정도 안락함에 이르면 만족하지만, 인간은 욕구를 찾아 끊임없이 경쟁하면서 타인과의 비교를 통한 우월감을 느끼려고 한다. 비교우위를 확보하려는 행동은 생존과 번식을 목적으로 삼는 동물의 세계에서도 발견된다. 하지만 인간은 정교한 언어를 가지고 있어서 사실이나 진실을 다르게 포장할 수도 있다. 이들 요인들은 사회의 혼란을 야기시켜 평화를 교란하고 폭력을 양산한다.

같은 논지로 홉스는 '전사적 인간(man the warrior)'관을 제시하였다. 일찍이 그는 "인간은 모두를 경외하게 할 공통의 권력이 없으면 전쟁이라 불리는 상태, 즉 만인에 대한 만인의 전쟁 속에 있게 된다"고 하여, 인간 사회의 본래 모습을 전쟁상태로 그렸었다. 또 프로이트는 타나토스(Thanatos) 즉 '죽음의 본능'이라는 개념을 상정함으로써 공격성을 인간의 본능 중 하나로 만들었다. 여러 인류학자와 생물학자들은 전쟁을 인간 사회의 진화와 연관시키기도 했었다. 예컨대 아자 가트(A. Gat)는 문명과 전쟁은 공진화해왔다고 본다. 부와 권력과 명예를 추구하는 욕구가 전쟁의 원인으로 작용한다는 것이다.

〈역사의 종언〉이란 책으로 유명한 프란시스 후쿠야마(F. Fukuyama)는 인간의 본능 속에 동등 욕구(isothymia)와 우월 욕구(megalothymia)라는 두 가지 기본적 갈등 요인이 내재해 있음을 지적한 바 있다.[2] 그는 이 개념으로 인간 역사의 궤적을 설명하려 했다. 사실 인간 사회 내 갈등의 대부분은 이 두 욕구 특히 남보다 우월해지려는 욕구에서 기인한다. 과거에는 이 두 욕구가 종종 폭력적인 방식으로 충돌했었다.

인간이 폭력을 행사하는 이유 중의 하나는 인간의 본능적 욕구에 기반한 오만한 심성 때문이다. 이를 영국의 신경과 의사 데비비드 오언(D. Owen)과 조너슨 데이비드선(J. Davidson)이 주장한 후브리스 증후군(hubris syndrome)이라고 하는데, 권력을 쥐고 있는 사람들이 자아 도취에 빠지거나, 자신의 능력을 과대평가하게 되는 심리적 상태를 가리킨다. 후브리스(Hubris)란 용어는 그리이스어로 지나친 자만심이나 오만함을 뜻한다. 전쟁을 일으키는 사람들은 이러한 증후군에 빠졌을 가능성이 높다. 심지어 이들은 자신의 행동이 합리적이며 도덕적으로도 정당하다고 믿는다.

다른 이유 하나는 인간이 가진 두려움 때문이다. 홉스는 인간이 생존에 위협을 느낄 때 폭력을 행사한다고 하였고, 진화심리학자들은 두려움 자체가 생존 본능이라고 보았으며, 프로이트는 폭력을 생존을 위한 방어기제로 파악하였다. 인간이 두려움을 비정상적인 방법으로 극복하게 될 때 폭력을 행사한다는 것이다. 약점을 숨기기 위해 더 강한 폭력을 행사하기도 한다.

또 다른 이유는 인간의 우매함 때문이다. 나치 감옥에서 사망한 신학자였던 디트리히 본회퍼(D. Bonhoeffer)는 우매한 자는 감정이 상하면 쉽게 폭력을 행사하게 된다고 하였다. 그는 '우매함(Dummheit)'은 선의의 적으로서 사악함보다 훨씬 위험하다고 하였다. 우매함은 타인의 권위나 선동에 의해 사고력을 잃은 상태를 말한다. 한나 아렌트(H. Arendt)가 제시한 '악의 평범성'(Banality

---

2 F. Fukuyama. 1992. *The End of History and the Last Man*. The Free Press.

of Evil)이란 개념도 유사한 통찰에서 도출되었다. 비판적인 사고를 결여한 자들이 저지르는 악행을 말한다.

오만이 돋아나는 것을 다스리고, 두려움을 현명하게 극복하며, 우매함이 저지르는 잘못을 깨닫는 것이 폭력없는 세상, 아름다운 삶을 위한 출발일 것이다. 현대로 오면서 그 해결 방식이 비폭력적으로 순치되긴 했지만 욕구 그 자체는 여전히 그대로이다. 만약 이들의 주장이 사실이라면 전쟁이 없는 사회를 추구하려는 노력은 모두 헛된 시도가 될 것이다.

III. 인간주의 − 전쟁은 인간의 본성이 아니다

인간 사회에서 갈등은 불가피하다. 개인마다 생각이 다르고 지향하는 바가 다르고 이해관계가 일치하지 않기 때문이다. 작금의 크고 작은 분쟁이나 문명의 충돌에서 목도하고 있듯이 현대의 국가지도자들은 전쟁과 관련한 의사결정을 너무 쉽게 내리는 것처럼 보인다. 과거에는 무기와 병사의 동원이 쉽지 않았지만 지금은 무기와 병력이 상비되어 있어서 언제든지 개전이 가능하다는 점이 그 이유 중의 하나일 것이다. 하지만 가장 근본적 이유는 전쟁을 인간의 삶과 분리 불가능한 본질적 속성 중의 하나로 보는 고착된 인식 때문이 아닐까? 이케다 회장의 모든 사상을 압축한 단어인 '인간주의'를 통해 이 인식의 오류를 살피고자 한다.

이케다 회장의 인간주의는 그가 표방해 온 평화주의는 물론, 문화활동 및 교육철학의 바탕이 된다는 점에서 주목된다. 인간주의의 근간은 개개인이 인성을 함양하면 인류 전체의 공동선을 구현할 수 있다는 것이다. 그리고 개개인을 존중하는 바탕에는 생명의 존엄성에 대한 확고한 인식이 자리 잡고 있다.

흔히 이케다 회장의 인간주의를 대변하는 명언으로 "타국(타인)의 불행 위에 자국(자신)의 행복을 구하지 않는다"는 경구가 회자된다. 참으로 인간적인 통찰이 아닐 수 없다. 이 말을 통하여 인간주의를 통한 평화추구라는 그의 사상의 깊이를 엿볼 수 있다. 이 짧은 문장은 이케다 회장에 의해 세계국가들의 공동번영을 위한 첫번째 원칙으로 제시되었었다.[3] 그가 냉전 시기였던 1974년에 소련을 방문하게 되어 "왜 종교를 부정하고 있는 소련으로 가는가?"라는 비판을 받았을 때 "거기에 인간이 있기 때문"이라고 답한 것은 인간주의에 대한 그의 신념을 보여주었다.

이렇게 이케다 회장이 인간주의를 추구한 배경은 불교 법화경의 가르침에서 찾을 수 있다.[4] 하비 콕스는 이를 불법(佛法)의 인간주의라고 표현하고 있다.[5] 이케다 회장이 창가학회를 이끌면서 모든 인간이 불성(佛性)을 가지고 부처가 될 수 있다는 가르침을 실천적으로 제시한 것이기 때문이라는 것이다. 모든 종교는 인간이 처한 현실의 고통을 해소하고, 영원한 행복을 추구하도록 돕는 것인데, 그 중에서도 불법의 철학은 스스로 깨닫고 실천하며 상대에게 자비를 베풀고 석존과 중생 간 평등한 접근을 하며, 평화를 추구하는 종교이다. 특히 법화경에 기반한 SGI 사상도 대승불교에 입각하여 생명존중과 인간존중을 바탕으로 인권을 보장하며, 상대를 존중하고, 평화를 실천하는 데 부합하는 것으로 판단된다. 「세간의 법(法)」, 다시 말해 세상 속의 살아 있는 실천 종교로서 지역·사회·현실 속에서 인간다운 삶으로 변화를 지향하는 실천적이고 합리적이라고 할 수 있다.

---

3 『월간중앙』 2010년 10월 인터뷰 참조.

4 오영달. 2022. "미원 조영식과 이케다 다이사쿠의 평화론의 사상적 기초: 인간주의를 중심으로." 『OUGHTOPIA』 37권 1호.

5 하비 콕스·이케다 다이사쿠. 2019. 『21세기 평화와 종교를 말하다』. 조선뉴스프레스.

SGI 사상이 이처럼 인간다운 삶을 목표로 하는 것인 만큼 이케다 회장의 인간주의는 뿌리가 깊고 확고하다고 할 수 있다. 그가 원자탄 등 대규모 살상무기의 위험성을 경고한 '러셀-아인슈타인 선언'의 위대함을 인간성의 차원에서 바라본 것도 이 때문이다.[6] 이케다 회장의 인간주의는 어린 시절부터 그가 본받아 온 위인들의 생명의 본질에 대한 영감과 메시지에서 비롯되는 점도 간과할 수 없다. 페스탈로치의 생명교육 사상, 레오나르도의 통찰, 베토벤의 합창교향곡, 타고르의 인류애, 휘트먼의 풀잎, 베르그송의 창조적 진화, 링컨의 민주주의, 아인슈타인의 우주가 그러하였다. 그들은 국경과 이념을 초월하여 인간, 자연, 우주, 종교를 관통하는 진리를 탐구하였다. 인간은 자연의 일원이다. 우주는 무한한 법칙으로 가득차 있고 그 속에서 생명의 존귀함을 찾을 수 있다는 것이 이케다 회장의 생각이었다.

학자들의 연구는 이케다 회장의 인간주의가 평화를 이룰 수 있다는 근거를 보여준다. 대표적 평화 이론가 중 한 사람인 미국의 인류학자 더글라스 프라이(D. Fry)는 인간과 전쟁과의 관계에 대한 기존의 견해들을 통렬히 비판하고, 전쟁은 불가피한 것이 아니며 인간은 분쟁을 비폭력적으로 처리할 수 있는 상당한 능력을 갖추고 있다고 주장한다.[7] 과거의 연구들이 자료를 과도하게 자의적으로 분류, 해석함으로써 평화적으로 분쟁을 해결해 온 기간을 과소평가하고 전쟁 등 폭력적 해결을 과장했다는 것이다.[8] 그는 고고학적 자료 그리고 전 세계 수렵 채집 집단에 대한 흥미로운 현장 연구를 바탕으로

---

6 이케다 다이사쿠 · 로트 블랫. 2020. 『지구평화를 향한 탐구: 핵무기와 전쟁이 없는 세계를 이야기하다』. 중앙books.

7 D. P. Fry. 2007. *Beyond War: The Human Potential for Peace*. Oxford University Press.

8 우리는 역사를 전쟁사에 시선을 맞추어 배워왔다. 그래서 역사는 늘 전쟁으로 점철된 것처럼 생각하기 쉽다. 그러나, 전쟁이 차지하는 역사는 우리의 인식만큼 길지는 않다. 예컨대 조선시대 약 500년 중 큰 전쟁은 임진왜란과 병자호란 정도이다.

고대 사회에서 전쟁이 일상적이었다는 기존 견해를 반박한다. 인간의 역사가 우리의 생각처럼 호전적이지 않았으며, 대부분의 시기, 대다수 사람들은 평화롭고 비폭력적인 삶을 살았다는 것이다.

　일본의 저널리스트 히로세 다카시도 전쟁은 인간의 본성이 아니라고 강변한다. 그는 "왜 인간은 전쟁을 하는가"라는 책에서 47장의 분쟁사 연속지도로 전쟁의 원인을 규명하였다. 그 결과 인간을 "전쟁론"이라는 저명한 고전의 저자명인 '클라우제비츠 유형'과 톨스토이의 '바보 이반' 유형으로 구분하였다. 클라우제비츠는 전쟁을 정치의 연속이라고 보았다. 다카시는 그 정치 속에 군수, 금융, 무역 등의 국가 비지니스가 개입한다고 주장했다. 문제는 클라우제비츠 유형이 바보 이반 유형을 부추기고 선동해 왔다는 것이다. 후브리스 증후군을 가진 클라우제비츠 유형의 인간이 바보 이반을 설득하기는 어렵지 않다. 대부분의 인간은 명분을 내세운 화려한 언어에 속게 된다. 하지만, 설득이 필요하다는 것 자체가 전쟁이 본능이 아니라는 반증이다.

　전쟁에 대한 기존의 편견을 거부하고 인간주의를 추구하는 것은 현실적으로 중요한 의미를 갖는다. 왜냐하면 전쟁을 당연시하는 관념은 '자기충족적 예언(self-fulfilling prophecy)'이라는 불행한 결과로 이어질 수 있기 때문이다. 특히 정책결정권을 쥐고 있는 현대 리더십들의 전쟁에 대한 인식은 국제정치의 향방을 좌우할 만큼 중요하다. 이 점에 유의, 이케다 회장은 1993년 '북아일랜드 분쟁'의 평화적 해결 등의 사례를 제시하면서 갈등의 평화적 관리 역사가 풍부히 존재했으며, 이로 미루어 볼 때 분쟁을 비폭력적으로 해결해 나갈 수 있는 잠재력이 인간에게 충분히 있음을 강조하였다.[9]

9　이케다 다이사쿠 · 짐 개리슨 · 래리 히크먼. 2021. 『인간교육을 위한 새로운 흐름』. 매일경제신문사.

Ⅳ. 대화 우선주의 – 인간은 대화로 협력을 할 줄 아는 동물

전쟁과 갈등은 구분해서 생각할 필요가 있다. 전쟁이 없는 세상이 곧 갈등 없는 세상을 뜻하는 것은 아니다. 갈등은 가치나 욕구, 목표 등이 서로 다른 데서 기인하는 모든 충돌을 포괄한다. 다양한 개인들이 모여 사는 인간사회에서 갈등은 불가피하다고 말할 수 있다. 갈등은 자주 분노나 적대감을 동반한다. 하지만 모든 갈등이 폭력적으로 해결되어야 하는 것은 아니다. 평화 연구의 중심 주제는 갈등의 평화적 해결이지 갈등의 제거가 아니다. 갈등의 해결 방식은 '문명화'되어야 한다.

이케다 회장은 서로의 차이와 다양성을 인정하고 대화를 통해 갈등과 분쟁을 해결할 수 있다고 강조해 왔다. 그는 기회가 있을 때 마다 북아일랜드 분쟁의 평화적 해결에 관한 경험과 지혜를 모범 사례로 공유해야 한다고 하였다. 진정한 대화를 하기 위해서는 상대가 보내는 마음의 소리를 경청하는 자세가 필요하다. 불법(佛法)에서 '동고(同苦)'라고 표현하듯 상대의 상황과 입장에 공감(sympathy)하는 노력이 중요하다고 하였다.

대화가 중요한 이유는 폭력의 유혹에 빠지지 않기 위해서이다. 이케다 회장은 "폭력은 새로운 폭력을 낳고 증오를 확대한다"고 하였다. 그는 "비폭력이 폭력보다 훨씬 더 큰 용기가 필요하다"는 간디의 경구를 즐겨 인용한다. 이케다 회장은 냉전 상황에서도 긴장이 고조되었던 1974년부터 1975년에 걸쳐 중국, 소련, 미국을 잇달아 방문하여 저우언라이 중국 총리, 코시긴 소련 총리, 키신저 미국 국무장관을 만나 대화를 하였다. 이 대화를 통하여 서로의 입장을 이해하게 되고 긴장완화의 길이 찾아진 것이다. 이케다 회장이 1985년 이래 남북한 관계에서 정상회담을 지속적으로 제안하였고, 핵문제 해결을 위한 6자회담을 강조한 것도 대화의 중요성을 인식하고, 평화를 실천적으로 추진하고자 하는 의지의 반영이라 할 것이다.[10] 이케다 회장은 1975년 역사학자 토인비와 대담을 나눈 이래 지금까지 약 7천 명에 이르는 세계의 지성, 지도자들과 만나 대화를 나누었다고 한다. 그 상대는 기독교 문화권은 말할 것도 없고, 사회주의와 힌두교, 이슬람, 유교 등 이데올로기, 종교, 문화, 민족의 차이에 구애받지 않고 있으며, 대화의 주제도 철학을 비롯해 문학, 교육, 인권, 과학, 종교, 우주, 평화, 예술 등 모든 분야에 걸쳐 진행되었다고 한다.[11]

오늘날과 같은 직접 민주주의 시대, 정보화 시대에는 지도자들의 역할이 중요하다. 국가지도자들간 대화가 이루어진다면 소속 국가의 국민들은 안심을 하게 되고, 국가 간 교류도 증가할 것이다. 울리히 벡(U. Beck)의 주장처럼 현대와 같이 정치 · 경제 · 사회적인 요소가 결합되어 나타나는 인위적인 위험이 일상화된 사회(risk society)에서는 조그만 갈등이 큰 문제를 낳기 때문에 평화 리더십이 더욱 절실하다.

대화는 지속되어야 하며 지속되는 대화는 안정된 제도를 낳는다. 이케다 회장은 "낙숫물이 바위를 뚫는다"는 동양 격언과 시지푸스의 신화를 인용하며 대화가 냉전의 해체와 같은 기적을 이룬다는 점을 강조하였다. 이케다 회장은 토인비와의 대화에서도 인류의 길을 여는 것은 대화 밖에 없다는 것에 서로 공감하였다.[12]

이케다회장은 "인간이 선한 인간이 되려면, 요컨대 예지인(호모사피엔스)이 되려면, 그와 동시에 언어인(言語人, 호모로쿠엔스)으로서 대화의 명수가 되어야

10　"한반도가 무너지지 않는 평화의 땅이 되기를 염원."『화광신문』. 2019.2.15.
11　"이케다SGI회장 대한민국 문화훈장 수훈."『화광신문』. 2009.11.27.
12　하비 콕스.이케다 다이사쿠. 2019. 앞의 책. p.18, 37.

한다."며 갈등 국면에서 대화의 중요성을 설파하였다.[13] 이와 관련하여 저명한 게임이론가인 아나톨 라포포트(A. Rapoport)의 '갈등론'에도 대화의 기능을 강조한다. 그에 의하면 갈등은 세 가지 유형으로 나눌 수 있다.[14] 싸움(fights), 게임(games), 토론(debates)이 그것이다. 싸움은 폭력을 포함한 모든 수단이 동원된다. 그리고 상대를 해치는 것이 주된 목적이다. 반면 게임은 상대를 해치는 것이 아니라 이기는 것이다. 그래서 합리적 타산이 필수적으로 개입된다. 한편 토론은 상대를 해치는 것도 이기는 것도 아닌, 상대를 설득하는 것을 목적으로 한다. 그러므로 대화는 공통의 관심사를 끌어내고 합의의 영역을 넓히는 것에 초점이 맞춰진다. 이케다 회장이 강조하는 대화가 바로 이것이다.

갈등의 해결 방식이 점차 '문명화(civilization)' 될 수 있었던 이유는 무엇일까? 그것은 협력을 하고 제도를 만들어 낼 줄 아는 인간의 능력 때문이다. 갈등이 '싸움'에서 '게임'으로 진화하려면 협력을 통하여 규칙에 합의할 수 있어야 하고, 또 당사자들이 그 합의된 규칙을 준수하겠다는 믿을만한 약속을 할 수 있어야 한다. 규칙의 도출이 불가능하면 다시 폭력적 수단으로 되돌아갈 수밖에 없다. 이 규칙에 공감하는 능력까지 더해지면 대화를 통해 공통의 이익을 끌어내는 토론이 가능해진다. 이로 미루어 보면 이케다 회장의 인식과 같이 갈등의 평화적 해결을 추동할 핵심 요소는 사람들의 인간성과 공감능력의 확장, 즉 인간주의임을 알 수 있다.

---

13 이케다 다이사쿠. 2009. "제28회 SGI의 날 기념제언: 시대정신의 물결, 세계정신의 빛." 『법련』3월호.
14 C. Pieper. 2008. *Decision Theory and Game Theory*. Elsevier.

V. 평화거버넌스: 공동번영의 길

현대사회에서 후쿠야마가 관찰한 인간의 우월욕구가 경쟁하는 장소는 선거, 경제활동, 스포츠 등 규칙에 기반을 둔 게임의 형태로 바뀌었다. 선거나 경제경쟁 그리고 스포츠는 모두 제도화된 비폭력적 갈등이다. 제도화된 비폭력적 갈등의 양식을 국가 간 관계에 적용할 수는 없을까? 이것이 바로 평화 거버넌스 구축의 문제이다. 국가 간 평화 거버넌스가 확립되려면 몇 가지 요건이 먼저 충족되어야 할 것으로 보인다.[15] 이케다 회장의 평화사상을 중심으로 그 조건들을 탐색하여 보자.

첫째, 종횡으로 교차하는 유대(ties)의 조밀화이다. 이케다 회장은 사람들 간의 관계와 사회적 네트워크 나아가 국가 간의 유대를 중요시하였다. 그는 유대는 불교에서 말하는 남을 배려하는 자비(慈悲)의 정신에서 비롯되며, 서로 격려하는 벗과 동지가 있어야 어려움을 극복한다고 하였다. 이는 집단지성(collective intelligence) 연구의 선구자로서 상호 유대를 통하여 집단의 문제를 해결하고 유토피아를 만들 수 있다는 피에르 레비(P. Levy)의 견해와 일치한다. 이케다 회장은 지구사회, 지구문화, 지구정의 등의 단어를 즐겨 사용해왔다. 집단이나 국가들을 하나로 묶는 것은 유대의 기능이다. 그가 한국이 일본에 '문화대은의 나라'라는 입장을 취하는 것을 우리는 잘 알고 있다.

사회적 유대(social ties)는 글로벌 상호의존성에 대한 인식을 강화하고 또 공동의 위협(예컨대 기후변화 등)에 대한 협력적 접근의 필요성과 가능성을 제고시킬 것이다. 이케다 회장은 환경문제 등 지구적인 문제 앞에 일치 협력하

---

15 D. P. Fry. 2007. 앞의 책.

여 연대(solidarity)를 키우면 공동번영을 이룰 수 있다고 하였다.[16]

우리는 같은 지구촌에 살고 있으므로 남의 안전과 나의 안전을 분리하기가 점점 더 어려워지고 있다. 사회적 불평등, 생태계 악화, 빈곤, 이주 압력 등 다양한 영향이 평화와 안보에 중대한 영향을 미치게 됨에 따라 군사적 안보와 비군사적 안전을 함께 고려해야 하는 '포괄적 안보(comprehensive security)'에 대한 인식도 높아질 것이다.

둘째, 상호의존성(reciprocity)의 확대이다. 21세기 이후 현대사회는 글로벌화로 인해 정치와 경제와 문화 기타 거의 모든 분야가 높은 수준의 상호의존, 또는 호혜관계를 이루고 있다. 보다 안정적인 관계를 유지하기 위해서는 내가 상대방보다 조금 더 양보하고 이타심을 발휘하는 "너그러운 상호주의(generous tit-for-tat)"가 필요하다. 이케다 회장이 언급한 다른 사람을 긍정적으로 평가하는 '적극적 의미의 관용의 정신'이 바로 이것이다. 주는 대로 받고자 하는 상호주의가 아닌 설령 나중에 댓가를 받지 않을지라도 지금 상대방에게 주는 "일반화된 상호주의"가 일상화된다면 상호의존성은 확대되고 우리 사회는 더 평화로워질 것이다. 에밀 뒤르껨(E. Durkheim)도 오늘날 상호의존하는 분업사회에서 기능적으로 협력하여야 한다는 점에서 상호간 유기적 연대(organic solidarity)의 중요성을 역설하였다.

이 같은 상호성(reciprocity)에 대한 고찰은 니치렌 대성인의 사상이나 이케다 선생님의 어록에서도 보여진다. 불법의 연기(緣起)사상, 자행화타(自行化他) '입정안국', '사표의 정밀(세계의 안정과 평화)'의 초점은 '상호이해'이기 때문이다. 상대에 대한 공감(sympathy, empathy), 관용(tolerance, generosity), 연대(solidarity, compassion)의 정신이 평화를 이루는 핵심이라고 생각된다.

---

16 『월간중앙』 2010년 10월 인터뷰 자료 참조.

하지만, 상호의존이 존재하는 것만으로는 충분하지 않다. 사람들이 서로가 서로에게 의지하고 있다는 사실을 인식하는 것이 중요하다. 이 상호의존에 대한 인식이 사람들 마음속에 확고히 자리 잡을 때 우리는 '전 지구적 상호의존'이 완성되었다고 말할 수 있을 것이다. 최근에 국가들마다 치열하게 펼치고 있는 공공외교(public diplomacy)도 다른 나라들과의 상호의존성 확대에 기여할 것이다.

셋째, 분쟁해결을 위한 유효한 제도의 확립이다. 인간은 제도를 만들고 효율적으로 사용할 줄도 안다. UN 등 다양한 국제기구와 레짐, 그리고 EU와 같은 지역공동체가 폭력적 국제갈등을 해소하는 데에 실질적인 역할을 하도록 해야 한다. 특히 국가 간 기구는 주권의 평등과 권위의 창설이라는 양면적 요청에 부응하는 제도적 해법을 만들어 내야 한다. 발달심리학자 마이클 토마셀로(M. Tomasello)는 인간이 다른 동물들과 다른 점 두 가지로 누적적으로 진화하는 문화를 가지고 있다는 점과 사회적 제도를 만드는 능력을 들었다. 제도는 협력의 체계이고 문화는 협력의 성과를 전승시키는 장치이다. 이케다 회장은 오래전인 1970년대 이후 유엔이나 국제사회를 이끄는 나라들을 방문하여 지구적 문제의 해결을 위한 제언 활동을 거듭해 왔다. 그는 분쟁이나 문제를 해결하는 지구적 거버넌스로서 유엔 등 국제기구와 NGO의 역할을 강조하여 왔다.

특히, UN에 대한 신뢰와 지지는 절대적이었다. 전 유엔 사무부총장 안와룰 초두리(A. Chowdhury)는 긴 시간 동안 일관적으로 유엔을 기대하여 그 역할과 책임을 부각시켜온 인물은 이케다 회장이 유일하다고 하였다.[17] 특

---

17 임정근 · 미우라 히로키. 2016. "이케다 다이사쿠의 평화이론 고찰: 지속가능한 개발을 위한 이론적 함의." 『인문사회 21』 제7권 제4호.

히 2015년 1월 26일 이케다 회장은 "인도주의 세기를 위한 굳은 연대"라는 제목으로 평화제언을 발표했다. 이 제언은 빈곤과 격차를 구조적 폭력으로 이해하며, 적극적인 평화를 주창하면서 유엔의 새로운 지구적 프로젝트인 SDGs(지속가능개발목표)의 의제 결정에 큰 기여를 하였다.

VI. 평화를 실천하는 방법들

앞에서 우리는 이케다 회장의 평화사상의 내용과 평화를 구축하기 위한 거버넌스 체계를 논의하였다. 그렇다면 이 지구상에 어떻게 평화를 구현하고, 실천해 나갈 것인가의 문제가 남게 된다. 이와 관련하여 이케다 회장은 다음 세 가지에 집중한 것으로 보인다. 하나는 근본적인 방법으로서 세계시민들에게 시민교육을 통하여 평화의식을 고취하는 것이다. 다음은 간접적인 방법으로 문화를 통해 평화를 학습하고 교류를 확장해 나가는 것이다. 보다 직접적인 방법으로는 세계평화의 당위성을 앞세워 다양한 방법으로 평화운동(peace movement)을 추진하는 것이다.

첫째, 세계시민 교육(Global Citizenship Education)의 활성화이다. 세계시민교육은 인류가 가진 보편적 가치, 즉 인권과 평등과 다양성을 인식하게 하는 것이다. 이를 통해 인간에 대한 존중과 평화 추구의 당위성을 체득하게 된다. 따라서, 시민교육이란 곧 인간교육이며, 평화교육이기도 하다. 이케다 회장은 우리에게 모두가 세계인 또는 세계시민이라는 보편적 인식을 가져야 한다는 점과 평화를 달성하기 위해서는 무엇보다 시민교육이 중요하다는 점을 일깨워 주었다. 평화야 말로 일상생활에서 인류가 누리는 최고의 가치임에 틀림이 없다.

특히, 이케다 회장에게 있어서 시민교육은 그의 가치창조 철학에서 비롯된다. 창가의 이념이 인간에 대한 존엄에 대한 경의, 정의로운 사회의 구현과 평화로운 세계의 창조 등에 있기 때문이다. 이 점에서 우리는 그가 왜 세계 여러 곳에 소카대학을 설립하여 젊은 인재를 양성하고자 했는지를 충분히 이해할 수 있다. 이케다 회장은 어린이와 젊은이들부터 시민교육이 이루어져야 한다고 하였다. 그렇게 되면 평화는 자연스럽게 이루어진다는 그의 통찰을 엿볼 수 있다.

둘째, 문화를 통한 학습과 상호교류의 확산이다. 문화는 군사나 정치, 사회나 경제보다 유대의 형성을 용이하게 한다. 세상에는 '문화(culture)'만큼 광범위한 포용력, 접근하기 쉬운 수용력, 세대를 넘는 진화력을 갖춘 단어는 없다. 우리는 또 소프트파워(soft power)가 하드파워보다 강하다는 점을 알고 있다. 예술이나 스포츠 영역에서 국경이나 분쟁이 있을 수 없다. 이케다 회장은 개인 간 또는 국가 간 유대의 형성을 위한 방안의 하나로 문화의 역할을 강조해 왔다. 그가 1963년 10월 민주음악협회를 설립한 것, 1983년 토쿄후지미술관을 건립한 것, 특히, 핵무기폐기국제운동(ICAN)과 함께 2014년에 히로시마와 나카사끼 등에서 '핵무기없는 세계를 향한 연대 전시회'을 개최한 것 등은 일찍이 이러한 소프트파워의 중요성에 대한 인식에서 비롯되었다고 할 수 있다.

이케다 회장이 1988년 서울 올림픽을 앞두고 소련과 중국을 방문하여 올림픽참가와 지원약속을 받아낸 사실을 아는 사람은 많지 않다.[18] 그는 1990년 한국의 호암아트홀에서 토쿄후지미술관 소장 작품 전시회를 열면서 한국을 처음 방문하게 되었다. 2년 뒤에는 후지미술관에서 고려조선도자기 명

---

18 "냉전의 벽 허물고 대화의 시대 연 거인의 족적."『월간중앙』 2024. 1월호. p.119.

품전을 열어 일본에 한국전통 도자기를 알리는 문화교류 활동을 하였다. 그 후 1998년 방한하여 경희대 조영식 설립자와 만나 평화운동에 대해 교감하고 우의를 다진 것은 잘 알려진 사실이다. 2009년에는 한국 정부로부터 화관문화훈장을 수훈하였다. 정보통신기술(ICT)의 발달로 국제적인 문화교류는 더욱 다양한 방법으로 증가할 것이 예상된다.

셋째, 세계평화 운동을 다양하고 지속적으로 추진하는 것이다. 이케다 회장은 평생에 걸쳐 평화운동을 다각도로 전개하였다. 그는 기회가 될 때마다 세계평화를 구축하기 위한 각종 제언을 지속하였다. 그 중에서도 "핵 군축을 위한 프로세스"를 제시한 것이나, "동북아 비핵지대 추진방안"을 제안한 것들이 돋보인다.[19] 그는 제언에 그치지 않고 평화주의자나 석학들과의 대담, 강연을 통하여 평화의 메시지와 방법들을 줄기차게 호소하여 왔다. 1998년도에는 "핵 폐기 2000"이라는 국제적 서명운동을 이끌어 1,300만명의 서명이 담긴 탄원서를 UN에 제출하기도 하였다.

특히, 주목을 끄는 것은 그가 평화를 구현하기 위해서는 국가지도자들의 인식이 중요하다고 생각하고 국가 간 정상회담을 촉구해 왔고, 스스로 정상 간의 만남을 주선하였다는 사실이다. 이케다 회장이 냉전 시기에 중국, 소련, 미국을 잇달아 방문하여 긴장 완화에 기여한 것이나, 한반도에서 남북 정상회담을 지속적으로 제안한 그의 노력은 평화리더십이 절실한 현재에 각국 지도자들과 평화연구가들에게 본보기(best practice)가 될 것이다.

---

19 『월간중앙』 2024. 앞의 기사. pp.117-119.

Ⅶ. 결어: 평화의 구현에 대한 확고한 믿음

우리는 암암리에 전쟁은 없어질 수 없는 것으로 여기거나, 나아가 전쟁이 인간사회의 진보에 유익할 수도 있다고 믿는 경우도 자주 볼 수 있다. 평화의 확립은 이 고정관념을 깨뜨리는 일에서부터 시작되어야 할 것이다. 돌이켜보면 과거에 절대불변이라고 믿었던 생각들이 무지에서 비롯된 오류로 밝혀진 경우가 많았다. 중세 이전 유럽 사람들은 모두 하늘의 별들이 지구를 중심으로 돈다는 것을 의심의 여지가 없는 진리로 믿으며 살았었다. 하지만 그것은 사실이 아니었다.

근대 이후 유럽에서는 문명화가 탈잔인화(debrutalization)와 동일시되었다. 이것은 개인 사이 또는 국가 간 갈등이 싸움에서 게임으로 그리고 다시 토론의 형식으로 변모되어 왔음을 암시한다. 이처럼 인간의 역사를 길게 보면 갈등의 해결 방식으로서 전쟁의 비중이 점차 줄어왔음을 알 수 있다. 이 점 역시 인간 사회와 전쟁의 관계가 필연적이지 않음을 방증한다.

이케다 회장의 평화사상을 살피면 전쟁과 갈등을 더 이상 인간의 본성으로 파악하지 않을 것이다. 이케다 회장은 인간주의의 바탕 하에 이루어지는 '대화야말로 평화의 왕도'라고 하였다. 우리는 이케다 회장의 인간주의와 대화를 통한 협력으로 유대와 의존성을 강화하고 평화체계를 구축할 수 있다는 것을 알 수 있었다. 앞으로 우리가 가지는 최대의 과제는 대화와 협력의 제도화를 통한 평화의 지속이다. 평화의 지속은 세계시민 교육과 문화교류 그리고 지치지 않는 평화운동을 통해 이루어 진다.

'작동하는 평화 거버넌스'라는 목표에 이르기까지 아직 많은 난제들이 남아있는 것은 사실이다. 하지만 우리는 이제 평화에 이르는 길이 있음을 알았기에 확신을 갖고 그 길을 넓혀나갈 수 있을 것이다. 인류 역사는 국가 간 단기 이익과 집단적인 평화유지 사이의 갈등으로 점철되어 왔지만 어쨌든 결국은 협력의 수준을 높여 당대의 과제들에 대처해 왔다. 대화 없이는 문제해결이 어려웠고, 협력을 통하여 발전을 거듭해 왔다는 뜻이다.

평화학의 창시자인 요한 갈퉁(J. Galtung)은 "전쟁이 없다는 것이 곧 평화를 의미하는 것이 아니다. 개인의 존엄과 권리를 최대로 존중하는 사회가 아니면 진실한 평화 이름에 합당하지 않다."고 하였다. 존 버거(J. Berger)는 고통을 나누는 일은 존엄을 재발견하는 전제가 된다고 하였다. 그는 고통을 직접 나누기는 어렵지만 고통을 나누려는 의지는 나눌 수 있다는 것이다. 우리는 너그러운 상호주의를 작동하게 하고 이타심을 유도해 내어서 적극적인 평화를 추진할 수 있다는 데에 자신감을 가져야 한다. 클라우제비츠 유형에게 설득당하지 않아야 한다. 왕따(outcast) 문제 등 작은 문제에서 출발하여 성차별, 어린이 문제 등 취약계층의 보호, 집단 간 갈등의 해소, 이주민 포용, 지구환경의 보호, 전쟁예방 등 큰 문제로 접근하여야 한다.

끝으로 이 모든 평화 프로세스가 인간성의 확장에 바탕을 두고 있음을 강조하고자 한다. 역사적 경험이 그러하고, 또 논리적 귀결이 그러하기 때문이다. 이로 미루어 보면 이케다 회장께서 SGI를 이끌면서 왜 평화와 문화 그리고 교육을 그토록 강조하였는지 이해가 된다. 그 모든 사유의 바탕에는 인간주의가 있다. 그는 "참된 평화는 조약서의 서명이 아니라 생명 깊은 차원에서 사람들 간의 연대를 맺어 나감으로써만이 실현될 수 있다"고 하였다.[20] 이케다 회장이 추구하였던 인간주의는 그가 따랐던 위인들의 사상에서도 엿볼 수 있다. 주인공들은 인간의 얼굴로 인간을 존중하며 인간을 위해 일했던 사람들이었다. 휘트먼의 인간 찬가가 그렇고, 루쉰의 인간애가 그랬다. 소크라

---

20 『월간중앙』 2024. 앞의 기사. p.115.

테스의 무지의 지, 플라톤의 철학, 레오나르도의 경험, 노벨의 고뇌, 괴테의 파우스트도 그러하였다. 이로 미루어 본다면 이케다회장도 이런 위인들처럼 인류에 대한 깊은 사색을 통하여 지혜를 확장하고, 인간주의를 근간으로 평화를 추구해 왔던 것이다. 평화를 바란다면 인간주의에 입각한 평화를 준비해야 한다. 희망이 우리를 이끌어 왔지 절망이 선도한 것은 아니다. 전쟁과 폭력은 결코 인간의 본능이 아니다.

○

제9장

마키구치의 교육사상에 관한 소고*

이윤진

숭실대학교 글로벌HRD연구소 연구교수

I. 들어가는 말

이케다 다이사쿠(Daisaku Ikeda, 1928 - 2023)의 인간주의 교육사상과 실천, 소카교육을 이해하기 위해서 니치렌(日蓮, 1222-1282) 불교에 대한 기본적인 지식과 더불어 마키구치 쓰네사부로(Tsunesaburo Makiguchi, 1871-1944)의 교육 사상과 그 배경에 주목해 볼 만하다. 마키구치는 창가학회 1대 회장으로 그 의 저서 『창가교육학체계(創價教育學體系, The System of Value-Creating Pedagogy)』 (1930-1934)에서 가치론에 토대를 둔 교육철학을 소개하였으며, 가치창조교 육학(value-creating pedagogy), 소카교육학(sōka education)을 정립하였다.[1] 마키구

---

* 본 고의 일부 내용은 2019년 고려대학교 교육문제연구소에서 출간한 학술지 '교육문제연구' 32권 1호 에 게재된 이윤진 · 김남숙의 『마키구치의 소카교육론에 관한 연구』 내용을 토대로 작성하였다.

1 창가(創價)는 가치창조(價値創造, kachi sōzo)의 약어이며, 마키구치의 교육이론은 영미권에서 가치창 조교육학(Value-Creating Pedagogy) 혹은 소카교육학(sōka education)이라고 불린다. 본 고에서는 마 키구치 저서의 경우 『창가교육학체계』로 마키구치의 가치론에 의한 교육이론은 소카교육학으로 표기 하였다. 한편, 마키구치의 교육사상을 계승한 이케다의 실천에 있어 소카학원(Sōka School)은 이케다

치는 1900년대 초 일본을 중심으로 교육가로 활동하였으며, 당시 사회와 교육의 관계를 깊이 통찰하고 교육의 중요성과 문제점을 설파하면서 『창가교육학체계』의 저작을 통해 교육 목적 및 구체적인 실천방안을 제안한다. 마키구치가 본격적으로 알려지게 된 건 미국의 인류학자로 알려진 베델(Dayle M. Bethel, 1923-2013)이 영미권에 『Makiguchi the value creator: revolutionary Japanese educator and founder of Soka Gakkai』(1973)를 통해 마키구치라는 인물과 교육사상을 소개한 이후이다. 1989년에는 4권으로 이루어진 『창가교육학체계』를 번역·편집한 『Education for Creative Living: Ideas and Proposals of Tsunesaburo Makiguch』(1989)가 출판되었고, 지금까지 교육학자와 교육실천가들의 지속적인 관심과 연구가 이어져 오고 있다. 2009년에는 교육학 분야의 이슈 및 각 부문의 실천, 독창적인 이론과 연구를 출간하는 미국교육연구협회(A Journal of the American Educational Studies Association)의 저명한 학술지인 『Educational Studies』에서 마키구치와 그의 교육이념을 주제로 한 특집호가 발간되었다.[2] 연구분야 역시 세분화되어 있는데 마키구치 및 도다의 생애와 교육철학에 대한 연구부터 가치론에 기반을 둔 소카교육학을 이론적으로 고찰하는 연구, 소카교육을 적용하고 실천하는 소카학원 시스템에 관한 연구, 소카교육의 원리를 풀뿌리 운동으로 자신의 교육실천에 적용하고자 하는 노력에 대한 연구분야 등 다양한 접근이 이루어지고 있다. 1989년 베델의 영문번역판이 마키구치가 저술한 원서의 내용을 온전히 담고 있

의 소카교육(Sōka education) 학교시스템 및 네트워크를 의미하고, 소카교육(Sōka education)은 이케다의 인간주의 실천으로서 교육과정, 교육방법 등을 지칭할 때 사용(Inukai, 2018)되고 있어 본 고에서도 기존 연구의 흐름을 따라 용어를 사용하였다.

2 A Journal of the American Educational Studies Association에서 발행하는 "Tsunesaburo Makiguchi(1871 - 1944): Educational Philosophy in Context." *Educational Studies* 45(2). 2009. 참고.

지는 않지만 영미권 학자들의 관심과 연구를 촉발한 것은 자명해 보인다.

마키구치의 교육사상은 이론적 논의를 넘어 전 세계적인 실천학문으로 자리를 잡고 있다. 마키구치의 교육사상이 마키구치에서 그의 제자인 도다 (Josei Toda, 1900-1958)에게로, 도다에서 이케다로 이어져 오면서 이론상으로 머무르는 것이 아닌 교육운동으로 자리매김하게 되었다. 마키구치가 생전에 교육현장에서 교사, 교장 등을 역임하며 교육계에 평생을 종사하고 교육이론을 정립하였지만, 당시 교육학자, 교육정책가, 교사 등 교육계 관계자를 비롯하여 사회적으로 주목받지는 못한 것으로 알려져 있다. 『창가교육학체계』 발행 당시 일본은 전시 중으로 사회가 새로운 교육이론에 관심을 가질 수 있는 상황이 안되었고, 다른 한편으로는 일본 교육계가 대학에서 학위를 취득한 학자 중심의 내부조직이 견고하여 마키구치가 학자로의 공식적인 학위가 부재하였다는 점에서 관심이 크지 않았을 것이라는 점이 원인으로 여겨지고 있다.[3] 마키구치의 『창가교육학체계』가 발행된지 한 세기가 다 되어가는 지금 그의 교육사상은 이케다의 인간주의 교육에 토대가 되고 있으며 전 세계 각지에 설립되고 있는 소카학원(Sōka School)의 설립이념이 되고 있다. 또한, 소카교육(Sōka education)을 실천하기 위한 프로젝트가 진행중이며 마키구치와 도다, 이케다의 교육사상을 본격적으로 연구하는 기관들이 확산되고 있다.[4]

소카교육에 대한 연구는 창가학회 및 이케다의 인간주의 교육에 대한 이해의 지평을 넓히는 것을 넘어 우리사회의 교육문제를 어떻게 바라보고 문

---

3 Jason Goulah & Andrew Gebert. 2009. "Tsunesaburo Makiguchi: Introduction to the Man, His Ideas, and the Special Issue". *Educational Studies* 45(2). p.116.

4 소카학원(Sōka School)은 이케다의 Sōka education 학교시스템 및 네트워크를 의미하고 소카교육(Sōka education)은 이케다의 가치창조 및 인간주의 실천으로서 교육과정, 교육방법 등을 지칭할 때 사용되고 있으며, 가치창조교육학(value-creating pedagogy, sōka education)과는 구분하여 사용되고 있다.

제해결을 위해 어떠한 노력을 해야 하는지 구체적 방안 마련에 도움을 줄 수 있다. 한국의 경우 오랜 기간 입시와 경쟁 중심 교육에 대한 문제가 제기되어 왔으며, 최근 새로운 기술발전이 초래하는 사회변화에 교육이 적절하게 대응하지 못하고 있다는 문제가 지적되면서 교육 방향성 정립은 시급한 문제가 되고 있다. 혁신학교 제도와 더불어 홈스쿨링, 대안학교가 확산되고 있고 평생학습이 교육이념으로 주목받으며 중장년, 노년기에도 교육의 중요성이 부각되며, AI 기술 변화가 초래할 직업변화와 세상변화에 적응하며 살기 위해서도 교육이 필수적이라는 인식이 팽배하다. 교육이 궁극적으로 나아가야 할 방향성과 더불어 구체적으로 어떠한 교육 실천이 필요한지에 대해 깊은 사색과 결단, 신속한 행동이 요구되는 때 행복, 인간주의, 가치창조 등의 이념을 추구하는 마키구치 교육사상을 살펴보고 우리 교육이 나아가야 할 방향성을 모색하는 것은 기존의 논의를 넘어 새로운 문제해결 방안을 탐색하는 데 도움이 될 수 있을 것이다.

본 고는 다음과 같이 구성되었다. II장에서 마키구치의 교육사상 이해를 위해 마키구치의 생애 및 교육자로서의 면모를 탐색하고, III장에서는 마키구치의 『창가교육학체계』의 영미 번역 서적인 『Education for Creative Living: Ideas and Proposals of Tsunesaburo Makiguchi』를 중심으로 소카교육의 토대가 되는 주요 이론적 토대를 살펴보았다. IV장에서는 소카학원의 설립이념과 목적 확인을 통해 마키구치 교육사상의 실천을 확인하였고, 마지막 V장에서는 지금까지의 논의를 통해 한국 사회가 지향해야 하는 교육에 있어 함의를 구하였다.

II. 마키구치의 생애와 교육가로서의 이해

1. 마키구치의 주요 생애

한 인물의 교육사상을 이해하기 위해서는 그 인물이 살았던 사회적 배경과 인물적 특성에 대한 이해가 선행되어야 한다. 1970년대 이후 본격적으로 일본과 영미권의 학자들이 마키구치에 대해 연구를 수행하였으며 아직까지 관련 연구는 활발히 진행 중에 있다. 연구가 진행 중이라는 점에 마키구치의 전기와 연대기적 기록은 앞으로도 새로운 내용이 추가될 수 있을 것으로 예상되나, 마키구치의 생애가 마키구치 쓰네사부로의 공식 홈페이지[5]에 정리되어 있어 본고에서는 공식 홈페이지에 나와 있는 내용을 중심으로 주요 생애를 정리하였다.

마키구치는 1871년 일본 서부에 위치한 니가타현 아라하마에서 태어났으며 홋카이도 오타루에서 유년을 보냈다. 당시 일본사회는 막부중심의 통치체제가 막을 내리고 왕정복고가 이루어지면서 서구 문물을 받아들이고 산업혁명이 이루어진 메이지 시대(明治時代, 1868~1912)로 정치 · 사회 · 산업 변화가 이루어진 시기이다. 유년 시기 마키구치는 다양한 사회변화 속에 정치 권력의 불합리성과 부조리함을 몸소 체험한 것으로 보인다.[6] 정부는 작은 항구 마을에 농작물 생산량을 늘릴 것을 일방적으로 요구하고 농민들은 이에 반대하여 반란을 일으켰으며, 진압과정에서 무고한 농민들이 처벌받는 사건들이 발생하였다. 마키구치는 가족관계에서도 아버지에게 버림받고 삼촌에게 양육을 받는 상황에 놓이게 된다. 또한, 마키구치가 유년을 보낸 오타루

---

5 마키구치 공식 홈페이지. https://www.tmakiguchi.org. 검색일: 2024.12.02.

6 Dayle E. Bethel. 1994. *Makiguchi the value creator*. New York: Weathhill, Inc. (Originated 1973). p.26.

지역은 급속한 현대화와 산업화가 진행되었는데 이러한 변화는 해양산업의 발달을 몸소 경험하고 바다 건너 넓은 세계에 관심을 가지는 계기가 되었다. 개인적으로 불운한 유년기뿐 아니라 정치적, 사회적으로 급격한 변화의 경험은 마키구치의 사상적 배경에 큰 영향을 미친 것으로 판단된다. 마키구치는 교육이론 체계화 이전에 인간의 삶과 지리연구에 관심을 두었는데 지역 변화를 체험한 유년 시절의 경험이 영향을 미친 것으로 보인다.[7] 1985년 마키구치는 홋카이도의 중심지인 삿포로에서 교사 연수를 받고 초등학교 교사 생활을 하였으며, 1901년에 관심 있게 연구해오던 지리 연구를 책으로 출판하기 위해 가족들과 도쿄로 이사하였다. 1903년 32세에 『인생지리학(人生地理學, A Geography of Human Life)』(1903)을 출판한다. 이 저서는 당시 일본 교육부가 지리교사 선발자격시험을 위한 필수교과로 선정하는 등 뛰어난 연구물로 호평을 받았으며, 현재 마키구치의 초기사상을 이해하는데 중요한 저작으로 평가받고 있다. 『인생지리학』 출판 이후 교육관련 정기 간행물 편집 및 저술 활동, 교육 기회가 제한적인 여성들을 위한 통신교육 실시, 외국인 유학생 지도 및 교재 개발 등 교육활동가로 다양한 경험을 축적하였다.

1913년에는 도쿄의 토세이 초등학교(Tosei Elementary School)에 교장으로 부임하여 학교를 운영하였다. 재임 동안 자신의 교육이론을 교육현장에 적용하며 교육철학의 체계를 마련하는 계기를 만들었는데 당시 마키구치의 교육사상 및 실천의지를 보여주는 일화가 소개되고 있다. 마키구치는 토세이 초등학교가 위치한 지역의 토호세력 자녀에게 특혜를 주는 것을 거부하였는데, 이 사건이 계기가 되어 마키구치는 교장직에서 퇴출 위기에 처하게 되었

---

7 Andrew Gebert & Monte Joffee. 2007. "Value creation as the aim of education: Tsunesaburo Makiguchi and Sōka education." *Ethical visions of education: Philosophies in practice*. p.68

다. 당시 마키구치를 지지하는 교사, 학부모, 학생들이 반대하며 항의하지만 얼마 지나지 않아 교장직을 사임하게 된다. 이후 도쿄의 가장 빈곤한 지역에 위치한 시로카네 초등학교(Shirokane Elementary School)의 교장으로 부임하였는데, 이곳에서도 경제적으로 빈곤한 학생들이 교육에 있어 평등한 기회를 누릴 수 있도록 하였다. 마키구치 재임 동안 시로카네 초등학교는 도쿄에서 가장 우수한 학교 중 하나로 알려진다. 교육자로서 명성을 떨치던 마키구치는 1928년에 자신의 인생에 있어 가장 중요한 전환점이라 할 수 있는 법화경을 기조로 한 니치렌 불교에 귀의하게 된다.

이후 1930년 교육자로서 교육현장에서 실천하고 경험하고 연구한 교육이론을 정리하여 『창가교육학체계』를 출판한다. 『창가교육학체계』는 처음에 12권을 발행하고자 계획하였으며 4권은 자신의 교육이론에 관한 일반적 개요, 8권은 특정 교육 사안에 대한 심층적 논의와 실제 적용으로 구성하고자 하였다. 일반적 개요와 관련하여 처음에 5권 분량의 원고가 완성되었지만 4권으로 정리되어 출판되었고 이러한 점에 있어 일반적 개요도 충분한 설명과 논의가 담기지 않았을 것으로 파악되고 있다. 8권의 심층적 논의와 실제 적용 부분이 출간되지 않은 것과 관련해서는 마키구치가 니치렌 불교에 귀의한 이후 저술보다는 실천 활동에 주목하였고, 가치론에 근간을 둔 소카교육학의 원리에 따라 미래 세대에게 창조적으로 실천하며 추가 연구를 수행할 것에 대한 기대와 함께 사명을 맡긴 것으로 추정하고 있다[8]. 당시 출판은 마키구치의 제자 도다가 편집을 도맡아 한 것으로 알려져 있다. 마키구치가 순간적으로 교육이론에 관해 아이디어가 떠오를 때마다 광고 전단지 혹은

---

8 Masayuki Shiohara. 2006. "For students who wish to explore the meaning of Soka education: Current research and challenges." 『創価教育研究』 5호. p.174.

쪽지에 메모를 하였고, 그렇게 쓰인 방대한 분량의 글을 제자인 도다가 연결하여 일관성 있게 편집 작업을 실시한 것으로 알려져 있다[9].『창가교육학체계』제1권이 출판된 1930년 11월 18일은 책의 출간일이자 마키구치가 창립한 창가교육학회(創價教育學會)의 창립일로 간주 되고 있다. 창가교육학회는 마키구치 서거 이후 1946년 도다에 의해 창가학회(創價學會)로 명칭이 변경된다.

『창가교육학체계』1권이 발표된 직후 일본은 만주사변이 발생하였고 이후 제2차 세계대전이 발생하였다. 일본 제국주의 정부가 황국사관 정책을 통해 국가신도를 강화한 시기이다. 마키구치는 국가신도에 반대하는 한편 니치렌 불교의 유포를 위해 적극적으로 노력하는데 군부정부는 마키구치를 국가체제를 위협하는 요주의 인물로 간주하고 감시를 강화한다. 이러한 상황에 당시 창가교육학회가 국가신도를 수용하지 않자 1943년 7월 마키구치와 창가교육학회 수뇌부는 일본제국의 특별고등경찰에 의해 체포된다. 마키구치는 70대 고령으로 체포되었으며, 감옥에서 영양실조와 노환으로 1944년 11월 서거하게 된다. 1945년 7월 마키구치와 함께 체포되었던 제자 도다가 출소하게 되면서 마키구치의 교육사상은 계승된다. 현재는 창가학회 발전과 함께 전 세계에 알려지게 되었고 연구와 실천이 이어지고 있다.

2. 교육가로서의 삶의 이해

마키구치가 교육가로 활동하던 시기는 일본이 근대화가 이루어지면서 교육의 중요성이 확대되고 국가 중심의 의무교육이 보편화 되던 때이다. 일본은 메이지유신 이후 1872년 '모두를 위한 교육'이라는 미명하에 중앙집권식

---

9 Jason Goulah & Andrew Gebert. 2009. 앞의 논문. p.116.

교육체제를 도입하여 서구와 비교해 뒤떨어진 근대화를 조속히 이루고 국부를 축적하고자 하였다. 군국주의 상황 속 경제 발전과 군사력 증대를 위해 현대적인 학교제도가 도입되면서 교육현장에서는 무분별하고 무비판적으로 서구 교육철학 및 제도가 도입되고 교육의 목적과 방향성에 대한 논의의 부재 속에 부조리함이 난무하게 된다.[10] 마키구치는 이러한 격변의 시기 교육현장에서 교육실천가이자 이론가로서 활동하며 교육가로서의 삶을 영위한다.

마키구치의 교육가로서의 면모는 3가지 측면에서 조명할 수 있다.

첫째, 인도주의적 교육자로의 삶이다. 마키구치는 어린이와 청소년에 대한 온화함과 따뜻함이 넘치는 인품을 가진 것으로 확인된다.[11] 홋카이도에서 교사로 재직할 때 추운 날 아침에 학생들이 등교하면 따뜻한 물을 준비하여 찬 손을 녹이게 하였고, 눈이 많이 내리면 집까지 데려다주었다. 또한, 가난하여 점심을 못 먹는 학생들을 위해 점심을 준비하였으며 학생들이 부끄럽게 생각하여 음식을 먹지 않는 상황을 고려하여 식당에 따로 준비해두었다고 전해진다. 그리고 학업에 필요한 문구를 저렴한 가격에 구입하여 학생들에게 제공하였으며, 학생의 가정을 일일이 방문하여 부모님과 상담한 것으로 알려져 있다. 마키구치의 이러한 세심한 관심과 노력은 학교에서 청소년 범죄 감소, 피부질환자 감소 등의 가시적인 성과를 창출한 것으로 기록된다. 한편, 마키구치의 인도주의적 실천과 노력에도 불구하고 부유하고 권력이 있는 기득세력자들은 자신의 자녀에게 특혜를 주지 않았다는 점에 불만을 갖고 모함하기도 하였다.

---

10   Kazunori Kumagai, 2000. "Valuecreating pedagogy and Japanese education in the modern era." *Ideas and influence of Tsunesaburo Makiguchi: Special issue of the Journal of Oriental Studies* 10, pp.29-31.

11   이케다 다이사쿠. 2006. 『21세기 주역에게 말한다: 청춘대화 Ⅰ』. 화광출판사.

둘째, 자신의 교육적 신념을 펼친 실천가적 삶의 면모를 보이고 있다. 마키구치가 교육자로 활동하던 시기 일본제국은 군부 독재에 의해 극단적인 파시즘의 성향을 보이고 있었으며, 교육정책과 제도 역시 전쟁을 위한 인재 양성을 표방하고 있어 자신의 교육적 신념을 교육현장에 적용하기에 적절하지 않은 상황이었다. 마키구치는 자신이 몸소 경험한 교육현장의 불합리성과 부조리함을 해소할 수 있는 방안을 교육이론으로 정립하여 개혁하고자 하였다.[12] 메이지유신 이후 서구의 교육철학 및 교수법이 무분별하게 도입되는 교육현장의 문제점을 깊이 통찰하고 무비판적인 교육이론 적용이 현실에 맞지 않는다는 점을 깨달은 마키구치는 교육현장 상황에 적합한 교육방안을 고안하고 직접 적용해 보고자 노력한다.[13] 서구 교육이론의 무비판적이고 무분별한 도입과 적용이 문제라는 자신의 신념을 확고히 하고 학습자들의 상황을 고려한 교육을 실제 제공하였다는 점에 자신의 신념을 펼친 교육실천가 면모를 확인할 수 있다.

셋째, 마키구치는 실증주의적 이론가의 특성을 보인다. 마키구치는 교육의 목적 및 역할, 기능을 체계적으로 논의하기 위해서 논리적인 이론이 뒷받침되어야 한다고 주장한다. 마키구치는 『창가교육학체계』에서 교육의 목적은 학생의 행복이라는 점을 명확하게 제시하는데, 이러한 제안을 위해 진리와 가치의 개념 비교, 미, 이, 선으로 구분한 가치의 비교를 통해 행복에 대한 개념, 교육의 목적과 교사의 역할 등에 대해 심도 있게 접근한다. 마키구치의 소카교육학은 이론이 근간이 되지만 이론적 논의에 머무르지 않는다. 소

---

12 Daisaku Ikeda. 2009. "Foreword." *Educational Studies* 45(2). p.112.

13 Kazunori Kumagai. 2000. "Valuecreating pedagogy and Japanese education in the modern era." *Ideas and influence of Tsunesaburo Makiguchi: Special issue of the Journal of Oriental Studies* 10. pp.38-40.

카교육학의 목적을 달성하기 위해 공동체에 기반한 교육이 중요하다는 점을 강조하면서 지역에서 구체적으로 어떠한 교육적 실천을 할 수 있을지 제안하였다.[14] 이론을 교육현장에 어떻게 적용할 수 있을지 고민하고 실제 적용가능한 실증적 제안을 시도하였다는 점에서 실증주의 이론가로의 특성을 확인할 수 있다.

III. 소카교육학에 대한 이해

1. 시대적 배경

마키구치의 저술은 인문지리, 지역사회연구, 가치창조교육학이라는 세 개의 주요 분야를 포괄하고 있으며, 이들은 네 권의 저서로 출간되었다. 『인간 삶의 지리』(1903/1984), 『지역사회에 대한 연구』(1912/1987), 『지리교육의 방법과 내용에 대한 연구』(1916/1981), 그리고 교육이론을 체계화한 『창가교육학체계』(1930-34/1989)가 바로 그 저작들이며 초기 저작인 지리와 지역사회를 주제로 한 마키구치의 연구들은 소카교육학과 철학적 토대와 맥락을 함께하고 있다.[15] 『창가교육학체계』의 집필은 1920-1930년 사이 이루어진 것으로 보고 있으며, 집필 당시 시대적 특성은 다음과 같이 정리할 수 있다.

첫째, 집필이 시작된 1920년대는 일본제국에서 민주주의와 자유주의 운동으로 총칭되는 다이쇼 데모크라시 시대(1911-1925)이다. 정치, 경제, 사회,

---

14 Andrew Gebert. 2009. "The role of community studies in the Makiguchian pedagogy." *Educational Studies* 45(2). p.149

15 Jason Goulah & Andrew Gebert. 2009. 앞의 논문. p.115.

문화 등 각 분야에서 자유주의, 민주주의 사조가 펼쳐지면서 일본이 근현대에 민주주의 사회를 구축할 수 있는 원동력이 되었다는 평가가 있다. 이 시기 일본제국의 식민지배 및 전쟁 중단에 대한 목소리가 커졌으며, 남녀평등 및 차별철폐를 위한 제도적 노력, 노동자권리를 위한 투쟁 등 민주주의에 대한 요구가 확대되었다. 일본 제국주의에 대한 비판과 함께 자유주의 및 민주주의 등의 이념이 도입되고 확산되면서 교육에서도 기존의 국가주의 중심의 제도를 넘어 새로운 사상과 이념에 대한 요구와 움직임이 있었을 것으로 예상된다.

둘째, 1930년대 일본은 서구 자본주의 세력이 유입되던 시기라 할 수 있다. 서구에 비해 뒤처져 있다는 인식으로 일본의 발전과 진보를 위해 서구의 문물을 무분별하게 받아들이게 된다. 교육에서도 서구의 교육철학과 교육방법 등을 비판 없이 도입한 시기로 교육을 통해 국가에 충성하고 순종하는 사람을 양성하고자 하였다. 마키구치는 교육현장의 전문가로서 이러한 일본 교육계를 몸소 경험하며 문제를 지적하고 교육학자 및 교사들의 인식변화가 이루어져야 한다고 주장하였다.[16] 교육상황과 맥락에 대한 고려 없이 서구 중심 이론의 적용은 학생들에게 쓸모없는 지식을 습득하게 하며 그들의 삶과 무관한 교육은 비참한 결과를 초래하는데, 마키구치는 이러한 실효성이 부재한 교육을 자연상태 교육(natural education)이라 하였고, 자연상태 교육의 대안으로 문화교육(cultural education)을 제안한다. 문화교육은 교육의 목적을 성취하기 위해 합리성, 논리성, 과학성을 갖춘 교육체계를 말한다. 마키구치는 문화교육의 구체적 실천으로 소카교육학을 내세우고 있다.

셋째, 당시 일본은 전시체제로 총력전을 펼치고 있었다. 총력전은 국가가

---

16 Dayle E. Bethel. 1994. 앞의 책. p.29.

전쟁을 수행하면서 가용할 수 있는 국력을 가리지 않고 전쟁에서 이기기 위해 싸우는 전쟁이다. 총력전에서는 남녀노소를 가리지 않고 모든 국민이 전쟁에 참여하게 되는데 전쟁승리에 필요한 인적자원을 위해 교육이 활용된다. 즉, 국가를 위해 교육이 수단화되던 시기이다. 『창가교육학체계』는 교육의 근원적이고 본질적인 역할, 즉 교육이 추구해야 할 목적에 대해 구체적으로 밝히고 있는데 이는 총력전 하에 교육이 전쟁을 위한 인재양성의 수단이 되고 있다는 점에 문제의식을 느끼고 교육의 궁극적인 목적에 대해 문제를 제기하고 있는 것이다. 일본제국이 교육을 전쟁승리를 위해 도구화하고 발전교육론 차원에서 국익을 위해 수단화하던 시대에 가치론을 통해 교육의 목적이 학생의 행복이라는 점을 주장한다. 당시 일본의 군부 독재정권은 민족주의, 제국주의를 내세우며, 교육을 인간의 행복보다는 천황과 국가를 정당화하기 위한 도구로 활용하였다. 극단적 파시즘이 국가를 주도하던 시기 교육이 학생들의 행복을 위한 것이라고 주장하며 군부 정부를 비판하던 마키구치는 국가의 이념과 체제에 있어 주의해야 할 인물로 간주되었다.

집필이 이루어지던 시기는 전쟁승리를 위해 교육이 도구화되고 국가신도를 따르지 않던 마키구치에 대한 군부정권의 탄압이 강성하였지만 마키구치는 교육에 대한 자신의 신념을 관철한다. 이러한 마키구치의 행동은 정치권력의 부조리함에 정면으로 대응하는 용기있고 대담한 행동으로 평가받는다. 마키구치의 교육에 대한 명확한 방향성과 용기있는 실천은 소카교육학 정론화에 기반이 된다.

2. 주요 이론

『창가교육학체계』 1권은 1930년에 출간되었고 학생의 행복이 교육의 목적이라는 점을 밝히며 마키구치 교육사상의 기본명제인 가치창조의 개념과 실천방법을 주요하게 논의하고 있다. 2권은 1931년에 발행되었으며 가치창조의 이론적 정립을 위해 미(美), 이(利), 선(善)의 개념을 설명하며 교육과 가치의 연관성에 대한 이해를 시도한다. 3권은 1932년에 발행되었고, 당시 일본 교육에 대해 비판점과 개선방안을 담고 있다. 학교에 대한 중앙정부 감사관제도 철폐 및 반나절 학교운영을 제안하며 교육개혁을 위한 세부적인 방안을 담고 있다. 4권은 1934년에 발행되었으며, 가치창조를 위한 교육과정 및 방법을 설명하고 있다. 『창가교육학체계』 초판 발행 이후 도다는 1953년 11월 개정판을 발행하였고 『The Theory of Value』라는 제목으로 영문번역서를 발행한 뒤 전 세계 대학 및 연구기관에 기증한다. 일본어로 출간된 4권의 『창가교육학체계』는 1989년 미국인으로서 일본어 번역가인 번바움(Alfred Birnbaum, 1955-)과 인류학자 베델에 의해 『Education for Creative Living: Ideas and Proposals of Tsunesaburo Makiguchi』라는 제목으로 출판되었다.

마키구치의 교육철학 핵심 중 하나는 인간은 자신의 경험을 통해 유용한 지식을 생산할 수 있다는 인간의 잠재적 능력에 대한 깊은 믿음이다. 또한, 교육의 근본 목적을 행복에 두었는데 행복은 교육에 국한되는 것은 아니고 삶의 근본 목적이라고 주장한다. 마키구치는 행복을 평온하거나 만족감이 충만한 삶으로 규정하기보다 삶의 시련에 직면하였을 때 가치를 창조하는 능력으로 개념화한다. 그리고 가치의 이해를 돕기 위해 진실의 개념을 도입한다. 진실과 가치를 인식론의 차원에서 접근하고 있으며 진실은 있는 그대로의 객관적이고 사실적인 개념으로, 가치는 사실적 · 객관적 차원을 넘어 인식 주체의 판단과 평가가 포함되는 개념으로 규정한다. 행복은 진실의 인식과 가치창조의 결합을 통해서 이루어진다. 즉, 행복은 진실에 해당하는 객관적 사실에 대한 주관적 평가 및 상호작용이 내포된 개념이라 할 수 있다.

행복에 대한 이해를 돕기 위해 가치를 미, 이, 선으로 구분하여 제시하며 인간과 주변 환경 간 상호작용 속에 이들 가치가 발생한다고 설명한다.[17] 미는 개인이 오감을 통해 느끼는 감각적인 반응이고, 이는 이익으로 개인 차원에서 중요한 경험을 확장하는 것이라 하였다. 이 개념과 반대되는 손실은 이익을 축소하고 위축시킨다. 선은 사회적 차원에서 이익이 되는 것이며, 선의 반대인 악은 개인적 차원에서 발생하더라도 사회적 손실로 이어진다. 가치는 개인이 주관적 차원에서 부여하지만 사적인 차원에서 머무는 것이 아닌 사회적 차원으로 전달되고 공유된다. 미, 이, 선의 가치를 통해 개인의 삶과 사회가 연계되어 있다는 점을 밝힌다. 마키구치는 가치론을 토대로 학생들이 미, 이, 선을 인식하고 가치를 창조하는 능력을 함양하도록 노력하였으며, 교사가 학생에게 자신의 이익과 더불어 사회의 선을 위한 가치를 창조할 수 있도록 가르쳐야 한다는 점을 명확히 하고 있다.

마키구치의 가치창조에 대한 인간 잠재력에 대한 믿음은 니치렌 불교의 수용으로 심화되고 확장되었다.[18] 인간은 경험적 존재로 유의미한 지식을 생산할 수 있다는 가정을 넘어 가치를 창조할 수 있다는 인간 잠재력에 대한 강한 신뢰로 이어지게 된다. 인간 잠재력에 대한 깊은 신뢰는 교사가 공식적인 지식을 전수하는 역할을 넘어, 학습 과정을 안내하고 연구방법을 습득하여 학생 스스로가 지식을 발견하고 발명하며 발전시킬 수 있도록 해야 한다는 주장으로 이어진다.

---

17 Dayle E. Bethel ed. 1989. *Education for Creative Living: Ideas and Proposals of Tsunesaburo Makiguch: Ideas and proposals of Tsunesaburo Makiguchi*. (Trans. A. Birnbaum.) Ames, Iowa; Iowa State University Press (Original work published by T. Makiguchi. 1930). p.54.

18 Dayle E. Bethel ed. 1989. 앞의 책. p.168

3. 교육철학의 실천

마키구치의 교육사상은 도다와 이케다에 의해 전 세계적으로 알려지게 되었는데, 각국의 SGI 단체 회원으로 소속되어 있는 교육자뿐 아니라 대학, 연구소 등 교육계의 수많은 연구자들이 가치론의 이론적 논의와 적용 및 실천을 위해 노력하고 있다.

마키구치의 교육사상을 이어받은 도다는 회장에 취임한 뒤 마키구치의 초·중·고등학교부터 대학교까지 소카교육학을 일관되게 적용하고 실천하는 학교를 설립하고자 하지만, 자신의 생전에 학교설립이 불가능 하자 제자인 이케다에게 마키구치의 교육철학을 실천하는 학교설립을 의탁한다.[19] 이케다는 마키구치와 도다의 바람대로 1968년 일본 도쿄에 소카중학교, 소카고등학교를 설립하였고, 1971년 소카대학교를 설립한다. 학교설립은 가치론에 토대를 둔 교육이론을 교육계에 알리고 사회 저변에 소카교육 사상을 확산시키는 계기가 된다. 소카대학교 1기 졸업에 발맞춰서 대학원을 설립하여 개원하였으며, 유치원의 경우 현재 일본뿐 아니라, 한국, 중국, 싱가포르, 말레이시아, 브라질에 개원되어 있다. 그리고 초·중·고등학교의 경우 브라질, 말레이시아에 단기대학의 경우 일본, 인도, 말레이시아 설립되어 운영되고 있다. 이후 1987년 소카대학교 로스앤젤레스 캠퍼스, 2001년 오렌지군 캠퍼스가 오픈되었다. 2024년 12월 기준 설립되어 있는 소카학원 목록은 다음과 같다.

---

19 이케다 다이사쿠. 화광신문사 출판국 역. 2005. 『신인간혁명』 제12권. 화광신문사(원저 2004년 출판). p.325.

〈표 1〉 소카학원 목록[20]

구분	기관명	위치	설립연도
유치원	삿포로 소카 유치원	일본 홋카이도 삿포로시	1976년
	홍콩 소카 유치원	홍콩	1992년
	싱가포르 소카 유치원	싱가포르	1993년
	말레이시아 소카 유치원	말레이시아 셀랑 고르 카장	1995년
	브라질 소카 유치원	브라질 상파울루	2001년
	소카 행복 유치원	대한민국 서울특별시	2008년
초등학교	도쿄 소카 초등학교	일본 도쿄 고다이라	1978년
	간사이 소카 초등학교	일본 오사카 히라카타	1982년
	방자오링 소카 초등학교	중국 광둥성	2001년
	쉬안탕 소카 초등학교	중국 광둥성	2003년
	브라질 소카 학교	브라질 상파울루	2001년
중·고등학교	소카학원 도쿄 캠퍼스	일본 도쿄 고다이라	1968년
	소카 학원 간사이 캠퍼스	일본 오사카 카타노	1973년
	말레이시아 소카 국제학교	말레이시아 네게리 셈빌란	2022년
단기대학	소카여자대학	일본 도쿄 하치오지	1985년
	소카 이케다 여성 예술과학 대학	인도 첸나이 타밀나두주	2000년
	말레이시아 소카 국제학교	말레이시아 네게리 셈빌란	2022년
대학교	소카대학교	일본 도쿄 하치오지	1971년
	미국 소카대학교	미국 캘리포니아	1987년

이케다가 소카학원을 창립한 1960년대 일본은 전쟁 후 사회적으로 민주주의와 그에 따른 교육이 확산되던 시기이다. 초·중학교의 의무교육 제도 도입으로 국민의 기초교양을 향상시키고자 하였으며, 고등학교 진학률도 높아져 1965년 중학교 졸업생의 70%가 고등학교에 진학한 것으로 확인된다.

---

20 위키피디아. https://en.wikipedia.org/wiki/Soka_School_System, 검색일: 2024.12.30.

전후 교육의 확산에만 집중하여 교육의 본질적 목적이 부재한 시기로 간주되고 있다. 이케다는 당시 일본 교육계의 '교육이념의 상실', '젊은사람에 대한 인격경시 풍조', '다음 세대에 대한 지도자의 책임감 결여'를 문제로 지적하며 학생의 행복을 목적으로 하는 인간주의 교육을 제안한다.[21] 소카학원은 자신의 스승인 마키구치와 도다의 염원을 실현한 것이며 이케다의 인간주의 교육을 실천하는 교육실천 방안이라 할 수 있다.

소카학원은 이케다의 인간주의 교육 및 생명존중 철학을 토대로 운영하고 있지만, 세부 교육과정 및 운영은 각각의 학교가 자율적으로 결정한다. 각국의 제도권 하에 초 · 중 · 고 교육기관을 설립하여 공적 교육과정을 따르면서 그 외에는 가치창조에 근간한 특색을 보여주고자 한다. 소카교육학의 이념은 학교의 설립이념이자 교육과정이 추구하는 교육철학으로 적용되고 있다. 소카교육학을 토대로 한 이케다의 인간주의 교육 역시 교육과정 개발 및 학교 운영, 직업능력 개발, 대인관계 기준을 포함하는 교육이념뿐 아니라 실제 교육현장에서 필요한 다양한 방법론에서 적용되고 있다. 이케다가 일본에 처음으로 소카학원을 설립할 당시 중등학교 교육방침을 살펴보면 '건강한 영재주의', '인간성 풍부한 실력주의'를 내세우고 있다. 몸과 마음을 연마하고 잠재된 능력을 계발하여, 실력을 겸비한 사회의 지도자를 육성하는 것이 교육과정의 목표로 설정되어 있음을 확인할 수 있다. 소카대학교의 경우는 대학의 사명으로 '인간교육', '문화건설', '평화창조'를 내세우고, 교육과정 목표로는 '인류의 이익을 위해 공헌하고 세계 평화를 창조하는 인간주의 리더를 육성'을 제안하며, 인재상으로 '인류의 이익', '세계평화 창조', '인간

---

21   이케다 다이사쿠. 2005. 앞의 책. pp.335-338.

주의 리더'를 표방하고 있다.[22] 인간주의 교육의 목적이 사회에서 더 나아가 세계에 기여하는 리더 양성에 있음을 확인할 수 있으며, 가치론 자체를 직접적으로 인용하고 있지는 않지만 '선'의 가치를 내포하고 있음을 확인할 수 있다.

일본에 설립된 소카학원 이외의 인간주의 교육을 실천하는 학교로 2001년에 브라질 상파울로에 개교한 Colégio Soka do Brasil[23]이 있다. 교육개혁을 위한 방안으로 마키구치와 도다의 교육철학을 수용하여 학교를 설립하고 있음을 밝히고 있으며, 2019년 창립자 이케다는 Colégio Soka do Brasil에 소카교육 실천을 위해 구체적인 지침을 제안한다. '각 개인의 가치창조 능력을 일깨우는 인본주의 교육의 보루'를 학교의 사명으로, '정의롭고 인간적인 사회건설을 위해 상식과 풍부한 인격을 갖춘 시민을 양성한다', '지역사회와 국제사회의 발전과 지속가능성에 기여하는 지혜로운 시민을 양성한다', '자신과 타인의 마음속에 평화에 대한 열망을 일깨우고 국경 없는 우정의 유대를 강화하는 희망의 시민을 창조한다'를 구체적인 실천지침으로 헌정하였다. 이러한 교육 사명과 실천지침을 토대로 Colégio Soka do Brasil은 핵심가치로 가치창조, 평화와 문화, 인권, 자연과의 공존, 외국어 교육, 독서, 교류, 대화를 설정하고 '평화를 위한 창조적 행동의 가치를 창조하는 교육', '사람들의 복지와 사회 발전에 헌신하는 학생 중심 접근 방식으로 세계시민의식 함양'이라는 교육의 목적을 실천하기 위해 노력하고 있다.

인도 체나이 마드라스 대학 부속 소카이케다여성예술과학대학(Sōka Ikeda College of Arts & Science for Women, SICASW)의 경우 2000년에 개교하였으며, 이

---

22 이케다 다이사쿠. 화광신문사 출판국 역. 2007. 『신인간혁명』 제15권. 화광신문사. (원저 2006년 출판). pp.119-130.

23 Colégio Soka do Brasil 홈페이지. https://www.colegiosoka.org.br. 검색일: 2024.12.28.

케다의 소카교육 이념을 비전 및 사명으로 수립하고 있다. '모든 수준에서 체계적인 지식 습득과 전달을 통해 학생과 사회에 이익이 되고 도움을 주는 대학 교육 제공'을 비전으로, '체계적인 교육과 훈련, 정기적이고 획기적인 프로그램과 전략을 통해 건전한 리더십 자질을 갖춘 지식이 풍부하고 유능한 졸업생, 대학원생 및 연구자 배출'을 사명으로 정하고 있다. 교육과정 운영에 있어 '리더십 자질을 갖춘, 지속적으로 발전하는 글로벌 수준의 교육을 제공하고 인재를 육성하기 위해 노력하고 있다'는 점을 밝히고 있으며, 창립 이념으로 '인류에 봉사하는 자비심과 지혜를 갖춘 사람', '용기와 정의를 갖춘 사회에 기여하는 사람', '원칙을 지키고 평화를 위해 헌신하는 사람'을 제시하고 있다.

소카교육의 실천은 소카학원에 국한되지 않는다. 다양한 교육운동에 영향을 미치고 있는데, 미국 뉴욕시에 위치한 르네상스 차터스쿨(The Renaissance Charter Schools)[24]이 대표적 예라고 할 수 있다. 차터스쿨은 미국 공교육 제도 하에 정부의 공적자금으로 운영되는 학교로 자율형 공립학교라 할 수 있다. 대안학교의 성격을 가지고 있으며 정부의 공적자금으로 운영되지만 교육 당국의 규제를 받지 않고 다양한 교육적 문제해결을 위해 학교 차원에서 자체적으로 노력하는 학교시스템이다. 르네상스 차터스쿨은 1993년 르네상스 스쿨로 시작하여 2000년 공식적으로 개교하였다. 개교 교장인 몬트 조피(Monte Joffee)가 여러 교육자들과 공동 창립하였다. 르네상스 차터스쿨은 지금도 운영되고 있으며 양질의 교육을 제공하는 성공적인 학교 모델로 인정받고 있다. 미국 내 가장 성공적인 차터스쿨 중 하나로 알려져 있으며 특히, 지리교육, 리더양성, 세계시민교육에서 사회적 공로를 인정받고 있다. 내셔

---

24 르네상스 차터스쿨 홈페이지 https://rencharters.org. 검색일: 2024.12.19.

널 지오그래픽 재단의 지원으로 매트릭스 지리학이라는 K-12 지리교육 프로그램을 만들어 시행하고, 세계시민교육의 경우 UN 사무차장으로부터 사회적 기여를 인정을 받았다. 2009~2010년 뉴욕주로부터 지리교육과 세계시민교육에 대한 사회적 기여를 인정받아 훈장을 수여받았으며, 몬트 조피를 비롯해 교장들은 뉴욕시에 위치한 공립대학인 헌터 칼리지(Hunter College) 지리학과에서 수여하는 지리교육자상을 수상하였다. 르네상스 차터스쿨에서 지리교육, 세계시민교육에 힘을 쏟고 그 노력을 인정받고 있다는 점은 마키구치의 교육사상, 이케다의 인간주의 교육의 실천과 무관하지 않다. 르네상스 차터스쿨은 수많은 학교의 개혁 모델로 모범이 되고 있으며, 학교 개혁과 개선에 영감을 주고 있는 것으로 평가받고 있다. 르네상스 차터스쿨의 교육사명을 살펴보면 소카교육의 영감을 받았음을 확인할 수 있다. '뉴욕의 르네상스를 위한 리더 양성'을 목표로 하고 있으며, '한 개인의 운명이 바뀌면 지역사회, 국가, 더 나아가 궁극적으로 인류의 운명이 바뀔 수 있다'는 점을 교육선언문에 제시하고 있다. 인간주의 젊은 리더를 육성하여 자신의 개인적 성장을 통해 뉴욕에서 르네상스를 일으킬 것을 기대하고 있으며, 졸업생은 평화, 인권, 환경, 지속가능발전을 실천하는 세계시민으로 성장할 것을 목표로 하고 있다.

이케다의 인간주의 교육은 소카학교 설립, 교육과정에 국한된 것이 아닌 대화, 세계시민성, 멘토-제자 관계에서도 실행되고 있다.[25] 인간주의 교육은 이케다의 가치창조를 위한 노력이라 할 수 있다. 소카교육연구센터의 시오하라(Masayuki Shiohara)는 마키구치가 소카교육학과 관련하여 자신만의 방식

25 Jason Goulah & Takao Ito. 2012. "Daisaku Ikeda's curriculum of Sōka education: Creating value through dialogue, global citizenship, and 'human education' in the mentordisciple relationship." *Curriculum Inquiry* 42(1). p.61.

으로 이론을 정립하였고, 이후 이를 실천하는 후계들이 소카교육을 각자 만들어갈 책임이 있다고 생각했을 것이라고 결론을 내렸다.[26] '창조'란 기존에 존재하지 않는 것이 생겨날 때 쓸 수 있는 용어로 선배들이 한 말, 책에 쓰여 있는 것을 답습하는 것은 '가치창조'가 아닌 '가치 소비'이며 소카교육을 실천하는 각자가 가치창조에서 이야기하는 그대로 소카교육을 '창조'해야 한다는 입장이다. 이러한 관점에서 이케다의 소카교육, 인간주의 교육은 가치창조의 실천사례라고 할 수 있다. 이케다의 소카교육은 마키구치의 선의 가치를 창조하는 역량을 함양해야 한다는 관점을 유지하면서 소카학원을 창립하고 전 세계 교육 실천 네트워크를 구축하였으며, 대화, 세계시민성, 멘토-제자 관계를 통해(Goulah & Ito, 2012) 인간주의 교육을 실천하며 지혜, 용기 및 인간적인 미덕을 창조하는 개인을 육성하고자 하는 정신을 담고 있다.[27]

Ⅳ. 맺는 말

마키구치는 교육이론가이자 교육실천가로서 삶과 사상, 철학은 그가 사망한 이후 본격적인 연구가 실시되었다. 마키구치의 생애와 사상, 교육철학에 대한 학술연구가 축적되어 있어 가치론에 기반한 소카교육에 대한 파악이 어느 정도 가능한 상황이다. 하지만, 마키구치의 사상은 시대적 상황 및 배경과 밀접한 관련성이 있어 그의 교육사상을 이해하기 위해서는 당시 정치, 경제, 사회와 교육에 대해 폭 넓은 지식이 동시에 요구된다. 또한, 가치론

---

26 Masayuki Shiohara. 2006. 앞의 논문. p.174.

27 Jason Goulah & Takao Ito. 2012. 앞의 논문. p.60~64.

에 기반한 소카교육학은 가치창조에 대한 이론적 논의만으로 교육적 적용과 실천을 온전하게 이해하기 쉽지 않다. 그럼에도 불구하고 본고에서는 그간에 이루어진 연구에서 주요하게 다루고 있는 내용을 토대로 마키구치의 생애와 교육자로서의 면모, 소카교학학의 기본적 이해를 위한 이론적 논의의 핵심내용을 간략하게 살펴보았다. 『창가교육학체계』의 교육이론은 '선'의 가치창조를 강조하고 있으며, 이케다의 소카학원의 설립과 대화, 세계시민으로 응축되는 인간교육의 실천은 우리 교육이 나아가야 할 방향성에 생각할 여지를 남기고 있다.

우선, 소카교육에서 제시하고 있는 '선'의 교육적 가치를 우리 교육에서 어떻게 구현할 것인지에 대한 충분한 논의가 필요하다. 행복은 교육의 목적이자 인간 삶에서 근원적으로 추구해야 할 명제이다. 하지만, '행복'이 무엇을 의미하는지, 누구를 위한 행복인지, 어떻게 행복을 성취해야 하는지 구체적이고 세부적인 논의가 빈약한 상황이다. 마키구치는 행복이 무엇인지 정서적 · 심리적 차원의 만족감을 넘어 공생 · 상생의 가치 속에 명확하게 규명하고 있어, 사회적 '선'의 가치를 창발할 수 있는 인재양성에 대한 교육의 방향성을 명확하게 제시하고 있다. 소카교육과 인간주의 교육의 실천가인 이케다의 경우 소카학원을 중심으로 세계시민, 사회에 기여하는 인재라는 측면에서 구체적인 방안을 제시하며 실천하고 있다. 우리 교육계에서도 사회적 이익인 '선'이 개인의 '이익'를 포함한다는 차원에서 개인만의 이익도 아니고 사회만의 이익도 아닌 '선'의 가치창조를 끌어낼 교육과정 및 교육내용 등 교육방안에 대한 논의가 요구된다. 교육을 통해 사회적 '선'의 가치를 창조하는 잠재된 능력을 개발하여 자신과 더불어 타자와 함께 행복한 삶을 영위하는 것이 교육의 지향점이 될 수 있도록 해야 한다. 또한, 개인주의가 팽배한 현 사회에서 '선'의 가치에 대한 충분한 논의가 이루어지지 않을 경우 자칫하면 공동체 혹은 사회를 위해 자신을 희생한다는 의미로 받아들여질수 있어 '선'의 가치, 개인의 이익과 '선'의 관계성에 대해 세부적인 논의가먼저 이루어져야 할 필요가 있다.

다음으로 교육에 있어 교사의 역할과 중요성에 대해 다시 생각해 볼 여지를 준다. 단순히 지식전달이 아닌 인간에게 내재된 '선'의 가치를 끌어내는역할을 수행한다는 점에서 교사의 중요성에 대한 인식전환이 필요하다. 마키구치는 '교육의 질은 교사의 질을 넘을 수 없다'는 점을 강조했다. 마키구치의 『창가교육학체계』에서 교사는 학습자와 상호작용하는 환경으로 매우중요한 역할을 하는 것으로 인식된다. 교사는 기존에 축적된 지식의 전달자역할을 수행하는 것이 아닌 학생과 교육이라는 일상적 삶 속에서 존재하며상호작용을 통해 가치창조를 위해 잠재력을 끌어내는 존재이다. 학생에게는가치창조를 위한 능력이 있으며 이것을 상호작용을 통해 끌어내고 향상시키는 사람이 교사라는 관점을 취한다. 교사가 학생에게 최대의 교육환경이라는 점은 상호작용을 넘어 교육정책과 제도의 수행자라는 차원에서도 생각해볼 수 있다. 학생은 교육정책과 제도의 실질적 수혜자이지만 정책을 결정하고 실행과정에서 소외되기 쉬운 위치에 놓인다. 교사는 행동과 실천을 통해교육정책과 제도를 학생에게 전달하는 역할을 수행하고 있어 교사의 사명감에 대한 인식은 중요하며 행동과 실천은 학생들에게 직접적인 영향을 미친다. 한편, 정책과 제도의 실행자 역할을 넘어 교사는 학생들과 인간적 교류를하며 이들의 경험을 재구성할 수 있도록 촉진하는 존재이다. 교사가 학생들에게 최대로 영향을 미치는 교육환경으로 인간적 상호작용의 측면에서 교사의 중요성과 역할에 대한 탐색이 필요하고 할 수 있다. 우리 사회는 학원 중심의 입시교육으로 공교육 시스템이 망가져 지식을 전달하는 역할조차 제대로 이루어지지 않는다는 점이 문제로 지적되고 있다. 여기서 더 나아가 최근

불거지고 있는 이슈로 일부 양육자들의 이기주의적인 민원으로 학교 교사들은 본연의 업무 마비뿐 아니라 괴롭힘에 시달리고 있으며 이로 인해 극단적 선택이라는 안타까운 소식이 전해지기도 하였다. 이러한 문제와 함께 지금 대학에서 교사를 양성하는 교육대학교 및 사범대는 인기 없는 전공으로 외면받고 있으며, 일부 대학은 지원하는 학생들 수가 감소해 교직이수 과정을 축소하거나 문을 닫는 상황이 벌어지고 있다. 교사에 대한 관심은 한국사회 교육계 변화를 위한 중요한 축으로 학생과의 관계 속에서 교사의 위치와 역할에 대한 재정립은 교육이 올바른 방향으로 나아가는 중요한 시금석이 될 수 있다.

제10장

이케다 다이사쿠의 창가교육 관점에서 본 교육과 문화예술의 본질적 가치

김보연
소카대학교 교육학 박사

Ⅰ. 서론

플라톤과 아리스토텔레스는 인간은 선(善)을 바라며 살아가는 존재이며 교육을 통해서만이 인간은 보다 선하게 살아갈 수 있다고 말했다. 교육은 인간이라면 누구나 자신의 삶을 보다 풍부하게 하기 위해 누려야 할 권리이다. 그리고 그 목적은 '인간의 행복'에 있어야 한다. 그러나 우리나라 근대교육은 인간에 대한 존엄성이 무시 된 채 국가의 부강과 애국을 위한 국가주의 사상에서 비롯되었다. 그로 인해 개인의 자아실현과 같은 내용은 어디에도 인용되지 않았으며, 집단이 원하는 정통성을 개인에게 내면화시키는 것을 우수한 교육으로 생각해 왔다.[1] 즉, "인간 생명의 목적 그 자체이자 인격의 완성, 즉 인간이 인간답기 위한 가장 근본적인 요인이어야 할 교육이 늘

---

1   강명숙. 2018. "인간존엄의 시각으로 본 한국 근 학교교육". 『교육사상연구』. 제32권 제1호. pp.3-4.

무엇인가에 종속하고 무엇인가의 수단으로 전락"[2]해왔다고 할 수 있다.

공교육이 개인의 특성에 관심을 가진 것은 비교적 늦은 2009개정교육과정 이후다. 한 인간의 창의성과 인성을 강조하기 시작하면서 인성교육진흥법(법률 13004호)이 시행되었고,[3] 학교는 드디어 아이의 잠재력과 개성을 개발하고 발현시키기 위한 기반을 갖추게 되었다. 이에 따라, 개인의 전인적 성장을 지원하는 다양한 접근이 시도되었고, 그중 하나가 학교문화예술교육이다. 여기서 문화예술교육은 하나의 문화예술 종목에서 전문가를 양성하기 위한 테크닉 교육을 의미하는 것이 아니다. 문화예술 경험을 통해 인간이 본래 지닌 창의성과 창조성을 발현하고, 이를 통해 자아실현과 다양성 존중을 돕는 것을 목표로 한다. 따라서, 이러한 문화예술교육은 교육의 수단화라는 전근대적인 교육의 문제점을 극복하기 위한 노력의 일환이었다고 할 수 있다. 예술을 통한 교육은 다소 생소하게 느껴질 수 있으며, 교육과 예술의 공통분모를 찾는 것도 쉽지 않다. 하지만, 교육과 예술은 인간이 현실을 넘어 보다 나은 곳으로 성장하려는 의욕과 본능이 원천이 되어 나타난 것이며 개념적으로 연결되어 있다.[4]

일찍이 이케다 다이사쿠(池田大作, 1928-2023)는 교육과 문화예술의 본질적인 가치와 역할을 인식하고 다음과 같이 언급하였다.

"교육·문화(예술)교류는 '인간'이 '인간'으로서의 우호와 이해를 깊게 한다. 아무래도 정치는 힘의 논리, 경제는 이해의 논리가 되기 쉽다. 그

---

2 이케다 다이사쿠 홈페이지. 2024.06.18. 참조.
3 김승일, 차은주. 2015. "인성교육 실행 기반 학교무용의 패러다임: 소통, 공감, 치유." 『한국체육학회지』. 제54권 제5호. p.2.
4 村井実. 1976. 『教育学入門 (下)』. 東京: 講談社学術文庫. p.172.

것만으로는 평화와 공영도 없다. '인간'으로서의 평등한 교제가 필요하고 윤활유가 필요하다. 그것이 교육·문화(예술)의 왕래이다. 인류 상호의 혼과 혼, 마음과 마음을 일체로 맺어 간다—이 사업의 중요성은 아무리 강조해도 지나치지 않다."[5]

이케다는 교육과 문화예술을 통한 교류가 인간 내면의 진실한 교류를 가능하게 한다는 점을 강조한다. 결국 인류가 공생하며 조화를 이루기 위해서는 교육도 문화예술도 간과 해서는 안 된다고 이야기한 것이다. 그리고 이러한 신념을 사회에 구현하고자 (1) 교육적 측면에서 학교설립을 통해 생명존엄을 지키는 평화라는 대선(大善)을 향해 어떠한 어려움에도 가치 창조를 멈추지 않는 인격, 즉 창조적 인간을 육성하기 위해 창가교육 실현에 진력했으며, (2) 문화예술 측면에서도 문화예술이야말로 언어, 문화, 인종 등의 차이를 넘어서 인간 대 인간으로써 진정한 교류를 가능케 한다는 이념 아래 서민들이 언제나 문화예술을 경험할 수 있도록 도쿄후지미술관과 민주음악협회(민음)를 창립, 112개국·지역과 교류를 맺으며 예술을 통한 평화 활동에 힘썼다.

본고에서는 교육과 문화예술교육이 본질적으로 인간에게 내재된 선함이라는 가치를 지향하고 있다는 점과 이를 통한 평화구축이라는 점에 방점을 두고 교육과 문화예술의 본질적인 가치가 담겨있는 이케다의 창가교육의 의의에 대해 살펴보고자 하였다. 이를 위해 ①'인간은 누구나 무한한 가능성을 가지고 있다'는 창가교육의 대전제를 살펴보고, ②무라이 미노루(村井実, 1922-)가 주창한「선함(goodness)의 구조」를 통해 창가교육 이해의 지평을 넓

---

5 창가학회 교육부. 1998. 『교육르네상스』. 화광신문사. p.148.

히며, ③아이의 가능성에 대한 교사의 신뢰라는 차원에서 창가교육을 논의하였다.

II. 창가교육의 대전제: 인간은 누구나 무한한 가능성을 갖고 있다

이케다의 교육사상은 소카대학교가 구현하고 있는 창가교육의 창시자 마키구치 쓰네사부로(牧口常三郎, 1871-1944)와 그의 제자인 도다 조세이(戸田城聖, 1900-1958)로 부터 계승되었다. 이 장에서는 창가교육의 대전제이면서 목적인 인간의 무한한 가능성을 믿는 인간 교육에 대해 간략히 살펴보고자 한다.

이케다는 듀이의 연구에 지대한 영향을 받은 마키구치의 사상을 언급하며 창가교육에 대해 다음과 같이 이야기했다.

> "'창가(創價)'란 '가치창조'라는 의의입니다. 그 '가치'의 중심은 무엇인가. 마키구치 선생님의 사상은 명쾌했습니다. 그것은 '생명'입니다. 듀이등 실용주의의 견지에 입각하여 마키구치선생님은 '가치라고 부를 수있는 유일한 가치는 생명이다. 그 밖의 가치는 어떤 생명과 교섭하는데한해서만 성립한다'고 통찰했습니다. (중략) '생명'의 존엄을 지키는 '평화'라는 '대선(大善)'을 향해 도전을 계속해, 어떠한 어려움에도 가치의창조를 멈추지 않겠다—그러한 인격, 즉 '창조적 인간'의 육성이야말로, 창가 교육의 안목이 있습니다."[6]

---

6 이케다 다이사쿠 홈페이지. 2024.12.18. 참조.

본래 인간은 저마다의 목적을 가지고 있으며, 괴로움을 근본적으로 해결하는 힘 역시 인간 내부에 있다. 나아가 교육을 통해 인간은 자신에게 잠재된 무한한 가능성을 발견하고 꽃피운다. 이 과정을 통해 보이지 않는 장벽을 넘어 자신과 타인을 행복으로 이끄는 새로운 가치를 창조하며 성장하는 존재가 바로 인간이다.[7] 그러므로 인간의 잠재되어 있는 위대한 가능성을 끌어내고, 갈고 닦으며, 완성으로 이끌어 사회에 가치를 창조하고, 자타가 행복을 실현하는 인재를 배출하는 것이 바로 창가교육이 추구하는 방향이자 인간교육의 목적인 것이다.[8]

특히, 이케다의 '인간교육'에서 타인과의 창조적 공존은 핵심적인 요소이다. 그는 타인과 함께하는 속에서 지혜와 인간성을 연마하면서, 지속적이고 자발적으로 창조성을 계발하는 것을 강조한다. 창가교육은 다른 말로 인간교육이라고도 표현되는데 그 이유는 교육을 통한 인격연마를 중시하고 있기 때문이다. 인간은 기계로 만들지 못하며 국가의 정책이 만드는 것도 아니다. 자신과 타인의 공생, 연대를 통해 인간은 성장할 수 있다.[9]

이와 관련해서 미국의 이케다 센터의 고문이자 시카고 데폴 대학교의 교수이기도 한 제이슨 굴라(Jason Goulah)는 인간교육에 대해 humanistic education, humane education, human-/people-centered education으로도 표현할 수 있으며, 이 모든 것이 결합된 것이 바로 이케다가 추구하는 '인간교육'이라고 말한다.[10] 한편, human-/people-centered education이라는 표

7 池田大作, ジム・ガリソン, ラリー・ヒックマン. L. 2014.『人間教育への新しき潮流: デューイと創価教育』. 東京: 第三文明社. pp.126-130.

8 大﨑素史. 2023.『「教育のための社会」へ: 池田大作教育思想の研究』. 東京: 第三文明社. p.138.

9 池田大作・顧明遠. 2012.『平和の架け橋: 人間教育を語る』. 東京: 東洋哲学研究. p.311.

10 Jason Goulah & Andrew Gebert. 2009. "Tsunesaburo Makiguchi: Introduction to the Man, His Ideas, and the Special Issue." *Educational Studies*. 45(2). p.126.

현은 자칫 인간중심주의로 오해될 수 있다. 사상사(思想史)에서는 '인간은 만물의 영장', '인간은 자연과 싸워, 마침내 이것을 정복했다'라고 하는 생각이 anthropocentrism 또는 humanocentrism라고 불린다. 그러나 이케다의 교육은 인간교육 또는 인간주의 교육이라는 표현을 사용할 수는 있지만, 이는 인간중심주의(anthropocentrism)와는 근본적으로 구별된다. 인간이 지혜, 용기, 자비를 구체적으로 전개해 가기 위해서는 "삼라만상(森羅萬象)의 상의(相依)·상관성(相關性)의 원리가 확고한 기반"[11]이 있어야 하며, 얼핏 봐서는 생명을 가지고 있다고 보이지 않는 우주의 만물도 생물과 똑같이 선함의 이법에 의해 생멸하고 변화한다.[12] 이러한 관점에서 이케다의 인간주의는 불법 철리의 골격인 연기(緣起)관에[13] 입각한 불교적 우주관(Buddhist cosmology)에 근거한 인간주의로 정의할 수 있다. 이케다의 인간교육은 인간으로서 인격연마, 인간적 성장을 근간으로 하며, 인간에게 내재 되어있는 무한한 가능성을 발견하고(생명론), 그 에너지를 가치창조의 방향으로 이끌며(가치론), 이를 자신이 있는 가정, 사회, 국가를 만들어 가는 근원의 힘으로 끌어가는(인간혁명론) 것이라 하겠다.

---

11 池田大作記念創価教育研究所. 2022. 『創立の精神を学ぶ 第3版: コロンビア大学ティ_チャ_ズ·カレッジでの公演』. 東京: 創価大学. p.241.

12 村井実. 1976. 『教育学入門(上)』. 東京: 講談社. pp.257-260.

13 우리가 말하는 공생(共生)을 불교에서는 '연기(緣起)'라고 하는데 이는 "인간계든 자연계든 단독으로 발생하는 현상은 아무것도 없으며, 만물은 서로 관계하고 의존하면서 하나의 코스모스를 형성하고 유전(流轉)한다고 보는 것이다"(1994년 5월 17일, 모스크바대학 강연 중. 池田大作記念創価教育研究所. 2022. 앞의 책. p.279.) 이케다는 1991년 9월 26일 '소프트파워의 시대와 철학'을 주제로 한 하버드대학교 강연에서 삼라만상은 서로 '인(因)'이 되고 '연(緣)'이 되어 서로를 떠받치고 관계하며 존재하고 있다고 말한다. (중략) 불교의 가르침에는 '정보(正報) 없이 의보(依報) 없다'(생명 없이 환경은 존재할 수 없다.)라고 있다. '정보(주관세계)'와 '의보(객관세계)'가 이원적으로 대립하고 있는 것이 아닌 '상즉불리(相即不離:필수불가결 한 관계에 있음)'가 불법의 기본적인 생명관, 우주관이다(池田大作記念創価教育研究所. 2022. 앞의 책. pp.264-266.)

Ⅲ. 무라이 미노루의 「선함의 구조」를 통해서 본 창가교육

이케다는 인간의 마음은 언제나 선의 방향으로 향하는 것이 중요하다고 말한다. 그리고 인간 내면의 가능성을 불법(佛法) 용어인 '선성(善性)'으로 표현하는데, 이를 끝까지 믿고 찾아내는 노력이 창가교육의 핵심이라고 강조한다. 일본의 교육학자 무라이 역시 모든 인간은 언제나 선함을 구하며 살아가며 이는 내면에 갖추어진 「선함의 구조」에 의한다고 말한다. 그리고 이러한 인간의 특성에 대한 믿음을 바탕으로 아이가 보다 선하게 살아갈 수 있도록 돕는 것이 교육이라고 정의한다. 두 사람 모두 눈에는 보이지 않는 인간의 내면적 힘과 가능성에 대한 신뢰를 근본으로 교육을 바라보고 있다. 이러한 의미에서 이케다의 '인간의 가능성'에 대해 무라이의 「선함의 구조」이론[14]에 입각하여 살펴보고자 한다.

1. 「선함」이란 무엇인가

무라이(1985)는 교육이란 인간, 즉 아이가 보다 선하게 될 수 있도록 돕는 것이라고 정의한다. 여기서 말하는 '보다 선하게'는 도덕적 의미(선과 악)에 그치는 것이 아니며, 형체를 갖고 어딘가에 존재하는 것을 가리키는 것도 아니다. 무라이가 말하는 선함은 인간의 내부(내면)에 본래 존재하는 '좋다'에 대한 판단 작용을 말한다.

무라이는 Moore의 '자연주의적 오류(naturalistic fallacy)'를 언급하며 "「선함」은 어디까지나 「선함(善さ)」이며, 요컨대 다른 어떠한 것으로 대체하려고 한

---

14 본 장의 무라이 이론과 관련해서는 1985년 출판 된 『善さの構造(선함의 구조)』를 참고하여 작성함.

다면 그 자체가 오류라는 의미가 된다"[15]고 강조한다. 마치 '노란색이 뭐야?'라는 질문에 상대가 노란색에 대해 알고 있지 않으면 그 어떠한 말로도 설명할 수 없는 것처럼 말이다. 그리고 '선하게 살고자 하는 것'이란 인간이 어떤 상황에서도 '무엇이 더 좋을까', '이게 더 낫겠다'고 끊임없이 자문자답하며 살아간다는 사실을 자각하는 것을 의미한다. 또한, 그 결과가 그 사람에게 있어서 "선한 삶의 방식"이 된다. 이렇듯 인간은 의식하든 안하든 본능적으로 「선함」(좋음)을 문제로 삼으며 일상의 모든 면에 걸쳐서 보다 나은 선함을 구하며 살아간다.

2. '좋다, 선하다'는 판단

그렇다면 우리는 어떻게 해서 '좋다, 선하다'는 판단을 하는 것일까. 무라이는 인간이 본래 갖고 있는 몇 가지의 기본 요구가 동시에 조금이라도 만족될 때 우리는 「선하다」고 말한다고 이야기 한다. 여기서 말하는 기본 요구는 「상호성」, 「효용성」, 「무(無)모순성」, 「미(美)(조화)」를 구하고자 하는 마음을 가리킨다.

1) 상호성(相互性)의 요구

상호성이란 자신이 선함을 구하며 살고자 하는 것을 타인도 알았으면 좋겠다는 것에 대한 요구이자 그와 동시에 자신뿐만 아니라 타인도 선함을 구하며 살고자 한다는 것에 대한 믿음, 배려를 말한다. 즉, 「상호성의 요구」는 '서로, 자타 함께'를 전제로 하는 서로 간의 인정과 존중에 대한 요구이다. 상

---

15 村井実. 1985. 『善さの構造』. 東京: 講談社. p.69.

호성의 요구는 사회적 동물인 인간이 타인과 함께 삶을 살아가기 위해 당연하게 요구된다.

2) 효용성(效用性)의 요구

「효용성의 요구」는 '좋다, 즐겁다' 혹은 '~위해서', '이득'과 같은 누구나가 갖는 감각에 대한 요구이다.

3) 무모순성(無矛盾性)의 요구

「무모순성의 요구」란 앞서 이야기한 상호성, 효용성에 대한 요구가 만족되는 과정에서 모순이 생기지 않는 것에 대한 요구를 말한다. 지금은 '기분 좋다'라고 할 수 있는 것도 나중에는 '싫다. 좋지 않다'라든지, 나에게는 '좋다'이지만 타인에 있어서는 '고통'이 되는 것은 '선하다'라고 말할 수 없다. 다른 복잡한 개체와의 관계에 있어서 일부에게는 '유리'라고 할 수 있는 것이 다른 사람들에게는 필연적으로 '불리'를 초래한다면 이것 역시 '선하다'고 할 수 없다. 따라서, 「무모순성의 요구」는 인간이 살아가면서 느끼는 모든 일에 있어서 그것이 이치에 맞지 않으면 안 된다는 것에 대한 요구라고 하겠다.

4) 미美(조화)의 요구

「미(조화)의 요구」는 앞의 세 가지 요구를 동시에 충족시키고 그 균형을 유지하려는 요구이며, 동시에 '상호성, 효용성, 무모순성'이 충족되었음을 승인하는 것을 의미한다.

무라이는 지금까지의 네 가지 기본 요구에 의해 성립되는 「선함」의 판단을 사면체로 나타낸다.

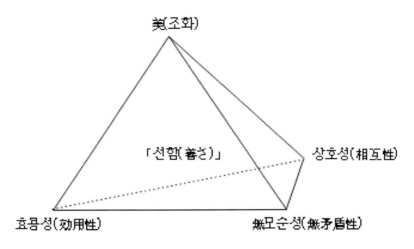

〈그림 1〉 무라이 미노루의 「선함의 구조」

美(조화)

「선함(善さ)」

상호성(相互性)

효용성(効用性)

無모순성(無矛盾性)

　무라이에 의하면 모든 인간의 내부에는 "선하게 살고자 하는 작용"이 있다는 것을 인정하고, '상호성, 효용성, 무모순성, 미(조화)'의 요구를 전부 고려하면서, 보다 더 선하게 살아가고자 하는 인간을 육성하도록 돕는 것이 바로 교육이다. 그렇다면 여기서 말하는'인정하다. 돕는다'는 것은 무엇을 의미하는가. 그것은 바로 '이 아이는 성장할 수 있다', '이 아이는 무엇이든 될 것이다'는 학습자의 잠재적 가능성에 대한 믿음을 말하며, 그것이 발현될 수 있도록 돕고자 하는 교사의 마음, 노력을 말한다.

　또한, '미(조화)'의 요구에 있어서 동일한 대상에 대한 '좋다, 선하다'는 「선함」에 대한 판단이 누구나 동일한 것은 아니다. 물론, 무라이가 말하는 선하게 살고자 하는 본능적 요구는 모두 같다. 그러나 인간은 저마다 생김새와 특성이 다르기 때문에 기본 요구 중 어떤 요구가 특히 두드러지게 나타나기도 하며, 이로 인해 사면체의 한 꼭짓점이 상대적으로 크게 당겨지는 경우도 있다. 비록 선함에 대한 판단이 기대에 미치지 못하거나 보편타당한 것이 아니었다고 할지라도, '이 아이는 선함을 구하며 살고 있다'고 끝까지 믿어주는 것이 중요하다고 무라이는 강조한다. 결국 교육은 아이의 본능적 선함을 신뢰하고, 이를 돕는 과정이어야 한다. 그런 의미에서 교육은 아이에게 무언가를 주입하거나 전달하는 것이 아니라, 그들이 보다 선한 판단을 할 수 있도록 돕는 것이다.

무라이의 인간관, 교육관은 이케다의 다양성 존중 사상과도 통한다. 이케다는 다음과 같이 말했다.

'자체현조(自體顯照)'라는 말이 있듯이, 자신의 본연의 개성을 내부에서부터 최고로 꽃피워간다. 그 개성은 쓸데없이 다른 개성과 부딪친다거나, 다른 사람의 희생 위에 성립되는 것이 아니다. 서로의 차이점을 소중히 하면서 화원(花園)과 같이 조화를 이룬다.[16]

교육은 모두에게 내재하는 선성을 믿는 것에서부터 시작되며 지식은 이를 이끌어내기 위한 것이어야 한다. 인간으로서 공통성을 외면하고 다른 사람과의 차이에만 집착하는 소아(小我)의 '분단의 병리(病理)'를 극복하고, 자타 함께 유익한 것을 생각하며 사회 나아가 인류의 미래에 대해 승리해 갈 수 있는 힘을 뜻하는 것이 교육이어야 한다고 이케다는 강조한다.[17]

결국 '모든 인간은 언제나 선함을 구하며 살고 있다'는 인간의 본능에 입각하여 교육을 아이가 보다 선한 판단을 할 수 있도록 돕는 것으로 정의한

---

16 이케다 다이사쿠 홈페이지. 2024.12.18. 참조.
17 池田大作記念創価教育研究所. 2022. 앞의 책. pp.244-245.

무라이와 생명존엄 사상에 기반 하여 인간의 행복을 위한 교육을 염원한 이케다는 인간의 삶과 행복 그 자체를 교육의 목적으로 하고 있다. 그런 의미에서 두 사람 모두 '사회(국가)를 위한 교육'이 아닌 '인간을 위한 교육'을 추구했다고 하겠다.

Ⅳ. 창가교육의 근간: 인간 내면의 가능성에 대한 무한 신뢰

이케다와 무라이의 교육사상에서 교사와 학생의 관계를 말한다면, 둘을 그저 '학습자와 학습의 촉진자'로 정의하는 것은 충분치 않다. 앞서 언급했듯이 인간은 「선함」을 문제로 삼으면서 보다 선하게 살아가고자 하고 있다. 그리고 이를 위해 '학습' 즉, '선하게 살기 위한 실마리', '가치를 창조하는 행복한 삶을 살기 위한 수단'으로서 필연적으로 지식과 기술이 필요하다. 교사는 이것을 항상 자각하는 것은 물론, 아이들에게도 가르쳐야 한다. 결국 교사는 아이들에게 교과·지식을 알려줌과 동시에 '인간은 누구나 선하게 살아가고자 하는 존재'이며, '학습(지식)은 보다 나은 「선함」을 판단하기 위한 것'임을 알려주는 역할을 하는 것이다. 더불어서 교사도 학생도 선하게 살고자 하는 인간 대 인간의 관계로 이야기해야 한다.[18]

마키구치는 "사람도 나라도 선입관으로 보아서는 안 된다"[19]는 신념 아래 교육의 목적은 어디까지나 아이의 행복에 있다고 정의했다. 설사 아이들이 다른 환경 속에서 사회적 차별에 감싸여 그 모습이 달리 보인다고 할지라도

---

18 김보연. 2021. "무라이 미노루(村井実)의 교육관에서 해석한 학습자 중심의 학교무용교육의 가치". 『학습자중심교과교육연구』. 제21권 제8호. p.31.
19 창가학회 교육부. 1998. 앞의 책. p.154.

그들의 생명은 무한한 가능성을 품고 언제나 똑같이 빛나고 있다. 그리고 이를 끝까지 믿어주는 것이 바로 교사의 역할이다. 인간 한 사람 한 사람의 생명 존중을 근간으로 하는 창가교육에서, "최대의 교육환경은 교사 자신"이다.[20]

그리고 교사와 학생이 서로의 가능성(선하게 나아가고자 하고 있다)을 믿고 이를 대전제로 하여 '창조적 인간' 즉 '사회에 필요한 가치를 창조하고 건전한 가치를 제공, 환원해 가는 인간'을 육성하기 위해 이케다가 설립한 학교 바로 소카대학교이다.[21]

소카대학교는 마키구치의 『창가교육학체계』(1930)를 원류로 하여 그의 생명 존엄 사상이 도다에게 계승되고 그 유지를 계승한 이케다가 1971년 설립하였다. 마키구치는 창가교육학에 대해 "인생의 목적인 가치를 창조할 수 있는 인재를 양성하는 방법의 지식 체계라고도 정의한다."[22] 이에 소카대학은 2030년을 향해 SDGs(지속가능발전목표, Sustainable Development Goals)에서 제시하고 있는 지구 규모의 문제를 정면으로 마주하고 '평화'라는 목적 실현을 향해, '어떤 어려운 문제에 직면하더라도 인간이 일으킨 문제인 이상 반드시 해결 할 수 있다'는 인간의 무한한 가능성에 대한 신뢰와 희망에서 출발하여 타인과 연대하는 속에 미래를 계속해서 열어가는 힘을 가진 인재, 즉 '세계시민'양성에 힘을 쏟고 있다.

이케다는 1996년 있었던 콜롬비아 대학교 사범대학 강연에서 세계평화를 염원하며 이를 위한 열쇠로써 교육을 강조, '세계시민교육'에 대해 구체적으로 제시했다. 이케다는 강연 서두에 전쟁, 환경파괴, 남북의 발전 격차, 언어, 민족, 종교 등의 차이로 인한 인간의 분단 등 산적해 있는 문제들이 야

20 池田大作. 2005. 『池田大作全集』第63卷. 東京: 聖教新聞社. p.284.

21 소카대학교 홈페이지. 2024.012.09. 참조.

22 池田大作 · 顧明遠. 2012. 앞의 책. p.311.

기된 것은 인간의 존재 가치와 인간의 행복이라는 근본 목적을 잃어버렸기 때문이라고 단언했다. 그리고 창가교육의 핵심인 가치창조력(価値創造力)에 대해서 "단적으로 말하면 어떠한 환경에서도 거기에서 의미를 찾아내고 자기 자신을 강하게 만들며, 다른 사람의 행복을 위해 공헌해 가는 힘"[23]이라고 정의했다. 그리고 그는 그 자리에서 창가교육의 출발이었던 마키구치는 민족국가의 한계를 초월하고 새로운 인간사회를 응시하며 지구 규모로 가치를 창조할 수 있는 '세계시민'의 비전을 품었다고 언급하며 불법 철학에 입각한 '세계시민'의 세 가지 요건을[24] 제시했다.

- 생명의 상관성(相關性)을 깊이 인식해 가는 '지혜로운 사람'
- 인종과 민족, 문화의 '차이'를 두려워하거나 거부하는 것이 아닌, 존중하고 이해하여 성장의 양식으로 삼는 '용기 있는 사람'
- 가까운 곳뿐만 아니라 먼 곳에서 고뇌하는 사람들과도 동고(同苦)하고 연대해 가는 '자비로운 사람'

이러한 세계시민의 요건은 교육현장에서 교사가 지녀야 할 자세와도 깊게 연결된다.

세계시민의 세 가지 키워드 '지혜, 용기, 자비'를 교사의 입장에서 다시 풀어보면 다음과 같다. 먼저, '모든 아이는 무한한 가능성을 갖고 있다'(창가교육), '인간은 보다 선하게 살아가고자 한다'(선함의 구조 이론)는 믿음을 가지고, 언제나 아이의 내면에 집중하는 것이 "지혜"이다.

나아가, 그러한 가능성과 선함의 작용을 계속해서 찾아내고 끌어내려는

---

23 池田大作記念創価教育研究所. 2022. 앞의 책. p.240.
24 池田大作記念創価教育研究所. 2022. 앞의 책. pp.236-251.

노력이 "용기"이며, 이러한 용기를 지속해 나가는 자세가 바로 교사의 "자비"이다. 교사의 지혜, 용기, 자비를 통해 아이는 자신의 가능성을 확신하고 가치를 발견하는 속에 성장해 간다. 이와 함께, 교사 역시도 성장해 가는 아이를 통해 계속해서 변화하고 성장 한다. 소카대학교는 이러한 "참된 사제(師弟) 속에 교육은 존재한다"[25]는 신념 아래 교사와 학생이 생명의 촉발을 통한 인간적 연대를 맺으며 함께 세계시민으로서 성장하고자 하고 있다.

V. 맺는말

본고에서는 이케다가 교육과 문화예술이야 말로 인간 내면의 진실한 교류를 가능케 한다는 것을 전제로 (1) 어떠한 어려움에도 평화라는 대선(大善)을 향해 가치를 창조해 가는 창조적 인재 육성을 위한 창가교육과 (2) 문화예술이야말로 언어, 문화, 인종 등의 차이 넘어 인간 대 인간으로 진정한 교류를 가능케 한다고 외치며 문화예술을 통한 평화 실현에 힘썼다는 점에서 창가교육에 대해 살펴보았다.

첫째, 창가교육에서 "창가"는 생명존엄에 뿌리를 둔 가치창조를 의미한다. 이는 창가교육이 '인간이라면 누구나 무한한 가능성이 있다'는 대전제를 지니고 있음을 인간교육의 관점에서 확인하였다. 둘째, 무라이가 주창한 선함의 구조를 통해 인간은 언제나 선함을 구하며 살고 있으며 그러한 인간이 보다 선하게 살아갈 수 있도록 돕는 것이 바로 교육이라는 점을 파악하였다. 셋째, 교사의 학생에 대한 확고한 믿음과 무한한 신뢰가 교육의 근간이며 이

25　池田大作記念創価教育研究所. 2022. 앞의 책. p.248.

를 바탕으로 교사와 학생이 인간 대 인간으로 서로의 가능성을 믿으며 창조적 인간 육성을 통한 세계평화 구축을 목표로 설립된 소카대학교에 대하여 살펴보았다.

인간이 어떤 나라, 시대에 태어나 어떠한 환경에 둘러싸여 있어도 결국 인간은 교육에 의해 더욱 인간다워진다. 그렇기 때문에 무엇보다도 보편성을 갖고 보다 깊이 인간에게 관여해야 하는 것이 바로 교육이다.[26] 이케다는 생명 존엄성을 강조하며 "세계의 평화, 인간의 평등, 혼의 자유를 열어가는 것이 '교육'의 사명"[27]이라고 말했다. 또한, 모든 것의 근본은 인간이며 "문화 · 교육의 교류야말로 인간과 인간, 민중과 민중 교류의 근저에 '대파(大波)'를 만들어 간다"[28]고 이야기했다. 문화예술교육은 인간의 각기 다른 창조성, 창의성을 바탕으로 내면의 가능성을 끌어내어 가장 자기다운 모습으로 표현하도록 돕는다. 더 나아가, 같은 대상을 주제로 하더라도 자신과 다른 생각, 표현을 하는 타인을 보면서 인간의 다양성을 이해할 수 있다. 그런 의미에서 창가교육의 관점에서 바라본 문화예술교육은 인류가 국가, 언어, 성별, 문화 등 모든 차이를 뛰어넘어 서로를 이해하고 눈에 보이지 않는 내면적 교류를 할 수 있도록 돕는 인간주의 교육의 가치를 지니고 있다고 하겠다.

한편, 필자는 이러한 논의와 연계하여 추가적인 문제의식을 제시하고자 한다.

필자는 이케다의 인간교육 사상에 크게 공감한다. 모든 예술은 인간에게 내재된 표현 본능과 욕구에 의해 이루어지며, 신체를 통해 자신을 표현하는

---

26 ヴィクトル · Ａ . サド_ヴニチィ · 池田大作. 2013. 『明日の世界 教育の使命: 二十一世紀の人間を考察する』. 東京: 潮出版社. p.88.

27 창가학회 교육부. 1998. 앞의 책. p.134.

28 창가학회 교육부. 1998. 앞의 책. p.148.

것은 인간에게 매우 자연스러운 행위이다. 그러나 현실에서는 보이지 않는 젠더 규범에 의해 표현의 자유가 왜곡되고 있으며, 이는 예술교육의 근본 목적과 관련한 문제를 야기하고 있다.

따라서, 추후 창가교육의 관점에서 젠더 영향과 문화예술에 대한 심층 논의가 필요하다는 점을 제언하며 본 논의를 맺고자 한다.

제4부

—

연구회 펠로우
연구논문

○

제11장

조영식과 이케다 다이사쿠의 평화사상으로 보는 북핵위협 분석 및 의의

유동민
제3기 조영식 이케다 다이사쿠 펠로우

I. 서론

1. 한반도 내 북한의 소형 핵개발 및 미사일 위협

최근 북한의 잇따른 미사일 도발과 정찰위성 발사 성공으로 인해 북한이 보유하고 있는 핵무기의 활용 가능성이 현실화하고 있다. 2023년 12월 기준 10월을 제외하고 북한은 매달 미사일 발사를 실시했다. 2023년 2월에는 화성-15, 4차 시험을 발사했고, 이는 ICBM(대륙간탄도미사일)으로 추정되었다. 5월에는 정찰위성을 탑재한 우주발사체 천리마-1형을 발사하였지만 실패했다. 하지만 조선중앙통신에 따르면 지난 11월 21일 다시 한번 신형위성 운반로켓인 천리마-1형에 정찰위성 만리경 1호를 발사해 궤도에 안착해 성공했다고 발표했다. 국정원은 북한의 정찰위성 발사가 성공했으며 러시아가 이를 도와줬다고 분석했다. 2017년 9월 3일을 마지막으로 북한은 제6차 핵실험에 성공했다. 이후 연이은 SRBM(단거리), IRBM(중거리), ICBM(대륙 간)

미사일 발사는 한반도를 넘어 미국을 위협하고 있다. 핵실험 성공, 핵탄두 소형화, 순항 미사일 발사, 정찰 위성으로 보이는 북한의 잇따른 군사적 도발은 점점 더 심각해지고 있으며, 93년 1차 북핵 위기와 달리 훨씬 더 복잡한 국제정세와 북핵 기술의 고도화 등으로 북핵 해결이 단기적으로 쉽지 않아 보인다.

2. 핵전쟁 위협 속 새로운 비핵 평화 사상의 필요성 대

북한의 연이은 핵 개발과 미사일 위협은 러시아-우크라이나 전쟁으로 인해 한반도에 끼치는 타격감이 전보다 더 커지게 되었다. 최근에는 이스라엘-하마스 중동전쟁도 일어나게 되며 세계는 탈냉전 이후 전쟁의 도미노 현상이 일어나고 있다. 러시아는 핵보유국이며, 이스라엘도 비공식적인 핵보유국이다. 핵무기가 있는 국가에 도발하지 않고, 억제가 가능하다는 핵 억지론은 이미 이스라엘-하마스 중동전쟁에서 보이듯 전쟁을 방지하는 역할을 하지 못한다. 신냉전 구도에서 권위주의 국가와 민주주의 국가라고 이분법적으로 나눠서 생각해서는 안 된다. 세력 간 대결이라고 생각하는 국제정세의 분석이 국가 내에 확산하여 서로를 불신하는 경향이 생기게 된다. 일촉즉발의 상황은 더욱 팽팽하게 당겨지고, 이로 인한 우발적인 핵 사용의 시도가 틀림없이 나오게 될 것이다.

따라서 세계는 지금, 전쟁의 연속성을 보이고 있으며, 이를 타개하기 위한 새로운 비핵 평화 사상이 필요한 시점이다. 따라서 아래 논문은 경희대학교 창립자 조영식 박사와 소카대학교 창립자인 이케다 다이서쿠 박사의 비핵사상을 개별적으로 정리한 후, 공통점을 찾아내 두 박사의 비핵 평화 사상을 중점으로 볼 논문임으로 의의가 크다고 볼 수 있다. 이후 새로운 비핵 평화 사상이 우리 한반도가 처한 북핵 위기에 어떤 해결책을 가질 수 있는지에 대해 분석하고 이를 위한 앞으로 정책 방향 기조를 생각해 보려 한다.

II. 조영식 박사의 평화사상

1. 세계시민론과 지구공동사회

조영식 박사는 경희대학교를 설립했으며 총장과 이사장을 지냈다. 경희대학교는 '문화세계의 창조'라는 기치 아래에 인류사회를 위한 대학으로 성장했다. 조영식 박사는 세계평화를 위해 대학이 학문적 가치를 인간의 미래를 위해 발전시키고 인재를 육성하여 현대사회의 문제를 풀어나가는 토대를 만들었다. 세계대학총장회의에서 밝은사회운동(GCS)를 결의했으며, UN 세계평화의 날을 제정했다. UN을 중심으로 평화를 이룩하자는 Pax UN 사상 역시 제안했다.[1] 이렇듯 조영식 박사는 세계평화를 이루기 위해 지식인들이 모이는 대학에서 평화사상을 함께 연구하고, 이를 과학기술에 적용하는 것이 중요하다고 보았다.[2] Pax UN 사상도 국가의 이익을 넘어, UN에게 권한과 힘을 줘 평화를 이루는 세계시민론과 인류공동사회의 모습이 투영되었다.

---

[1] 조영식 · 이케다 다이사쿠 연구회. 2021. 『미원 조영식을 생각한다』. pp.66-68. IAUP 대회에서 GCS 운동 실현을 결의, UN 세계평화의 날 제정으로 위기를 극복 등이 나와 있다.

[2] 1965년 조영식 박사는 세계대학총장회의 발기인 회의 때 〈평화에의 호소〉 연설문에서 "시대적 상황의 요구에 맞춰 상호 협력방안을 고안해내고 구체화시켰으면 좋겠다"며 "예를 들어 대학 간에 장학생, 교수, 서적과 논문 등을 서로 교환하고 상호 간의 우정을 증진시킬 수 있도록 공동연구를 활성화 하는 등의 구체적 방안을 제안하고 싶다"라고 말했다.

조영식 박사가 세계시민론을 주장한 이유는 무엇인지 살펴볼 필요가 있다. 조영식은 20세기 지구가 인권문제와, 환경문제, 핵확산 문제 등 지구촌이 처한 난제들이 모든 세계 시민들에게 연결되어 있다고 생각했다. 그리고 이는 전 세계 시민이 상호 의존되어 있고 운명공동체임으로 세계시민의 연대가 중요함을 깨우쳤다. 세계는 하나의 국가이며 모든 사람은 세계시민이다. 지구라는 공간에서 세계시민은 함께 살아가며 서로에게 영향을 주고 받는 운명공동체이다. 그러므로 세계시민들은 삶의 공동목표를 찾아내는 것이 중요하며 인간답게 살 수 있도록 노력해야 한다. 조영식 박사는 세계시민론에서 규범을 만들며, 이를 이루기 위한 운동을 통해 세계시민으로서의 존재를 명심해야 한다고 말했다. 세계시민사상은 다음과 같다.[3]

① 이 세상에서 인간이 가장 존귀한 존재라는 것.
② 인간은 도덕적인 존재가 될 때 비로소 가치 있다는 것.
③ 우리 사회에 있어서 개발이 곧 발전을 의미하는 것이 아니라는 것.
④ 물질적 풍요는 이루어져야 하나 그것이 곧 행복이 될 수 없다는 것.
⑤ 전쟁은 결코 인간 삶의 목적이 될 수 없다는 것.
⑥ 인간이 부재하는 물질의 왕국은 인간의 낙원이 아니라는 사실 등을 재확인 하는 것.
⑦ 우리 모두는 같은 시대에 태어난 인류 가족의 일원이며 지구는 우리 인간들의 보금자리이자 공동 생활무대 라는 것을 명심해야 한다.

---

3 조영식. 1995. 『세계시민론』 p.47. 제1부 "세계시민사상"에서 조영식 박사는 국제사회에 있어서 대공동질서를 제안했다.

위와 같이 조영식 박사는 세계시민으로서의 당위적인 의식을 인지하고, 지구공동사회(Global Common Society)로 이어져야 한다고 주장했다. 지구공동사회(Global Common Society)가 이뤄지기 위해서 국가는 지역협력 시대(RCS, Regional Cooperation Society)로 아시아나 유럽 지역의 협력이 이뤄져야 하고, 이는 EU와 같은 지역통합사회(RIS, Regional Integrated Society)로 이뤄져 지구공동사회(Global Common Society)로 형성되어 지구가 하나의 공동체로 이뤄질 것이라고 전망했다.

2. 세계시민론과 지구공동사회로 보는 조영식 박사의 비핵사상

핵무기로 전쟁을 억지할 수 있다는 핵억지론 사상은 조영식 박사의 세계시민론과 지구공동사회로 보았을 때 그릇된 사상이며 잘못된 진단이다. 세계시민론과 지구공동사회를 접목시켜 조영식 박사의 비핵사상으로 분석해 볼 수 있다.

첫째, 조영식 박사는 세계시민론에서 전 인류가 원하는 진정한 소망은 평화임을 상기시켜준다. 하지만 대다수 세계시민들의 원하는 의사와 달리 각국의 지도자들은 핵무기를 비롯한 군비를 증강시키고 있다. 이는 세계평화를 원하는 세계시민의 명령에 거역한 것이다. 지도자들의 명예와 야욕으로 인해 핵개발이 이뤄진다면 평화를 원하는 세계시민의 뜻과 달리 필연적으로 전쟁으로 일어날 수 있다고 분석한다. 또한 핵무기 비축이 1945년도에 비해 1990년대에 들어 60Kt에서 5만Mt로 비축되어 있어 2만 배나 증강된 사실을 꼬집어준다. 핵무기를 비롯해 군사무기 개발은 인류사회를 위한 발전이 아니라 미래 세계시민들의 생명을 위협하는 후퇴인 것이다.

두 번째, 핵무기 개발은 인간의 사악한 마음에서 비롯되었다면 도덕적으로도 잘못되었다는 것이다. 조영식 박사는 전쟁 자체가 국가의 이익과 국가만을 위해서 행해지는 것은 지구공동체를 파괴하는 악한 행위로 보았다. 다른 세계시민들의 사회를 파괴하고 그 위에 서있는 것은 이기심이며 목적이 정당한 것이 아니라 수단을 위해서 사악한 마음을 세운 것이라고 지적했다. 핵무기 개발하는 이들은 세계시민들의 생명 존엄을 생각하지 않은 채 오로지 자국의 이익만을 위해 계산된 자로 본 것이다. 이렇게 되면 핵무기 확산은 퍼져나가게 되며, 당장의 이익을 추구한 국가 역시 살아있는 핵전쟁의 위협 속에서 안전하지 않게 된다.

세 번째, 예방전쟁이 일어날 가능성이 존재하며, 전쟁이 일어난다면 모든 세계 시민들에게 피해를 끼치게 될 것이다. 조영식 박사는 "잘못된 억지전략은 SALT Ⅱ를 폐기 하지 않을 수 없게 하였고, 온 세계의 연간 군사비를 1조 달러로 끌어올리면서 SDI에 의한 우주전략에로까지 확대시킨 것으로 안다"며 "정신병자가 아니고는 상상조차 못할 일이지만 국익과 대결심을 앞세우고 있는 오늘이고 보면 언제 어디서 무슨 일이 계기가 되어 어떤 일 이 누구의 손에 의해 일어날지 도무지 예측하기 어렵다"[4]고 설명했다. 전쟁의 예산이 늘어나고 있으며, 국익이 우선되고 있는 시점에 핵무기를 개발하고 보유한다면 언제 터질지 모르는 화약고 같은 존재임을 명시해준다. 군사 무기를 계속 개발하고 증진시킨다는 것은 결국 핵무기를 쓸 수밖에 없는 상황에 몰리게 되는 것으로 전망한다.

네 번째, 모든 세계시민의 삶과 생명은 소중하며, 핵무기 자체가 중요시될 수는 없다. 조영식 박사는 우리 지구에 사는 모든 세계시민은 하나의 형제임

---

4 조영식. 1995. 앞의 책. p.43. SALT Ⅱ(Strategic Arms Limitation Talks Ⅱ)는 미국과 소련이 핵무기 생산과 배치를 제한하기 위해 이뤄진 회담이다.

을 말했다. 인류사회가 처한 문제들은 매우 많다. 북반구와 남반구 간의 경제와 교육 수준의 격차, 식량 문제와 인간의 기대수명 문제 등 인류가 풀어야 할 난제들이 시급하다고 제언했다. 이는 최근 우크라이나 러시아 전쟁으로 인한 대규모 민간인 살상문제, 국가 별 에너지 사용 문제, 기후위기로 인한 이상기온 문제 등 현재까지도 유효하다. 세계시민의 삶은 더 이상 핵무기와 같은 인간의 삶을 파괴시키는 쓸데없는 과학기술 발전에 인류가 가진 지식과 에너지를 낭비할 필요가 없다. 조영식 박사는 상호 · 박애 · 우애 등과 같은 상호 협력의 정신을 통해 전 인류과 문화를 바탕으로 과학을 세계시민에게 이로운 과학기술 개발에 힘을 쓰는 것을 강조했다.

마지막으로, 세계시민과 함께 우리 모두는 지구공동사회를 이룩해야함으로 핵무기는 근절되어야 한다. 국가가 자신의 이해관계에 따라 정책을 펼치는 것이 아닌, 크고 작은 국가의 주권을 모두 존중해야 한다. 국익제일주의와 패권만능주의가 아닌 협동사회로서 인간이 중심이 되고, 전 인류가 가족이라는 사상이 확산되어야 한다. 세계시민 모두는 지구라는 하나의 공동체에 거주하고 있다. 그러므로 우리는 단계적으로 지역협력, 지역통합 더 나아가 지구협력 및 지구공동사회(Global Common Society)를 구축해야 한다. 우리가 살고 있는 현대사회는 초연결사회로 운명공동체이기 때문이다. 전 인류가 서로를 가족이고 협력해야 하는 당위적인 지구공동사회에서 핵무기란 있을 수 없다. 조영식 박사는 "모든 국가가 이미 분리할 수 없을 정도로 상호의존적 관계를 맺고 있다"며 "그러므로 타국의 잘못이라도 자국민이 피해볼 수 있다."고 강조했다.[5] 또한 3차 세계대전이 일어날 경우 북미나 소련 또는 중동에 핵 폭격이 발생했을 경우 핵무기가 단발성으로 그치지 않을 것이다.

---

5 조영식. 2021. 『오토피아』 p.270.

P5 이외에 핵무기 보유국가, 사용 후 핵연료를 갖고 핵무기를 개발할 수 있는 국가들까지 합하여 핵무기를 사용할 것이다. 방사능 피폭으로 인한 피해는 지역에서 점차 전 지구적으로 확산된다. 국익제일주의와 패권만능주의는 1차, 2차 세계대전의 교훈으로 이미 인류는 알고 있고, 핵무기 개발 및 보유를 멈추고 인류사회를 위해 협력할 수 있는 방안들을 논의해야 한다.

이처럼 조영식 박사의 세계시민사상을 기반으로 비핵화를 해야 하는 명확한 논의로 진전시킬 수 있었고, 위와 같은 논거들로 증명할 수 있었다. 세계시민론과 지구공동사회(Global Common Society)로 보는 조영식 박사의 비핵사상을 정리한 논제들은 아래와 같이 최종적으로 정리할 수 있다.

① 전 인류가 원하는 진정한 소망은 평화이며 핵무기는 근절해야 한다.
② 핵무기 개발은 인간의 사악한 마음에서 비롯되었으며 도덕적으로도 잘못되었다.
③ 예방전쟁이 일어날 가능성이 존재하며, 모든 세계 시민들에게 피해를 입힌다.
④ 모든 세계시민의 삶과 생명은 소중하며, 핵무기 자체가 중요시될 수는 없다
⑤ 세계시민과 함께 우리 모두는 지구공동사회를 이룩해야 함으로 핵무기는 근절해야 한다.

3. 인간중심주의로 보는 과학기술

조영식 박사는 인류사회가 인간답게 살아야 하며 본연의 인간성을 회복해야 함을 주장했다. 조영식 박사의 평화사상 핵심은 인간을 가장 먼저 생각

한다.[6] 인간중심주의는 인간이 세상에 앞선 존재이며, 인간이 역사와 문명의 주인공이고, 어떠한 사상과 기술, 그리고 조직보다 인간을 중심으로 세상을 바라보고 해석하는 것을 의미한다. 또한 인간이 자유로운 존재이며, 창의력을 발산할 수 있어야 한다. 인간의 이성적 존재를 알며, 평화로운 세상을 확립하는 것이 인간중심주의다. 인간의 존엄성을 지키며 인간을 위한 세상을 개척하는 것이 사명임을 인지해야 한다. 즉 물질을 중시하는 것이 아닌 인간을 중심으로 생각하는 가치관을 바탕으로 문화 세계를 창조하고, 더 나은 세계를 구축해야 한다. 조영식 박사가 주장하는 인간중심주의는 인간을 서로 사랑하며, 아끼고 소중히 하는 마음에서 비롯된다고 말한다. 인간이 소외된 과학기술, 정치, 제도 등은 잘못되었다고 말한다. 태초에 인간을 위해 과학기술, 정치, 제도 등을 탄생시켰으며 인간을 위해 만든 것이다.

위와 같이 인간중심주의에서는 인간을 이성적 존재라고 규정한 뒤, 인간이 세상에서 발생되는 현상과 물질보다 더 앞선 존재이며, 창의적이고 평화로운 세상을 만들 수 있는 귀중한 사명이 있는 존재이기에 인간을 먼저 중시하는 것이 무엇보다도 중요하다는 것을 말하고 있다. 그렇다면 인간중심주의에서 말하고 있는 인간이라는 존재는 무엇인지도 규정해볼 필요가 있다.

조영식 박사는 인간을 주리생성론에 근거하여 통정적 인간이라는 사고로 바라보았다. 주리생성론으로 본 인간은 인간의 정신(감성과 이성)이 객체인 실(實)과 상(相)과 함께 삼자가 통일적 유기체의 관계를 이루며 우주 만물은 형성되고 소멸되며 운동한 것으로 본다. 즉 의식적 지도성을 바탕으로 인간의 가장 큰 힘인 자유의지로서 움직인다고 보았다(오영달 2022.5).[7] 즉 정신과 육

---

6   황병곤. 2021. 『미원 조영식을 생각한다』. p.67. 표1. 보스턴 선언문의 인간중심선언 정의를 설명했다.
7   오영달. 2022. "미원 조영식과 이케다 다이사쿠의 평화론의 사상적 기초: 인간(중심)주의를 중심으로." 『OUGHTIOPIA』37(1).

체를 모두 갖고 있으며, 어느 것 먼저를 우선시 할 수 없다. 이 둘이 통합되어 작용되어 생명의 근본원리를 이룬다. 가장 중요한 점은 인간의 마음에 따라 정신과 물질을 통합시켜서 삶을 살아갈 수 있고, 인간의 운명을 스스로 창출시킬 수 있다.

인간중심주의로 보았을 때 과학기술은 선이 되고, 악이 될 수도 있는 중립적인 존재이다. 인류의 식량문제를 극복할 농업기술, 질병문제를 해결할 의학기술을 개발하는 것은 인류에게 생존의 문제이다. 하지만 현대 사회의 인간은 인간중심주의의 가치관을 기반으로 하지 않았다. 이성을 망각해버린 채 오직 과학기술과 물질을 추구했고 인간에게 악영향을 끼쳤다. 과학기술이 생산을 위해 끊임없이 사용되었으며, 생산을 하려는 물질이 선인지, 악인지에 따른 구분을 하지 않았다. 오로지 생산자는 생산을 위한 생산, 과학자는 과학기술을 위한 과학기술에만 몰두했다. 인간만의 유용한 삶을 위한 과학기술 활용은 역설적으로 대기오염과 환경파괴를 일으켰고 신종 전염병을 만들어내어 인간의 생명을 앗아갔다. 이성과 자유의지를 활용하지 못한 인간의 무지성적인 행동의 대가는 크다는 것을 알 수 있다. 인간은 기업이나 조직에서 돈을 벌기 위한 수단으로 전락되었다. 향락적인 문화로 인해 사회는 인간을 소외하고 모든 것이 경제력으로 판단되는 인간소외현상으로도 이어지게 되었다. 조영식 박사는 현대사회에서 인간이 과학기술의 창조자이지만 오히려 지배를 받게 되었다고 분석했다.

조영식 박사는 현대사회를 거대한 공장의 시스템이라고 보았다. 즉 ① 능률의 최대화 ② 생산의 최대화 ③ 개발의 최대화라는 세 가지 목표만을 위해 이성적 사고는 존재하지 않은 채 인류가 추구한 모습을 보였다고 말했다.[8] 사람들은 과학기술이 위대해 보이고, 아름답게만 느껴지게 보인다. 과학기술이 인류사회에게 어떠한 영향을 끼치는지는 안중에도 없고 기술만능주의로 치우지게 된다. 조영식 박사는 과학기술 사회에서 인간은 개성과 자아를 잃게 된다. 더욱이 인간이 서로 분자화되기에 불안감에 놓인다고 보았다. 사회를 이끄는 철학이 부재하고, 새로운 과학기술을 무조건적인 선으로 바라만보고 신기해하는 시대가 바로 현대사회이다. 인류는 기계주의의 노예로 되어버렸고 능률·생산·개발이라는 세 가지 축을 토대로 하나의 부품으로 되어버리며, 인간이 소중하다는 본연의 가치를 잃어버리게 되었다.

결론적으로 조영식 박사는 인간중심주의로 과학기술을 어떻게 바라보고 활용되어야 하는 지 다음과 같이 말했다.[9]

- 과학 기술을 인간화해야 한다. 기계도 인간화해야 한다. 사회조직도 인간화해야 한다. 이는 인간 이외에 모든 사물이 인간을 위해 존재해야 한다는 말이다. 그것은 인간과 사물, 주체와 객체의 위치를 바로잡는 운동이다.
- 물질과 양적 성장만을 추구하는 현대 기술사회에서 시급한 과제는 인간의 주체성을 확립하는 일이다. 기술문명이 인간을 위해 봉사하는, 인간을 위한, 참된 사회를 회복하기 위한 새로운 지표를 세워야 한다.
- 홀로 독주하는 과학기술문명을 통제해야 한다. 이는 인류문명을 구제하기 위한 가장 시급한 과제 중의 하나다. 지구에서 인간이 인류문명의 주인으로 살아가기 위해 인간의 통제를 벗어난 과학기술문명을 다시 인간 가치 아래 묶어두어야 한다. 모든 문제가 바로 여기로 귀결된다.

---

8 조영식. 2021.『인류사회의 재건』. pp.34-35. pp.66-67. p.275.
9 조영식. 2021. 앞의 책. p.66.

– 우리는 과학기술문명을 철저히 통제하고 관리해야 한다. 인간을 위해 선용해야 한다. 과학기술이 인간을 위해 사용되도록 만들어야 한다. 과학 발달은 오로지 인류의 평화와 복지를 향상하는 데 그 의미가 있다.

4. 인간중심주의로 본 비핵사상의 필요성

과학기술은 인간 스스로가 자멸할 수도 있는 군사무기를 개발할 수 있게 만들었다. 사람들은 군비 증강만이 자국의 안보를 지킬 수 있다는 생각에 빠지고 말았다. 국가들은 더 많은 사람들을 살상하기 위해 무기를 개발해왔다. 이는 안보딜레마로 이어져 모든 국가가 상대방의 의도를 정확히 알지 못한 채 무기를 더욱 보유했다. 조영식 박사의 인간중심주의로 보면 인간을 위해 과학기술이 사용되어야 하지만, 군사무기는 인간을 죽이는 과학기술로 변질되었다. 특히 멘헤튼 프로젝트 때 진행되어 개발된 원자폭탄 즉 핵무기의 개발은 이전 무기와 달랐다. 원자 핵 분열을 통해 기하급수적으로 분출되는 에너지를 통해 인류 역사 상 가장 파괴력이 큰 '핵무기'라는 폭탄을 만들어 낸 것이다. 원자폭탄에 이용한 핵분열 기술을 넘어서 수소폭탄처럼 핵융합 기술로 핵무기를 개발할 때 더 파괴력이 크다는 것을 인지했다. 과학자들은 핵융합 기술을 이용해 수소폭탄까지 개발했다. 히로시마와 나가사키에 투하된 원자폭탄인 팻맨과 리틀보이(16kt과 20kt)의 파괴력을 추정하면 1.5마일 반경 내 건물 대부분은 붕괴되었고, 대부분이 사망했다. 히로시마는 9만~16만 명 사망, 나가사키에는 6만~8만명이 사망했다. 최초의 수소폭탄인 '아이비 마이크'의 파괴력을 가정해보면 4.5마일 반경 내 대부분 건물은 붕괴되고, 높은 치사율과 폭발지점으로부터 7.25마일(약 11km)까지 3도 화상을 입게 된다.[10] 핵무기는 핵의 불안정성으로 인해 수 많은 방사능 물질을 뿜어내게 된다. 핵무기로 살아남더라도 방사능 피폭으로 인한 피부 조직의 변형, 장기 손상 등으로 이어져 얼마 못가 사망하게 된다. 현대 물리학의 발달로 핵분열과 핵융합이 거대한 에너지를 방출해 사람을 죽일 수도 있다는 사실을 과학자들은 알고 있었다. 하지만 파괴적인 핵무기를 개발하는 것을 오히려 기뻐하며 인간의 생명을 배제한 채 방관했다. 인간중심주의로 핵분열이 원자력으로 발전되는 것을 보지 않고, 무기로서 대규모 시민을 살상하는 맹목적 과학 발전주의로 되어버렸다.

조영식 박사는 과학자들이 가치판단을 하지 않고 과학기술을 이용해 핵무기를 개발했다고 분석한다. 과학자들은 핵무기 역시 개발할 수 있는 것임으로 무조건적으로 개발한다는 입장이었다. 조영식 박사는 과학자들이 인류를 학살하는 대규모 살상무기일지라도 온갖 이유를 덧붙여 그것이 생명을 살리는 일이라고 모순적이게 말하며 자신의 입장을 정당화시킨다고 분석했다. 상대가 핵무기를 개발해 사용한 것이 아님에도 상대의 핵무기 개발과 사용을 철저히 믿는다. 그러므로 핵무기를 개발해야 평화를 이룩한다고 주장했다. 하지만 히로시마와 나가사키의 사례처럼 수많은 이들이 고통 속에 죽었다. 이 밖에도 핵실험 및 핵무기 사고로 인해 땅은 인간이 정착되지 못했으며 살아있더라도 방사능 피폭으로 인해 골수암, 백혈병, 유아 세포병 등 심각한 질병을 초래시키며 방사능 낙진을 통해 모든 지구생물들을 오염시키게 된다.[11]

위 사례를 통해 인간중심주의가 배제된 과학기술은 진정한 평화를 구축

---

10 Andrew Futter. 『핵무기의 정치』. p.36. 핵폭발 시 예상되는 사상자와 파괴량의 표를 참고함.
11 조영식. 1984. 『인류사회의 재건』 경희대학교출판국. p.158.

할 수 없다는 것을 증명했다. 과학기술만을 위한 핵무기 개발은 지구사회에 불안감을 조성시켜 세계에 항구적 평화가 아닌 전쟁의 연속성을 야기할 뿐이다. 인간이 통제할 수 있는 과학기술이 되어야 한다. 핵무기가 인간을 파괴하고 괴롭힌다면 올바른 과학기술이라 할 수 없고 민중을 배반하는 일이다. 소수의 지적쾌락 때문에 다수의 사람들을 이 세상에서 없애는 것은 인간으로서도 비인간적인 일이다. 핵무기 자체는 애초에 개발부터 인간을 위한 과학기술이 아니다. 따라서 조영식 박사는 인간회복을 중심으로 가치판단을 내려 원자폭탄 및 수소폭탄의 개발과 보유를 금지해야 한다는 것으로 결론을 내렸다.

5. 의식혁명을 토대로 만드는 오토피아(Oughtopia) 평화사상

이상기온으로 인해 지구의 산불과 흉작, 전염병 등의 위기가 인류에게 다가왔다. 현대에 지엽적인 전쟁 이외에 대다수 국가에서 전쟁이 일어나지 않는다고 해서 평화로운 상태는 아니라며 보건위기, 사이버안보 등 신흥 폭력(emerging violence)이 대두되고 있으므로 최근 학자들은 '전통적 평화' 대신에 '신흥 평화' 개념의 필요성을 주장한다.[12] 조영식 박사는 1979년 이미 최근의 '신흥 평화'의 개념처럼 인류가 처한 모든 상황이 평화롭지 않으며, 새로운 평화사상이 필요했다고 말했다. 인류가 처한 지구적 환경변화와 대중사회로 인한 인간의 가치관 상실, 인간중심주의를 배제한 과학기술로 인한 인간의 존엄성 말살, 이기주의 만연 등을 인류사회가 전쟁이 발생하지 않아도 평화롭지 않는 혼돈상태라고 분석했다. 조영식 박사는 이를 해결하기 위

---

12   김상배. 『신흥평화의 세계정치: 개념과 사례의 탐색』 p.28.

해서 인류가 새로운 평화적 가치를 창출해내야 한다고 보았다. 과거의 유가, 도가의 덕치주의, 무위자연 사상과 달리 현대사회는 매우 다양하고 복잡하기에 시대에 맞춘 새로운 평화사상이 필요하다. 즉 인간이 소망하는 사회(desirable society)를 반영하고, 소망할 수 있는 사회(possible society)를 만들어나가는 것이 중요하다. 인간은 앞선 장에서 본 것처럼 자유의지를 갖고 정신과 육체를 하나로 하여 모든 사고를 통정적으로 바라볼 수 있는 이성적인 존재이기 때문이다. 현실적인 인간 존재(sein)에서 소망할 수 있는 미래로서의 당위적인(sollen) 사회를 설계해 만들어야한다. 조영식 박사는 인류가 소망하는 내일을 위해 무엇을 해야 하는가를 언급했고 이를 정리해보았다.

① 인간의 복권을 이루어야 하며, 인간 가치를 회복해야 한다.
② 불신을 몰아내고 상호 협력하는 체제를 이루어야 한다.
③ 건전한 삶의 기풍을 확립해야 한다.
④ 과학기술을 발전시키되 통제하고 다스릴 수 있어야 한다.
⑤ 변화하는 현실에 맞게 세계 질서를 조속히 다시 수립해야 한다.
⑥ 인류 가족 의식을 기반으로 하는 평화사회, 협력사회를 구축해야 한다.

조영식 박사는 이러한 의미에서 과거의 평화와 현대의 평화 개념은 다르다고 했다. 전쟁으로 인한 미움, 공포, 재산 약탈, 살생을 거부하는 것이 과거의 평화라고 말했다. 반면 지금의 현대 평화는 적극적 의미의 반(反) 평화로 나아가야 한다고 했다. 전쟁은 과거와 다른 개념이며, 지구 공동체가 파괴하는 형태로 이어질 수 있다고 비판했다. 이를 해결하기 위해서 인간이 소망할 수 있는 사회의 대원리를 정립해야 했으며 탄생한 개념이 바로 오토피아(Oughtopia)이다. 오토피아는 당위를 뜻하는 'Ought'와 장소를 뜻하는 'topos'

를 결합해 만든 용어이다. 즉 인간이 유토피아(Utopia)라는 단순히 이상적이고 허구적인 사회가 아니라, 현실에서 당위로서 실현 가능한 삶을 만드는 사회를 말한다. 이제 앞선 6가지의 토대로 만들어진 오토피아는 무엇인지 말해보겠다.

① 오토피아는 정신적으로 아름다운 사회
② 물질적으로 풍요롭고 편익을 누릴 수 있는 살기 좋은 사회
③ 인간적으로 보람있는 사회

이 세가지 차원을 포함하는 사회가 바로 오토피아이며 영어로 BAR로 나타낼 수 있다. BAR은 'spiritually Beautiful society', 'materially Affluent society', humanly Rewarding society'라고 정의된다. 과거 전통사회에서는 가치적이고 정신적인 행위를 아름다움으로 보았지만 현대인들은 물질적·육체적 행복을 동시에 추구해야 한다고 보았다. 오토피아는 인간이 추구하는 사회이며, 행복하고 창조적이며 보람적인 삶을 살아가게 만들어준다. BAR을 그대로 존재와 당위를 함께 추구할 때 인간이 바라는 이상사회이자 현실사회를 구축해나갈 수 있다. 조영식 박사는 평화롭고 조화로운 사회인 오토피아를 이루기 위한 방법들을 제시했다.

① 선(善, good)과 정의(義, justice)를 바탕으로 생활해야 한다.
② 창조적 협력(creative cooperation) 생활을 실천해야 한다.
③ 봉사·기여(service)하는 생활을 해야 한다.

조영식 박사가 말한 '의식혁명'은 BAR이 갖춰진 오토피아를 이루며, 실

천방법인 위 3가지를 이루기 위해서 인간에게 가장 기본이 되는 혁명적 방법이다. 조영식 박사는 인간이 그동안 신석기, 농업, 산업 그리고 최근 정보혁명까지 이뤘지만 인간으로서의 존재를 찾아내지 못했다고 분석한다. 즉 인간중심주의가 배제된 상태에서 과학기술을 사용하고, 대중사회로 되었기에 인간가치를 회복하는 것이 중요하다고 보았다. 그것이 바로 '의식혁명'이며, 이를 통해 오토피아로 나아갈 수 있다. 의식혁명은 문화적 인간과 인간적 인간으로 나아갈 수 있다. 이를 위해서는 '메타인지'와 같은 방식으로 인간 스스로 필요한 의식을 깨닫는 것이 필요하다. 다음과 같이 '의식혁명'을 이루기 위한 요소들을 정리해보며 의식혁명으로 이루는 오토피아를 정리해보겠다.

① 정신과 물질의 일방적 추구에서 탈피하여 국제시대인 오늘날 지구촌의 인류가족 가운데 한 구성원임을 자각해야 한다.
② 자아와 타아 속에서 보편아(我)를 발견하여 함께 어울려 살 줄 아는 민주적 사회인이 되어야 한다.
③ 모든 사물을 볼 때 특수와 보편, 존재와 당위, 부분과 전부를 유기적으로 관련 시켜보는 혜안을 가져야 한다.
④ 명분과 실리 어느 한쪽에 치우치지 말고 인간관계를 투쟁관계가 아닌 원만한 협력관계로 전환시키도록 해야 한다.

6. 의식혁명과 오토피아로 보는 비핵사상

의식혁명은 인류를 하나의 형제로 바라보며 항구적 평화를 구축해 나가는 것을 인간 스스로가 기본으로 인지하며 행동해 가는 사상적 토대이다. 의식혁명은 오토피아를 이루기 위해서도 필수적이다. 핵무기 사용 및 보유는 인류가 소망하는 오토피아 사회가 아니다. 인간의 의식은 과학기술로 자국의 안보 문제와 국제정치의 무정부상태를 해소할 수 있다고 믿어왔다. 그 결과 핵무기라는 대량살상무기를 개발하게 된다. 핵무기의 수평적 확산과 수직적 확산은 냉전 이후에도 증가하여 왔으며, 최근에는 국가가 아닌 개인이나 테러 단체들에도 소형 핵무기가 넘어갈 수 있는 위험한 상황이 되었다. 인간의 잘못된 의식, 핵무기에 대한 무비판적 인식이 평화가 지속해서 유지되지 않게 되었다. 핵무기의 수직적 확산과 수평적 확산이 확대되고 있으며, 최근 우크라이나 전쟁으로 인한 북 · 중 · 러, 한 · 미 · 일 대립 구도는 동북아시아 내에 전쟁 발발 가능성의 분위기를 고조시키고 있다. 핵무기로 인하여 남한과 북한의 협상이 약속이행의 문제로 점차 이루어지지 않고 대치 상태만 유지하게 된다. 세계평화가 이루어지지 않는 부분 중의 하나는 대량살상무기인 핵무기를 누가 어떻게 포기할 것이며, 무정부 상태라는 이유만으로 핵무기가 초래할 결과를 생각하지 않고 개발하는 것이 문제이다. 다시 말해 핵무기 유지 및 개발이 전쟁 대신 평화가 유지된다는 것은 거짓이며, 항구적 평화와 신흥평화 개념으로서도 잘못된 논리이다.

인간이 '핵무기'라는 자체가 절대 악이라는 개념 없이 기술만능주의와 정치적 유불리에 따라 개발한 것 자체가 의식혁명으로서는 문제이다. 결론적으로 시민 한 사람의 의식이 핵무기 자체가 심각한 문제라는 것을 깨우치는 것이 중요하다. 핵무기를 평범하게 바라봐서는 위험성을 인지하지 못한 채 핵무기 개발과 사용을 해야 한다는 논리에 무감각해지고 이를 방관할 수밖에 없다. 앞서 말한 오토피아의 내용처럼 인류 가족은 한 구성원이며, 상호 협력해야 하며, BAR을 실현하기 위해 노력해야 함을 인류 전체가 의식혁명을 통해 인식해야 한다. 우리 인류가 추구해야 하는 지구적 공간인 오토피아의 명제를 통해 핵무기 개발 · 보유 · 사용은 아름답지 않고, 항구적 평화를 불러일으키지 않는다. 이 세상에 핵무기가 있는 한 전쟁 가능성이 지속된다. 조영식 박사의 의식혁명과 오토피아로 보는 비핵사상을 정리해 보겠다. 의식혁명으로서는 핵무기에 대한 대중들의 무감각한 감각과 사고를 비핵사상으로 전환되어야 한다. 이어 인류 전체가 핵무기 사용에 규탄하고 생명을 존중하는 오토피아로서 나아가야 한다는 것, BAR을 실천해 선의 가치를 만들어 나가는 지구공동체가 되어야 함을 도출해 낼 수 있다.

III. 이케다 다이사쿠 박사의 평화사상

1. 니치렌 불법을 바탕으로 한 생명존엄사상

이케다 다이사쿠(池田大作) 박사는 재가불교단체인 국제창가학회(SGI) 회장을 지냈다. SGI 회장으로서 니치렌 불법의 가르침을 바탕으로 하여 세계평화와 전 인류의 행복을 위해 노력했다. 또한 인간교육의 기치아래의 소카대학교와 미국 소카대학교를 창립했다. 이케다 박사는 인권문제, 전쟁 위기, 교육 불평등 등 인류가 처한 문제들을 불법관으로 해석했다.[13] 이케다 박사의 평화 사상의 근본은 불교운동가로서 니치렌 불법이 근저에 있고 이를 발전시켰기에 현대 사회의 시민과 식자들에게 새롭게 와닿는 철학이 된다. 그렇다면 니치렌 불법은 무엇이며, 기존 석존(석가모니) 불법과는 어떤 차이점이 있고, 사상의 핵심은 무엇인지를 살펴볼 필요가 있다.

---

13 이케다 박사는 불법(佛法)의 체험과 전문(傳文)을 통해 후세에 강연을 하는 사람으로서 세계종교의 요건을 말했고, 이는 더 이상의 행복한 일은 없다고 말했다. 이케다 다이사쿠. 2021. 『21세기 문명과 대승불교』 p.8.

석존은 입멸할 때까지 수많은 설법들을 제자들에게 행해왔다. 입멸 직전에, 석존d이 설했던 이전의 가르침과 달리 법화경에서는 "모두가 부처의 생명을 가지고 있다"고 설하게 된다.[14] 또한, "부처의 생명은 우리가 구원원초 즉 원래부터 지니고 있다"고 가르쳤다. 마지막으로 "부처의 생명은 과거 현재 미래 삼세에 걸쳐 영원하며 중생을 구제하는 활동을 끊임없이 한다"고 설했다. 법화경 이전의 가르침에서는 악인과 여인은 성불할 수 없고, 억겁의 수행을 통해서 부처가 될 수 있었다고 말했다. 하지만 법화경에서는 만인이 부처의 경애를 가질 수 있다. 또한 지금 자신이 처한 어려움조차도, 허공회 의식을 통해 지용보살들이 스스로 원해서 태어난 것이다.[15] 즉 불법의 위대함을 알리기 위해 가장 괴로워하는 사람이 부처가 될 수 있다는 생명존엄의 사상인 불법을 광선유포(廣宣流布)하기 위해서 태어난 것이다.

석존은 법화경 전의 가르침에서는 범부가 부처가 될 수 있다는 점과, 부처의 생명은 원래부터 있었다는 점을 가르치지 않았다. 그 이유는 처음부터 범부에게 부처의 생명을 설하면, 사람들이 이를 허무맹랑한 소리라고 비방할 수 있기 때문이다. 탁세에 미혹한 생명을 가진 범부가 이를 믿기에는 쉽지 않을 것이다. 그러므로 석존은 단계별로 인간으로서 행복해질 수 있는 원론적인 이야기를 한 후, 마지막으로 가장 궁극의 비법인 부처의 생명에 대해서 설한 것이다. 과거 이전경에서는 정토(淨土: 부처가 상주하는 정토)와 예토(穢土)로 나뉘어 부처와 범부의 생명을 단절시켰다. 부처가 살 수 있는 공간은

---

14 석존은 "나는 실로 무량무변백천만억나유타겁이라는 구원의 옛날부터 성불했다고 말한다. 즉 법화경 적문과 달리 본문에서는 구계를 끊고 부처가 된 것이 아닌, 구계인 범부의 마음에서도 부처가 있다는 것을 말한 것이다. 이케다 다이사쿠. 2022. 『법화경 방편품 수량품 강의』. p.209.

15 에서 석존의 제자인 사리불 등이 "석존 멸후에 법화경을 홍통한다고 서원한다." 이케다 다이사쿠. 2022. 앞의 책. pp.191-192.

깨끗하고 청정한 정토이며, 범부는 사바세계로서 번뇌로서 더럽혀진 예토에서 사는 것을 말했다. 하지만 법화경에서는 사바세계가 즉 부처가 사는 적광토 즉 사바즉적광의 원리를 말했다. 부처는 현실상의 동 떨어진 공간에서 수행하는 존재가 아닌, 현실세계의 어려움 속에서 일체중생의 행복을 위해 투쟁하는 것이야 말로 부처라는 것을 의미한다. 사바세계가 부처가 사는 적광토이며, 범부의 생명은 구계를 끊어내는 것이 아니라 구계즉불계의 모두가 평등하며, 모두의 생명은 존엄하다는 새로운 불법철리를 밝혀냈다. 부처의 생명은 과거 · 현재 · 미래, 삼세에 걸쳐 영원하며 매번 지용보살로 서원하여 태어난다. 중생을 구제시키기 위해서 하나의 방편으로 태어난 것이며, 죽음을 두려워하지 않고, 모든 것을 기쁨으로 받아들일 수 있는 경애로 전환하게 된다. 부처가 죽는 것도 범부의 모습으로 일시적인 방편으로 보여주는 것이다. 즉 생과 사는 다르지 않다는 생사불이(生死不二)를 통해 죽음을 깨닫으며 두려워지 않고, 현재 충실하게 보내며 보살도의 삶을 통해 훌륭한 부처의 경애를 지니게 되어 삼세 영원한 삶을 살 수 있다는 것이다.

석존이 입멸한 후 사람들은 부처가 남긴 최후의 가르침인 법화경의 내용을 따르지 않았다. 또한 석존은 수행법을 남기지 않았기에 범부는 부처가 되는 방법을 알지 못했다. 석존의 모습과 비슷한 용모를 불상으로 만들어 예배하고, 부처에게 자신의 안온을 바라는 기복신앙으로 변질되었다. 법화경에서는 범부가 자신의 생명상태를 불계로 열어 부처 될 수 있다고 했지만, 사람들은 이를 인식하는 것을 잃어버리고, 성불의 올바른 방법조차 모르는 상황으로 이어지게 된 것이다. 니치렌 불법에서는 이를 말법 시대에 들어섰다고 한다. 사람들이 살고 있는 시대의 배경이 달라지기에 부처의 가르침 역시 통하지 않게 되는 것이다. 석존 입멸 후를 불법에서는 세 시대로 나누고, 불법이 올바르게 홍통되는 정법시대, 불법이 형식적으로 남겨진 상법시대,

마지막으로 불법 스스로의 힘이 완전히 잃어버린 말법시대로 이어지게 된다. 석존이 남긴 법화경 28품은 초기 정법 시대, 중국의 천태대사가 남긴 마하지관은 상법 시대, 그리고 마지막 말법 시대에는 니치렌 대성인이 남묘호렌게쿄(南無妙法蓮華經)으로 나타내 범부가 성불할 수 있는 정수를 남기었다.

남묘호렌게쿄에서 남 즉 나무라는 말은 귀명(歸命)한다는 것을 의미한다. 법화경에 귀의하여 몸과 마음을 다해 모든 사람을 구제하여 광선유포 하겠다는 의미를 담고 있다. 남묘호렌게쿄는 단순히 법화경에 남을 붙였다고 해석하는 것이 아니다.[16] 석존이 말했던 모두가 부처의 생명을 지니고 있고, 부처가 되기를 구원원초에 서원했고, 삼세 영원한 생명상태를 지녔다는 묘법의 원리를 니치렌 대성인이 말법시대에 와서 일법으로 나타낸 것이다. 만인이 성불할 수 있는 근본적인 성불법이고, 우주 근본의 법리를 최초로 나타낸 것이다. 다쓰노구치 법난과 발적현본 이후 니치렌 대성인은 불계의 생명을 만다라로 도현했다. 범부 역시 대성인과 같이 남묘호렌게쿄를 믿고 창제를 하면 자신의 생명이 불계로 용현되고, 부처와 같은 경애로 절대적 행복을 구축해나갈 수 있다.[17] 위와 같은 생명존엄을 기반으로 한 평화사상인 니치렌 불법의 핵심을 간략하게 요약해보았다.

① 모든 사람이 부처의 생명을 지니고 있으며, 한 사람 한 사람의 삶이 그 자체로 소중하다는 **생명존엄사상**
② 나만의 행복이 아닌, 주위 사람들과 함께 행복해지는 자행화타의 신

---

16 "이 법화경의 본문(本門)의 간심(肝心)인 묘호렌게쿄는 삼세제불(三世諸佛)의 만행만선(萬行萬善)의 공덕을 모아서 오자(伍字)로 하였으니"라고 석존과 불법의 모든 수행은 남묘호렌게쿄 이 오자에 들어 있다고 했다.『니치렌대성인 어서 전집』. p.1282.

17 "어본존을 결코 타처에서 구하지 말지어다. 다만 우리들 중생이 법화경을 수지하고 남묘호렌게쿄라고 봉창하는 흉중의 육단(肉團)에 계시느니라"라고 나와 있다.『니치렌대성인 어서 전집』 p.1244.

심으로서 성불할 수 있다는 **자비정신**

③ 말법 시대에 남묘호렌게쿄를 믿고, 일체중생에게 불법을 알리며, 번뇌로 가득찬 사바세계를 회피하는 것이 아닌 사바즉적광의 원리대로 현실세계에서 모두가 평화롭고 행복한 세상인 불국토를 만드는 **지용보살로서의 사명**

2. 니치렌 불법의 생명존엄사상으로 본 비핵사상: 이케다 박사의 스승인 도다 도세이 회장의 원수폭 금지 선언

이케다 박사는 스승인 도다 조세이의 가르침을 후세에 전하기 위해 소설 『인간혁명』을 집필했다. 이 책에서 이케다 박사는 야마모토 신이치라는 인물로 설정했다. 도다 조세이와 야마모토 신이치가 벌이는 불법투쟁의 역사를 『인간혁명』이라는 소설이라는 형식을 빌려 알리려 했다. 『인간혁명』 제1권 서두에서는 "전쟁만큼 잔혹한 것은 없다." "전쟁만큼 비참한 것은 없다."라는 글로 여명의 장이 시작된다. 소설 『인간혁명』에는 니치렌 불법관을 바탕으로 전개된 창가학회의 포교활동과 사회문제를 해결하기 위해 창가학회가 벌여온 평화 운동에 대해 상세히 나와있다.

특히 『인간혁명』 12권에서는 도다 조세이의 회장이 창가학회 청년부 5만 명이 모인 동일본체육대회에서 발표한 원수폭 금지선언에 대해 언급되어있다. 당시 1955년 11월에는 소련이 대형 수소폭탄을 폭발시키는 실험에 성공했고, 운반이 가능하게 만들었다. 즉 원자폭탄 이후 수소폭탄이 개발되고, 실험에서도 성공된 것이다. 수소폭탄이라는 핵무기를 운반하는 운송수단인 ICBM(대륙간 탄도미사일)도 실험에 성공하여, 미사일로 핵무기를 쏠 수 있는 시대가 되었다. 비재래식 무기의 발달로 지구 어디에서라도 쉽게 핵폭탄이

터지게 되며, 냉전 시대 때 미국과 소련은 상대에게 우위를 점하기 위해 핵무기를 지속적으로 개발했다. 도다 조세이 회장은 핵개발 실험이 전쟁억지력으로 이어지고, 이는 군비확장을 계속하는 악 순환에 이른다고 분석했다.

도다 조세이 회장은 모두가 핵을 보유해야 한다는 발상으로 이어지고, 그 결과 핵무기는 전 인류를 말살시킬 정도의 양으로 비대해진다고 말했다. 이처럼 정치지도자들과 과학자들, 그리고 일반 시민까지 포함해 핵무기를 평범하게 바라보며 자국의 안위를 위해서는 개발할 수 있다는 논리를 갖고 있었다. 반면 도다 조세이 회장은 원수폭의 파괴력은 재래식 무기와 다르며, 과학기술과 정치적 논리에 따라 해석되서는 안된다고 보았다. 원자폭탄, 수소폭탄을 합친 원수폭 자체에 숨겨진 본질을 찾고, 인류 한 사람, 한 사람의 생명을 앗아가는 원수폭의 위험성을 간과해서는 안된다고 보았다. 사람의 생명을 통계로 보아 몇 만명이 죽는 것을 당연시 여기면 안된다고 보았다. 니치렌 불법에서는 만인의 생명이 존엄하기 때문에 그 누구라도 다른 사람을 해칠 권리는 없다. 결국 도다조세이 회장은 현재 인간이 갖고 있는 핵에 대한 사고 방식 자체를 바꾸는 것이 필요하다고 했다. 도다 조세이 회장이 창가학회 청년 5만 명 앞에 유훈으로서 발표한 원수폭 금지 선언의 내용은 다음과 같다.

도다 조세이: "핵이나 원자폭탄 실험을 금지하라는 운동이 지금 전 세계에서 일어나고 있지만, 나는 그 핵무기 속에 숨은 발톱을 뽑아내야 한다고 생각합니다. 만약 어떤 나라든, 원수폭을 사용하는 자는 승패에 상관없이 모두 사형에 처해야 한다고 주장하는 바입니다. 왜냐하면, 우리 세계의 민중은 생존권리가 있기 때문입니다. 그 권리를 위협하는 자는 마물(魔物)이고, 사탄이며 괴물입니다. 이 인간사회에, 설령 한 나라가 원자

폭탄을 사용해 이긴다 해도, 원자폭탄을 사용한 자는 승리자라도 모두 사형에 처해야 한다고 나는 주장합니다.""설령 어떤 나라가 원자폭탄을 사용해 세계를 정복할지라도, '그 민족과 원자폭탄을 사용한 자는 악마이고 마물'이라는 사상을 전 세계에 넓히는 일야말로 일본의 모든 청년 남녀의 사명이라고 믿습니다."

니치렌 불법에서는 인간에게는 십계의 생명인 지옥계, 아귀계, 축생계, 수라계, 인계, 천계, 성문계, 연각계, 보살계, 불계의 생명이 모두 갖춰져 있다고 설한다. 우리의 생명은 십계호구로 갖춰져 있고, 각각의 생명 상태 안에 모두 다 불계의 생명이 갖춰져 있으므로 성불할 수 있다고 바라본다. 이케다 박사는 도다 조세이 회장이 발표한 원수폭금지선언을 소설 『인간혁명』에서 불법에서 말한 생명 상태의 관점으로 분석하여 해설했다. 핵무기 그 자체는 '마(魔)'로 바라봤다. 즉 인간의 마음을 미혹하게 하고, 중생의 마음을 파괴하고, 생명을 빼앗는 가장 아래 단계에 있는 생명 상태로 바라보았다. 또한, 이를 사람들이 갖고 있는 불계의 생명 즉 평화를 바라는 마음을 버리라고 유혹하는 제육천마왕(第六天魔王)이 존재한다고 보았다. 이케다 박사는 "인간의 공포심을 전제로 하여, 대량으로 살상을 초래하는 핵무기 보유를 정당화하는 핵억지론이라는 사고방식 자체가 제육천마왕의 작용"이라고 덧붙였다.[18]

이를 통해 니치렌 불법에서 핵무기란 생명 상태에서도 최하에 있는 마물이다. 이 마물인 핵무기가 불계의 생명을 갖고 있는 모든 사람의 생명을 앗아가고, 오히려 대규모 인원을 살상할 수 있는 핵무기를 옹호하는 이들까지 생겨났다. 이미 히로시마와 나가사키에 투하한 폭탄은 20만 명 가까이 무고

---

18 이케다 다이사쿠. 2022. 『인간혁명』 제12권. 완결판. pp.118-119

한 민간인들을 사망하게 만들었다. 불법은 만인이 존엄하고 부처의 생명을 모두 갖고 있다. 모든 사람이 불성을 갖은 소중한 존재이다. 그러므로 부처를 해하는 이는 그 어떠한 이유라도 용납되지 않는다. 만인존엄, 생명존엄의 철학인 니치렌 불법에서 대량살상이 가능한 핵무기를 사용하자는 핵 억지론자들의 주장은 인간으로서의 탐욕과 자신 스스로에게 져버린 마(魔)의 작용이 생명에서 일어난 것이다. 그럼에도 불구하고, 핵무기를 사용하려는 자와, 핵 억지론을 주장하는 자들에게도 불성이 내재 되어 있기 때문에 비핵사상을 충분히 받아들일 수 있다. 니치렌 불법을 기반으로 하는 창가학회는 도다조세이 회장의 유훈인 원수폭금지선언을 기점으로 사람들의 생명을 변혁하는 평화운동을 벌이기 시작했다. 이케다 박사는 1982년 뉴욕에 위치한 UN본부에서 '핵무기 현대세계의 위협' 전시회를 열었다. 또한, 이케다 박사는 전세계 SGI 회원들과 함께 핵무기 폐기 서명운동을 벌여왔다.[19] 1998년 SGI는 〈핵폐기 2000〉이라는 서명운동을 전 세계에서 벌이면서 1,300만 명이 넘는 시민들이 탄원서를 작성한 후 UN에 전달했다. 또한, 2000년도에는 일본 창가학회 회원들은 〈에벌리션 2000〉이라는 목표로 전 세계 8백 50여 개의 시민단체와 함께 핵무기 폐기 서명운동을 진행하였고, 500만 명이 넘는 사람들이 동참했다.[20] SGI는 2007년부터 NGO 단체인 ICAN(핵무기폐기국제운동)과 함께 세계 19개국 80개 도시에서 핵무기 없는 세계를 주제로 전시를 진행하였고, ICAN은 2017년 노벨평화상을 수상할 수 있었다.

이처럼 이케다 박사는 니치렌 불법에서 말하는 인간의 불성을 믿고, 핵무기에 대한 사고를 바꾸고, 생명이 존엄하다는 원칙을 사람들에게 인식시키

---

19 Daisaku Ikeda 홈페이지. "평화의 길을 개척." https://daisakuikeda.or.kr/peacebuilder/peacebuilder_01_01. html. 검색일: 2024.12.30.

20 『화광신문』. 1998.2.6. 제282호.

는 역할을 꾸준히 지속해왔다. 니치렌 불법이 추구하는 지용보살로서의 사명, 즉 행동하는 불법자의 역할을 해옴으로써 국제사회에 어떠한 논리가 핵무기 사용이 정당화 될 수 없고, 근본적으로는 핵무기 자체가 인간의 마음을 파괴하는 마(魔)라는 것을 간파하는 것이 기존의 이론과 달리 차별성 있었다. 사람들의 마음을 바꿔 '핵무기 폐기'로 움직인 결과를 몇천만 명이 넘는 서명운동으로 증명되어 진다. 핵무기를 절대 악(惡)으로 보는 시민들의 사고는 전 세계에 비핵사상을 심어 정치지도자들이 핵무기를 사용하지 못하는 압박으로 이어지게 된다. 이는 국가 간 서로의 핵 보유로 인해 핵을 쏠 경우, 보복할 가능성이 있어 전쟁이 일어나지 않는다는 핵억지론의 논리가 틀렸다는 것을 증명할 수 있다. 이케다 박사가 원수폭 금지 선언을 계승하여 보여준 평화운동은 국제사회에 지대한 영향을 끼쳤다. 만약 핵무기에 대한 인류의 사고를 바꾸지 않는 평화운동이 단 한 번이라도 없었더라면, 핵무기를 사용한 전쟁은 일어날 가능성이 충분히 존재한다. 니치렌 불법에서 설하는 생명변혁의 원리를 차용한 창가학회 평화운동은 전 세계 핵무기 폐기를 위한 새로운 접근법으로 볼 수 있다. 이케다 박사가 만난 영국의 역사학자인 아널드 토인비 박사, 핵물리학자인 조지프 로트블랫 박사를 비롯한 전 세계 7000명이 넘는 수많은 지식인들과 IPPNW(핵전쟁 방지 국제 의사회), ICAN, 한국에는 경희대학교와 한국외국어대학교 명예철학박사, 북한대학원대학교 석좌교수, 그리고 세계 유수의 대학들이 이케다 다이사쿠 연구회를 창족하면서 니치렌 불법의 평화사상을 기반으로 한 비핵화 방식에 동감했다. 니치렌불법의 생명존엄 사상은 비핵화를 이루는 방식의 새로운 패러다임으로서 변화될 수 있다고 보여진다.

3. 이케다 박사의 평화제언으로 보는 비핵사상

이케다 박사는 앞서 말한 원수폭 금지선언 이후 1967년 미군의 북 베트남 폭격 중지와 평화유지회의 개최 제안과 1968년 핵무기 제조 · 실험 · 사용 금지 및 핵무기 폐기, 1975년 핵의 평화적 이용 등 스승인 도다 조세이의 유지를 받들어 제언을 하였다. 그리고 1975년 1월 26일 미국 괌에서 세계 51개 국 회원들이 모여 니치렌 불법의 세계 조직인 SGI를 창립했다. 이를 기념하여 8년 뒤인 1983년부터 '1.26 SGI의 날 기념제언'으로 세계를 향한 평화제언을 하고 있는 중이다. 평화제언은 2022년까지 40회, 핵 폐기와 관련되어 이례적으로 2023년 1월 11일 우크라이나 위기와 핵문제에 관한 긴급제언, 2023년 4월 27일 히로시마 G7 정상회의에 관한 제언 등을 두 차례 연이어 내놓았다. 또한, 2023년부터는 '1.26 SGI의 날 기념제언' 이라는 명칭을 사용하지 않고 핵 폐기와 관련된 제언을 내놓았다. 평화제언은 불평등 해소, 빈곤 문제, SDGS 추진, 비핵화 등 다양한 사회문제들에 대한 해결책들을 제시해왔다. 그 중에서도 비핵화와 관련되서는 핵무기에 대한 국제사회의 조약 시행 및 준수, 국제사회 협의체 구성과 비핵화 대화, 청년을 육성으로 하는 새로운 시대적 전환, UN을 통한 적극적인 역할 강조 등이 있다. 특히 국제사회가 비핵화를 이루기 위한 여러 조약들을 평화제언에 많이 등장한다. 비핵화 조약들의 방향성을 제시하면서 크게 세가지로 나눌 수 있다.

1) NPT 재검토회의를 계기로 핵무기 사용의 고도경계태세를 해체한다.[21]

이케다 박사는 1969년 6월 12일 유엔총회에서 채택된 NPT(핵확산금지조

---

21   이케다 다이사쿠. 2017. "제42회 SGI의 날 기념제언: 희망을 여는 새벽종 청년의 대연대"; 이케다 다이사쿠. 2019. "제44회 SGI의 날 기념제언: 평화와 군축의 새로운 세기를."

약)이 50년이 흐른 지금, 다시 NPT에 대한 재검토가 필요하다고 제안했다. NPT는 핵무기금지조약(TPNW) 이전에 전면적이고 핵군축을 교섭할 의무가 있는 가장 뿌리에 있는 조약이기에 매우 중요하다고 볼 수 있다. 또한 현재 세계 약 191여 개국이 NPT 조약에 참여하는 보편적인 합의이다. 하지만 NPT 조약은 비핵국가들에게는 핵무기의 운송 및 개발과 기술이전이 불가능하지만, 핵무기 보유국가인 P5에게는 핵탄두를 갖고 있고, 핵무기에 대한 기술이 있기 때문에 핵무기 군축이 없는 현상유지적 불평등 조약이라는 비판을 받을 수 밖에 없었다. 그러므로 NPT 협상 초기에 핵무기 비보유 국가들이 NPT 조약에 참여하는 것은 어렵다고 분석했다. 이케다 박사는 NPT 조약에 핵무기 비보유 국가들도 참여하게 된 이유는 핵보유국이 비보유국이 주장한 NPT 6조 문항을 추가했기 때문이라고 분석했다.

> NPT 6조: 조약당사국은 조속한 일자내에 핵무기 경쟁중지 및 핵군비 축소를 위한 효과적 조치에 관한 교섭과 엄격하고 효과적인 국제적 통제하의 일반적 및 완전한 군축에 관한 조약 체결을 위한 교섭을 성실히 추구하기로 약속한다.

> 이케다 박사: "교섭 과정에서 비보유국의 주장을 바탕으로 핵보유국이 완전한 핵군축을 목표로 성실하게 교섭한다는 제 6조 서약을 넣었습니다. 다시 말해 핵확산에 강한 위기감이 있던 핵보유국에 대해 비보유국이 핵군축을 서약을 신뢰하고 다가가 NPT 체제를 시작할 수 있었습니다."

즉 핵군축에 대한 구체적인 규정은 없지만, 핵보유국이 핵군축을 성실하게 추구하기로 한 NPT 6조가 있음에 따라 비핵국가들도 신뢰를 갖고 참여할 수 있었던 것이다. 그러므로 이케다 박사는 'NPT 재검토회의'를 기점으로 국제사회가 핵군축에 대해 성실하게 교섭하겠다는 NPT 6조의 내용을 더욱 초점을 맞춰 여러 주체들이 토론하고, 이행하자고 제안했다. 이케다 박사는 NPT 조약이 쿠바 위기 후에 핵보유국이 수평적 확산으로 25개국이 늘어나는 것을 막았지만, 여전히 현재 상황이 고착화되었다는 것은 명확히 남겨 있기 때문에 NPT 6조에 내용을 재검토해야 한다고 직시했다. 이케다 박사는 국제사회가 2000년부터 2015년까지 4회 걸쳐 실시한 NPT 재검토회의 중에서 "2015년에 열린 회의에서 NATO(북대서양조약기구) 가맹국이자 핵의존국인 덴마크, 노르웨이, 아이슬란드가 '핵무기 사용이 초래한 인도주의의 괴멸적인 결과에 대한 깊은 우려'"라고 표현한 것이 큰 의미로 봐야한다고 보았다. NPT 6조에 원칙에 따라 국제사회가 서로 핵무기 군축에 대해 교섭할 수 있는 장을 지속적으로 만들어야 하며, 핵무기의 역할을 축소하고 이에 따라 개방형 작업반 설치'를 주장했다. 또한 다른 구체적인 조치들을 논의하는 '유엔핵무기 삭감방칙을 정하는 군축특별총회 등을 개최를 통해 수평적 군축뿐만 아니라 핵보유국들의 수직적군축이 NPT 6조가 신뢰받을 수 있게 만드는 가장 이행되어야 할 사항이라고 설명했다. 향후 2025년에 개최되는 NPT 재검토회의에서 다국간 핵군축 교섭의무를 실시하자고 주장했으며, 군축총회에서는 국가 뿐만 아니라 비핵화를 위해 노력하고 있는 여러 시민단체가 더욱 발언을 할 수 있게 만들고 대화와 합의가 이뤄져야 함을 강조했다.

이케다 박사가 이끄는 SGI 역시 1982년 UN에서 열린 제 2회 군축특별총회에서도 '핵무기 위협전'을 개최했고, 군축교육을 제 4회 총회에서도 실시했다. 이와 같은 군축을 원하는 시민사회와 국가들이 협력하고, 대화를 통해 소련의 고르바초프 대통령과 미국의 부시 대통령이 조치한 고도경계태세 해제, 소련의 흐루쇼프 서기장과 미국의 케네디 대통령이 타협한 쿠바 미사일 위기 등 복잡한 정치적 해독들을 해결하는 것은 '성실한 대화'를 통해 쉽게 해낼 수 있다는 전례가 있으므로 NPT 6조를 어떻게 구체적으로 이행할지를 여는 NPT 재검토회의와 핵군축총회 때 시민사회까지 포함한 거버넌스적 합의야말로 국제사회가 깨우쳐 우선시되어야 할 일이라고 도출되어진다.

2) 새롭게 발효된 핵무기금지조약의 보편화와 국제사회가 적극적으로 참여한다.

TPNW은 2017년 7월 7일 UN 총회에서 채택되었다. NPT를 계승하여 핵무기금지조약에 참여한 당사국 모두가 핵무기 개발, 실험, 제조, 보유, 사용, 기술이전 등 모든 것들을 금지한다. NPT가 핵보유국에 대해 강력하게 이행하는 것이 부족했지만, 핵무기금지조약은 핵보유국과 비핵국가들을 차별하지 않고 모두가 핵무기를 폐기하고, 사용하지 않는 등 군축이 확실시되게 만들어지고 발전된 조약이다. 2021년 기준으로 서명국 86개국과 비준국 52개국이다.[22] 이케다 박사는 TPNW의 의의는 "핵무기 사용 자체를 '지구상에 존재하면 안 될 무기'라는 점을 조약으로 명확히 규정하는 시대가 지금 막 열렸다"라고 말했다.

이는 앞서 말했던 이케다 박사의 스승인 도다 조세이 회장의 '원수폭 금지 선언'의 내용과 맞닿은 내용이었다. 당시 핵무기에 대해 기존의 현실주의, 이상주의와는 다른 근본적으로 핵무기의 근본이 인간의 마성과 존재 자체야말로 사악이라고 규정했다. 이케다 박사는 1958년 1월에 법화경에서 비유한 삼거화택의 비유를 빗대어 원수폭금지선언의 의의를 밝혔다. 불법(佛法)

---

22 2021년 1월 22일 기준 핵무기금지조약의 비준국은 오스트리아, 쿠바, 뉴질랜드, 남아프리카공화국, 베트남 등이 있고, 서명국에는 브라질, 아일랜드, 멕시코, 칠레 등이 있으며 점차 확대 중에 있다.

에서 설한 법화경의 삼거화택의 비유[23]처럼 아이들은 불이 났음에도 현상을 무서워하지 않았다. 그러므로 아이를 구하기 위해서는 원수폭 자체가 위험 그 자체라는 것을 사람들의 생명 안에 깃들이는 것이 중요했다. 이케다 박사는 불법에서 설한 자비와 동고(同苦)의 마음으로 '모든 사람을 구제한다'는 것이 중요하다고 말했다. 즉 핵무기에 대한 단순 힘의 현상과 분석이 아닌, 핵무기 근절에 대한 인식과 실천이 중요하다는 것이야말로 새로운 정치철학이라고 볼 수 있다. 그로부터 60여 년이 지난 현재, 핵무기 자체를 금지하는 조약이 국제법으로 비준과 효력을 받아 인정되었다. 핵무기 금지조약의 발효를 넘어 이케다 박사가 주장한 '핵무기금지조약의 보편화'는 한계에 좌절하는 것이 아닌, 국가의 안전보장이라는 것이 아닌 핵무기로 피해보는 사람, 인간의 생명존엄이 중요한 시대정신(Zeitgeist)으로 전환되었다.

이케다 박사는 핵의존국과 비회원국가들이 핵무기금지조약 당사국회의에 참관국으로 참여해야 한다고 주장했다. 점차 핵무기금지조약 비준에 참여하려는 의사를 보인 국가들은 많아지고 있다. 하지만 아직까지 핵무기 보유국가인 P5와 핵우산을 받는 여러 강대국들이 핵무기금지조약에 참가하지는 않고 있다. 이를 위해 이케다 박사는 인류 역사상 여태까지 첫 피폭국인 일본의 핵무기금지조약에 참여를 촉구하고 있다. 일본이 핵무기금지조약에 참여할 수 있는 이유는 미국의 영향력이 존재하는 NATO의 사례를 보았을 때 NATO는 회원국에 대해 핵무기에 대한 대응책은 국가가 자율적으로 하는 것이라고 밝혔고, 이에 따라 노르웨이와 스위스, 독일 등이 핵무기금지조

---

23 삼거화택의 비유는 법화경(묘법연화경) 28품에서 나오는 비유품 중 삼거화택의 비유이다. 어느 장자가 있었는데, 이 장자는 재산이 많았고 그의 저택에 큰 불이 났다. 어린 자식들은 노는데 정신이 팔려 위험을, 알아차리지 못했고, 장자는 아이들이 좋아하는 수레 장난감을 주며 유혹했고, 아이들은 불이 난 집에서 나왔다. 즉 불법의 여러 가르침은 방편이었고, 법화경은 부처의 진정한 가르침을 의미한다.

약에 참관국으로 참여하겠다고 발표했다. 그리고 핵무기금지조약에는 핵보유국과 동맹관계를 금지해야 한다고 명시되어 있지 않다. 2017년부터 일본 역시 핵보유국과 비보유국의 지식인들을 모아 핵 군축의 실질적인 진전을 위한 현인(賢人) 회의를 진행하고 있다. 일본은 핵무기로 결과적으로 히로시마, 나가사키 피폭 경험이 존재하며, 최근에는 후쿠시마 원전사고까지 일어나는 등 핵에 대해 충분히 금지해야 된다는 사회적 공감대가 형성되고 있다. 그러므로 일본이 핵무기금지조약을 조기에 비준에 나서야 하며, 이를 위한 충분조건은 갖춰져 있다. 국제사회는 핵무기금지조약을 기준으로 삼아 보편화시켜야 한다. 이케다 박사는 핵의존국가와 핵보유국가 들 중 핵무기금지조약에 참여할 수 있는 첫 시작은 일본이 나서고 비핵국가들과의 다리 역할을 할 수 있다고 분석했다.

3) 핵무기 선제사용포기 서약을 통해 불확실한 국제정세 속 핵전쟁 가능성을 제거한다.

우크라이나 전쟁의 전면전은 2022년 2월 4일에 발생했고 러시아가 우크라이나가 NATO 가입을 헌법에 명시한 것에 대해 반발하여 일으켰다. 우크라이나 전쟁의 피해는 민간인 사망자가 약 2만 명 넘게 추산이 되고, 피난민은 약 790만 명으로 유럽 전 지역으로 전쟁을 피해 도망쳤다. 우크라이나는 세계 최대의 곡창지대인데, 이로 인한 식량위기와 러시아 산 천연가스로 인한 에너지 위기 등 전쟁의 장기화로 전 세계의 경제가 위협을 받고 있다. 1년 반 넘게 진행된 전쟁은 러시아가 북한이 재래식 무기와 항공우주 기술을 거래하는 등의 양상으로 이어져 서방과의 대립으로 나타났다. 최근에는 러시아가 벨라루스의 핵무기를 배치하였고, 우크라이나 국경 내 원자력발전소 인근을 드론으로 공격하는 등 핵전쟁의 가능성을 부인할 수는 없는 상황이다.

우크라이나 전쟁은 단순히 국가 간, 지역 간의 전쟁이 아니다. 이케다 박사는 우크라이나 전쟁으로 인해 핵과 관련한 모든 체계가 무너질 위험에 놓여있다고 분석했다. 이전과는 다르게 핵무기 위협이 짧은 시간 내에 끝나는 것이 아니라, 우크라이나 전쟁의 장기화로 우발적인 핵무기 사용도 일어날 가능성이 존재한다.

이케다 박사는 신전략무기감축협정(New Start)이 2023년 2월 러시아가 일시 중단하였고, 미국도 자국 내 전략 핵무기에 관한 정보제공을 중지하는 등 그동안 양국이 핵무기 감축을 위해 노력해 온 체계 자체가 무너지는 것이라고 말했다. 만약 New start가 폐기된다면, 전략무기제한협정(SALT)를 채결한 1972년부터의 '핵무기에 관한 투명성'과 '상호 간 예측가능성 확보' 역시 허사가 되어버리게 된다. 이케다 박사의 제언처럼 전 세계 90% 가까이 핵무기를 차지하고 있는 미국과 러시아의 핵무기 감축 조약이 폐기 된다면 이는 걷잡을 수 없는 전 세계의 핵무기 사용이 당연시 될 가능성이 높다고 분석된다. 이에 대한 해결책을 이케다 박사는 국제사회가 '핵무기 선제사용 포기'를 확립해야 한다고 주장했다.[24]

이케다 박사: "쿠바 위기를 비롯해 핵전쟁을 초래할 수 있는 사태를 여러 차례 맞닥뜨린 가운데 핵보유국 사이에서도 인식 되어 온 '핵 사용에 대한 금지 의식'이 약화되고, 핵군축이나 핵관리의 체계도 잇따라 무너지는 지금, '핵무기 선제사용포기'의 확립은 그 어느 때보다 급선무라고 다시 한번 강력히 주장하는 바입니다."

---

24 이케다 다이사쿠. 2023. "우크라이나 위기와 핵문제에 관한 긴급제언: 평화 회복을 위한 역사 창조력의 결집을."

이케다 박사: "'핵무기 선제사용포기'의 서약은 지금의 핵보유 개수를 유지한 채로도 착수할 수 있는 정책이지만, 세계에 현존하는 약 1만 3000발의 핵무기 위협이 곧바로 사라지지는 않을 것입니다. 그러나 핵보유국 사이에서 서약이 확립되면 '서로 느끼는 공포심'을 없애는 돌파구가 될 수 있습니다. 그리고 그것은 '핵억제를 전제로 한 핵무기의 끊임없는 증강'이 아닌, '참극을 방지하기 위한 핵군축'으로 세계 전체의 방향성을 바꾸는 절호의 기회가 될 수 있다고 강조하고 싶습니다."

미국과 러시아의 '핵무기 선제사용포기' 서약은 New start 보다 양국에게 큰 부담이 없는 조약일 수 있다. New start가 핵군축 의무가 있었다. 이케다 박사가 양국에게 주장한 핵무기 선제사용포기 서약은 두 국가가 앞으로 핵무기를 사용하지 않겠다는 의사만을 확인하는 일이다. 따라서 우크라이나 전쟁으로 인해 양 측 간의 핵전쟁의 가능성이 도래할 수 있다는 불확실성을 제거할 수 있게 만들어준다. 핵무기 선제사용포기 서약은 이전과 달리 핵군축을 하거나, 시설을 폭파하는 등의 추가적인 조치가 아니라, 양 측이 핵무기를 사용하지 않겠다는 의사를 확인하는 일이기에 이전 협정과 달리 지도자들 간의 소통과 결단이 있다면 충분히 실현 가능할 만한 조약이 될 수 있다고 보여진다. 또한, 이케다 박사는 NPT 6조의 내용과 핵무기금지조약의 이념과 핵무기 선제사용포기 서약의 정신이 서로 맞닿아 있다고 주장했다. 이에 따른 시너지는 혼탁한 국제정세 속에 핵무기 전면 불사용이라는 대원칙을 다시금 모든 행위자들에게 확산시켜 나갈 것이다.

Ⅳ. 조영식과 이케다 다이사쿠 비핵사상의 공통점

조영식 박사와 이케다 다이사쿠 비핵사상의 공통점을 찾음으로써, 핵문제에 대해 새로운 해결책을 제시할 수 있다. 두 사람은 인간의 생명이 소중하다는 것을 대전제로 비핵사상을 전개해나갔다. 조영식 박사는 인간중심주의를 근본으로 세계시민이 해야할 당위들을 오토피아로 정리했다. 이케다 박사는 니치렌 불법을 바탕으로 법화경에 나와있는 것처럼 모두의 생명은 존엄하고, 그 모습 자체로 부처가 될 수 있기에 타인의 생명을 빼앗을 수 없다고 주장했다. 두 박사의 사상적 공통점은 국가 안보라는 이유하에 핵무기가 인간의 생명보다 우선시 될 수 없다는 점이다. 핵전쟁이 일어나면 핵무기는 단발성에 그치는 것이 아니라 연쇄적으로 일어나고 핵전쟁에는 절대적인 승자가 존재하지 않으며, 오히려 전쟁을 일으킨 국가도 피해를 볼 수 있다. 두 박사는 핵전쟁이 불러일으키는 인명피해는 매우 비참하며, 생명존엄이라는 세계시민이 가져야 할 가장 기본적인 사상에 어긋나는 일이다.

첫 번째로 조영식 박사는 인간중심주의를 주창하면서 인류사회가 인간답게 살아야 되고, 인간의 본연성을 되찾는 것이 중요하다고 말했다. 물질주의가 아닌 인간을 중심으로 평화, 문화, 교육의 세기를 만들어야 하며 모든 제도는 인간을 위해 만든 것이라고 말했다. 인간중심주의에서는 인간을 이성적 존재라고 규정했으며, 인간을 위한 사회가 필요하다고 보았다. 이케다 박사 역시 니치렌 불법의 생명존엄 사상을 외쳤다. 이케다 박사는 '인간을 위한 종교'가 되어야 하며, '종교를 위한 인간'이 절대 아니다. 이 점이 '21세기 종교'의 근본원칙이라고 말했다. 이케다 박사는 어디서부터라도 한 인간의 소생에서부터 출발해, 인간혁명을 통한 사회혁명을 해야 한다며, 니치렌 불법의 법화경의 법리가 이와 같다고 설명했다.[25] 이처럼 조영식 박사와 이케다 박사의 평화사상의 첫 번째 공통점은 인간을 중심으로 하는 생명존엄사상으로 정리할 수 있다. 두 박사 모두 인간이 배제된 채 발전하는 과학기술과 사회제도는 모두 잘못되었고, 진정한 평화는 한 사람의 인간을 소중히 하는 것부터 시작되고, 인간을 생각하면서 평화로 나아갈 수 있다고 보았다.

두 박사의 인간을 중심으로 하는 생명존엄사상은 비핵사상에서도 볼 수 있는데, 조영식 박사의 이론대로 인간중심주의를 배제한 채 핵무기를 개발한다면, 다수가 죽음에 이를 수 있는 비인간적인 일이며, 지구사회에 불안감 조성을 불러일으키는 것임으로 개발되어서는 안된다.[26] 이케다 박사는 국가의 안전보장을 위해 핵무기 사용이 정당화된다면 자국의 국민 역시 희생자가 발생할 것이고, 핵무기를 사용하지 않을지라도 핵실험에 따른 방사능 피폭으로 많은 사람이 목숨을 잃고, 암 유전성 질환으로 고통받고 핵무기 주변 시설에도 피해가 확산된다면 그 개발 자체로부터 비참한 상황이며 민중이 고통받는다라고 주장했다. 결론적으로 두박사의 비핵사상 공통점은 핵무기는 인간을 배제한 기술이기에, 어떠한 이유서라도 개발을 정당화시킬 수 없다는 점을 도출해낼 수 있다.

두 박사는 비핵사상을 더 진전시켜, 핵무기 자체가 절대 악이라고 규정했다. 조영식 박사는 핵무기 개발이 인간의 사악한 마음에서 비롯되면 도덕적으로도 잘못되었다고 말했다. 이케다 박사 역시 니치렌 불법에 관점으로 해석했을 때 인간이 핵무기를 사용하는 것은 인간의 생명상태에 있는 마(魔)에 지는 행위라고 분석했다. 이케다 박사는 핵무기를 사용하는 사람이 마의 마

---

25 이케다 다이사쿠. 2017. 『법화경의 지혜』보급판. 상. p.20.
26 이케다 다이사쿠. 2009. "핵비무장 제언: 핵무기 폐절을 향한 민중의 연대를."

음이 일어난다고 분석하는 데 이때 마란 "언제나 순간순간 상대방보다 뛰어나기를 바라고, 남에게 뒤지는 일을 견디지 못하고, 다른 사람을 얕보며 자기를 존귀하게 여기는 승타(勝他)의 욕망이 인간 생명에 잠재되어있다고 말한다. 또한 이 마는 모든 것을 자신을 위한 수단으로 삼으려는 욕망 즉 '타화자재천(他化自在天)'이라고 말한다.[27] 즉 타인, 타국의 아픔에 상관없이, 안보상의 이유로 핵무기를 정당화하는 것은 핵무기가 절대 악(惡)임을 인식하지 못해서 발생하는 일이기 때문이다. 그러므로 이케다 박사는 타인의 고통을 느끼지 못하는 냉전시대의 유산인 핵억지론을 청산해야 할 때라고 주장했다. 핵무기 자체를 어느 국가가 보유하면 '좋은 핵무기', 적대적인 국가가 개발하려면 '나쁜 핵무기'라는 시각으로 봐서 전 세계를 위협하고 있는 핵문제를 해결할 수 없기 때문이다. 안보딜레마, 무기의 균형 등 국제정치의 논리는 핵무기 자체에 집중한 것이 아닌 주변 상황적 요소에 따라 해석한 현상적 해석이다. 이에 따라 사람들은 원래 핵무기의 모습 자체를 망각해버리게 된다. 조영식 박사와 이케다 박사는 핵문제를 해결하기 위해서는 어떤 접근이 필요한가를 고민하게 된 것임으로 핵무기 자체가 그야말로 절대 악이라는 것을 모두가 인식하는 것이 핵문제 해결에 첫걸음이 된다.

인간이 핵무기에 대해 절대 악임을 인식하지 못하는 경우가 있음에도 불구하고, 조영식 박사와 이케다 박사는 인간의 가능성을 믿고 세계시민 간 대화와 연대를 통해 핵문제를 해결할 수 있다고 보았다. 조영식 박사는 의식혁명(意識革命)을 통해 인간이 소망할 수 있고 평화로운 사회인 오토피아를 실현해나가야 한다고 주창했다. 인간 스스로가 평화롭고 조화로운 사회를 만들 수 있고 이를 밝은사회운동(GCS)와 같은 의식혁명으로서 해낼 수 있다.

---

27 이케다 다이사쿠. 2009. 앞의 논문.

이케다 박사는 니치렌 불법의 가치와 맞닿은 인간혁명(人間革命)을 통해 "한 사람의 위대한 인간혁명은 이윽고 한 나라의 숙명도 전환하고, 나아가 전 인류의 숙명전환도 가능케 한다"라고 말했다. 이케다 박사는 인간혁명의 원리대로 핵을 용인하는 사상을 믿는 사람들의 마음을 바꿔야 한다고 주장했다. 이케다 박사가 회장으로 지낸 SGI도 IPPNW(핵전방지를 위한 국제의사기구)가 추진하는 '핵무기 폐절 국제캠페인'에 동참했으며, 이 밖에도 핵무기에 대한 수많은 반대 운동을 SGI 맴버들과 펼쳐왔다. 이케다 박사는 "핵무기 폐절을 위해서 싸워야 할 상대는 핵무기, 핵보유국, 핵개발국도 아니며 진정으로 대결하고 극복해야 할 대상은 '핵무기를 용인하는 사상'이다"라고 말했으며 이는 "한 사람의 한 사람의 의식변혁의 파동을 일으켜 지구 전체에 넓히는 도전이 핵시대를 종식시키는 지각변동이 될 수 있다"라고 주장했다.

두 박사의 의식혁명과 인간혁명은 인간이 평화를 위해 살아갈 수 있는 존재로 변화될 수 있음을 확신한다. 한 사람, 한 사람이 핵무기의 존재 자체로 위험하다는 것을 깨닫고 모든 사람의 생명존엄과 세계평화를 위해 비핵화의 목소리를 호소할 때 강력한 네트워크가 구축되며 국가의 핵무기 사용을 방지할 수 있다.

세계평화와 생명존엄을 위해 비핵화를 실현해야 한다는 가치를 사람들의 마음에 씨앗으로 자리 잡기 위해서는 무엇보다도 상호 간의 '신뢰 넘치고 진실한 대화'가 필수적이다. 조영식 박사는 지역 국가 간 대화 협의체와 UN의 기구들을 통해 지역이 협력한 후 통합하며 지구공동사회(Global Common Society)를 이뤄 평화로운 국제사회를 만들어야 한다고 말했다. 이케다 박사 역시 UN을 통한 핵 군축 회의와 UN에서 비준된 NPT 조약의 재검토, 핵무기금지조약을 성실히 이행하자고 제안했다. 국가 간 대화를 하지 않는 상황에서는 상대의 의도를 분명하게 파악하지 못한 채 우발적인 핵무기 사용이

나올 가능성을 배재 할 수는 없다. 인류가 겪어온 핵과 관련된 수 많은 위기들은 모두 대화를 바탕으로 한 조약으로 해결되었다. 그렇기에 국가뿐만 아니라 시민사회도 함께하여 핵군축과 핵폐기, 그리고 핵무기 선제사용금지에 대해 토의하며 조약을 맺어 나아가야 한다. 이에 더하여 세계 시민들을 대상으로도 핵무기 위험성에 대한 인식이 재고되어야 하며, 군축교육도 실시해야 한다. 그렇기 위해서는 핵무기를 반대하는 모든 주체의 협력이 필요하고, 현 국제상황 속에서 제일 시급한 핵무기 선제사용금지를 시작으로 핵군축, 핵폐기 등의 단계적 접근 역시 실현될 가능성이 높다.

조영식 박사와 이케다 박사의 비핵사상 공통점을 큰 틀로 정리해보자면 ① 인간의 생명이 무엇보다도 소중하다는 것을 대전제로 해야하며, ② 핵무기 자체는 절대 악이라는 것을 세계시민이 깨우쳐야 하며, ③ 인간의 가능성을 믿고 세계시민 간 대화와 연대를 바탕으로 국제사회에서 조약을 맺으며 핵무기 폐기를 향하여 인류사회가 도전해나가야 한다는 것이다.

V. 북한 핵무기 개발의 현황 분석- 북한 핵 개발 역사 및 의도 분석

1. 북한의 핵 개발 역사 및 북핵 기술 발전의 현재 진행형

1962년 북한은 영변에 원자력 연구소를 소련에 도움을 얻어 만들었다. 1980년에는 흑연감속로를 착공하여 핵무기를 만드는 재료인 플로토늄을 추출할 수 있는 기술을 확보했다. 1990년대는 국제사회가 북한의 핵무기 개발을 의심하고 있었으며, IAEA(국제원자력기구)가 북한에 사찰을 하려 시도했지만, 북한이 이를 거부했고 NPT 조약을 탈퇴하게 되면서 이후 제 1차 북핵

위기를 기점으로 북한 핵문제는 현재 진행 중이다. 북한은 2006년 10월 제 1차 핵실험을 한 이래로, 2017년 제 6차 핵실험 성공으로 핵탄두의 표준화, 규격화, 소량화, 경량화 및 수소폭탄 실험에 성공했다고 주장하고 있으며, 대체적으로 기술이 완성화 단계에 있다고 보여진다.[28] 북한의 ICBM(대륙 간 탄도미사일) 중에 화성 17형은 마하 속도로 미국을 타격하는 데 가상실험 한 결과 33분 안에 도달한다. 북한은 이제 핵무기 개발, 보유, 그리고 발사할 수 있는 운송수단과 정찰위성까지 모든 것을 갖춘 실질적 핵보유국이 되었다. 더 나아가 북한은 최고인민회의 제 14기 9차 회의에서 사회주의 헌법 제 4장 58조에 "핵무기 발전을 고도화하여 나라의 생존권과 발전권을 담보하고 전쟁을 억제하며 지역과 세계의 평화와 안정을 수호한다"라고 핵무력 사용을 헌법화 시켰다. 이제 북한은 핵보유국으로서 국제사회에 인정받으려는 시도를 하고 있으며, 북한 스스로도 핵무기를 포기하지 않겠다는 의지를 보여주고 있으며 한반도 내 북한의 비핵화는 점차 어려워질 것으로 판단된다.

2. 미국의 핵무기에 대한 북한의 안보 위협

북한의 핵 개발은 6.25 전쟁부터 한반도 내에 미군 핵무기 위협과 비대칭적인 군사적 차이로 인한 현실적 상황임을 인지해볼 수 있다. 미국은 이미 맨해튼 프로젝트 성공으로 핵무기를 1945년 보유하고 있었으며, 당시 북한에 우호적인 중국은 미국이 핵무기로 인한 위협을 대만과의 갈등을 통해 벌이면서 핵 무력의 격차를 인지할 수 있었다. 또한, 6.25 전쟁이 끝난 후에도 미국의 핵무기가 한반도 내 배치가 되면서 북한의 비재래식 무기로서 남

---

28 서울대국제문제연구소. 2020. 『북한이 핵보유국이 되면 어떻게 달라지는가』. 사회평론아카데미. p.356.

한과 미국을 대항하기는 한계가 존재했다. 미국이 한반도 내에서 1991년 부시대통령이 전 세계에 '전략 핵무기 배치'를 철수하겠다는 선언을 통해 군비경쟁의 양상이 균형이 맞춰졌다. 이를 틈타 탈냉전 직후 북한은 핵무기 보유를 하여 다시 군비 경쟁은 불균형인 상황이 되었고, 남한보다 핵보유로 인해 더 유리한 상황으로 전개되었다. 미국은 북한의 핵무기는 인정하지 않고 국제사회에 제제를 요청하는 한편 미국이 전략적으로 선택된 신흥 핵무기 보유국들에게는 핵보유를 암묵적으로 묵인해주고 있다.[29] 중국을 견제하기 위해서 인도, 아프가니스탄 견제를 위해서 파키스탄, 그리고 이스라엘까지 미국은 예외적인 핵무기 정책을 펼치고 있으며, 북한에게만은 경제제제와 강한 압박을 취하는 모습을 띄고 있다. 따라서 북한은 지난 60여년 동안 핵무기를 개발한 이유는 정치체제를 유지하고 미국으로부터 자국의 안보를 지키는 동기에서 시작되어진 것으로 분석된다.

3. 사회주의권 경제 몰락 및 북한 경제상황의 악화로 인한 현상타파로서의 '핵무기'

1990년 독일 통일, 1991년 소련 해체 등 동유럽의 사회주의 국가들의 체제가 몰락되고 북한에게 군사적 경제적으로 큰 손실을 입혔다. 남한은 노태우 정부 시기 북방외교를 추진하면서 러시아와 수교를 맺으면서 북한이 국제적으로 고립되는 위기를 겪게 되었다. 사회주의 국가들의 붕괴로 북한은 경제적으로 어려움을 맞이했으며, 1993년에는 홍수피해와 흉작으로 식량보급에 문제가 생겼다. 1994년에는 김일성이 사망했으며, 1996년 북한에서 일

---

29   서울대국제문제연구소. 2020. 앞의 책. 제5장 "미국과 신흥 핵무기 보유국."

어난 식량난과 경제난으로 약 60만 명의 사람들이 아사했을 것으로 분석되어지며 북한에서는 이를 항일 운동의 정신으로 나아가야 한다고 이름을 명칭 하여 '고난의 행군' 시기라고 불려진다. 북한은 경제적 위기 속에서 자국의 안보를 지켜야 되었으며, 재래식 무기보다는 핵무기 개발에만 집중하여 군사비로 낭비되는 부분을 줄이고, 이를 '핵무기 개발'로 일원화하여 집중화시켰다. 김일성의 뒤를 이은 김정일 시기에 새로운 지향점을 내세울 필요가 있었으며 현상타파로서의 핵무기 개발이 이 시기를 겪음으로써 더 발전하게 되었다.

김정은 시대에는 경제상황이 더욱 악화되었으며 새롭게 추구하고자 했던 대외무역은 줄어들었으며, 무역수지는 적자이며 9년 평균 14.1억 달러를 기록했다.[30] 북한은 29개구의 경제 개발구 건설 개발을 시도했고, 국가경제 발전 5개년 계획을 통해 중화학 공업 등을 발전시키려 했다. 하지만 이를 위해서는 해외자본투자가 필수적이지만 2016년 북한의 4차 핵실험 이후 UN 안보리 대북제제가 북한의 경제 전반으로 영향을 미치는 포괄제제로 바뀌게 되고, 2020년 코로나 19로 인한 국경봉쇄로 −4.5% 성장률을 기록하며 1997년 고난의 행군 −6.5%와 가까운 수치로 경제상황이 악화되고 있으며, 김정은 역시 김정일과 마찬가지로 경제위기라는 현상을 타파하기 위해 핵무기를 고도화시켰고, 안보를 지키기 위해서는 경제력을 핵무기 개발에 집중해야 하는 명분으로 북한 체제 내 경제난으로 인한 동요를 잠재우기 위한 수단으로서도 작동하게 된다.

---

30 이해정. 2022. "주요 담화·연설을 통해 본 김정은 10년의 대외경제정책 분석과 전망." 『신아세아』 29(3).

4. 김일성-김정일-김정은으로 이어지는 백두혈통 3대 세습과 체제 정당성 확보를 위한 '핵무기'

북한은 헌법 내 김일성-김정일 주의를 성문화시켰으며, 조선노동당의 최고 지도자 역시 김정은으로 이어지고 있다. 최근에는 김정은의 딸인 김주애를 '샛별 여장군'이라고 칭하며 9.9절 행사에 보이고 있다. 이처럼 북한은 정권을 혈연관계로 세습화하려고 했다. 새로운 백두혈통의 지도자가 등장할 때마다 명분과 정당성 그리고 능력을 보여줘야 했었다. 핵무기 개발은 북한의 지도자들이 해온 업적 중 가장 눈에 돋보인 성과를 나타냈으며, 경제악화, 인권유린을 막을 수 있는 도구로서 활용되고 있다.[31] 북한은 선군정치를 표방하는 국가로서 당과 군이 일심단결의 모토를 중심으로 나아가고 있다. 북한은 주민 수 대비 군대 규모가 크며, 연간 국가 예산의 16%가 군대에 지출되고, 지상병력은 약 96만 명에 육박한다. 북한의 군사를 기반으로 한 정치, 그리고 사람들의 일상생활 속에서도 사상교육과 행진 등을 시킴으로써 국가를 위해 인민이 희생하고 맞서 싸워야 한다는 이념을 주입시키고 있다. 이는 북한의 최고지도자와 당을 지키는 방법이 핵무기이고, 핵무기 개발과 고도화야말로 북한 인민의 삶을 지킬 수 있다는 논리에 사용되고 있다. 따라서 북한 인민들에게 핵무기가 필수적이라는 사상을 헌법, 당의 외곽 조직, 선군정치 등을 활용했고, 이는 최고지도자 김정은과 백두혈통의 정치체제 안정성을 확고히 만드는 역할을 해내고 있다.

북한의 핵개발을 정리해보자면, 북한 체제의 안정성을 위해 스스로가 선

---

31 뤼디거 프랑크. 2020. 『북한: 전체주의 국가의 내부관점』. 한겨레출판. p.144.

택한 길로 보여진다. 핵무기에 대한 가치판단이 존재하지 않고, 국제정치에서 생각하는 힘의 논리에 좌우되어 개발이 되었다. 특히 최초의 핵무기 보유국이었던 미국이 대만해협과 관련되어 중국에게 핵무기로 위협하는 모습과 한국전쟁부터 가지고 있던 북한의 재래식 무기와 미국의 비재래식 무기는 힘의 불균형을 보여주었다. 또한 미국에 우호적인 국가에게는 암묵적으로 핵무기 개발을 용인하고 했던 점이 북한 정권에게는 안보위협으로 느끼게 만들었다. 1990년 동독과 서독의 통일, 1991년 소련붕괴 등 연이은 사회주의권 국가들의 붕괴와 중국의 시장경제 도입 등은 북한의 사회주의가 무너질 수 있다는 위기의식을 갖게 만들었다. 북한은 고난의 행군으로 인해 계획경제 자체가 실패하게 되었고, 최근에 발표한 국가경제발전 5개년 계획도 큰 성공을 이루지는 못했다. 북한의 경제는 고난의 행군과 코로나 19를 거쳐 마이너스 성장률을 기록하고 있으며, 국민총소득의 격차 역시 매우 크다. 북한은 안보 위협과 경제 위협, 체제 위협을 벗어나고자 현상타파로서의 핵무기를 활용해온 것으로 분석된다. 김정은으로 이어지는 3대 세습이 정통성을 갖기 위해서라도 핵무기는 필수적인 존재로 자리 잡았으며, 6차 핵실험 성공과 대륙간탄도미사일(ICBM) 화성-15 발사 등 비공식적인 핵무기 보유국이 되었다. 이제 북한은 생존 수단으로서의 핵무기가 아닌 핵무기 자체가 평화를 위해서는 정당한 것이라는 결론에 내리게 된다. 최근 사회주의 헌법 제4장 58조에 핵무기를 세계 평화와 지역 안정을 위한 존재라고 발표한 것도 이와 같은 맥락이다. 따라서 북한은 핵무기가 절대 악이라는 인식이 점차 희미하게 되어가며 핵무기 개발을 제어할 수 없는 상황까지 이르게 되었다.

VI. 결론: 미국-북한 핵 군축 조약 및 양국 간 핵무기선제사용금지 각서를 통한 생명존중의 한반도

북핵문제를 해결하기 위해서는 핵무기 보유와 사용 권한이 있는 국가부터 비핵화를 위해 나서는 모습이 중요하다. 미국과 북한은 서로에게 핵무기를 사용할 가능성을 대내외적으로 공표해왔고, 오랜 시간 북핵 문제를 두고 대립해 온 당사자이다. 따라서 북핵문제를 실질적으로 풀어낼 주체는 미국과 북한이다.

핵무기 사용이 사람들의 생명을 앗아가는 존재이고, 국가를 절멸시키는 대량살상무기임을 미국과 북한은 인지했었다. 북한은 이를 두려워했고, 미국과의 군사적 균형을 맞추기 위해서 핵무기를 60여 년 동안 개발해왔다. 미국 역시 원자폭탄 개발 당시 독일 나치로 인한 두려움으로 만들었다. 하지만 지금은 안보와 타국에 대한 영향력을 끼치는 도구로서 활용되어가고 있다.[32] 미국의 전세계 핵탄두 배치 수는 1770개로 늘어났고, 북한은 핵탄두 45여 기를 보유하고 있다. 두 국가의 핵탄두 수가 증가함에 따라, 양국 모두 핵무기를 포기하면 자국 안보가 붕괴될 수 있다는 신념을 갖고 있으며, 핵무기로 인한 긴장 상태는 고착화되고 있다.

따라서 북핵문제를 해결하기 위해서는 조영식 박사와 이케다 박사의 비핵사상에서 도출된 것처럼 국가 간 비핵화로서의 전진이 이뤄질 것이라는 가능성을 믿고 핵무기를 안보 수단으로 바라보는 것이 아닌 절대 악으로 바라보며 대화를 통해 서로가 신뢰할 수 있는 조약을 통해 단계적으로 비핵화

---

32 스톡홀름국제평화연구소(SIPRI)가 발표한 *SIPRI Yearbook 2023* 보고서에 따르면 2023년 1월 전세계 핵탄두(미사일 앞에 장치하여 핵폭발 장치) 현황이 미국은 1,744개에서 1,770개로 늘어났고, 북한은 45기를 보유하고 있다고 나와 있다.

프로세스를 만들어나가는 것이 현 정치적 상황에서 급선무이다.

　지금까지 미국은 북한에게 '완전한 비핵화'를 요구하면서, 군축협상을 하지는 않았다. 군축협상을 하게 된다면 북한이 핵보유국으로서 사실상 인정을 받기 때문이다. 하지만 현실은 북한이 이미 핵무력을 완성해냈고, 북핵문제를 시급히 해결해야한다. 만약 미국 북한 간의 핵 군축 조약을 맺지 않는더라면 북한의 핵탄두 개수는 늘어나며, 기술 역시 지속적으로 발전시킬 가능성이 높다. 북한이 핵개발을 추진해 온 동기는 미국의 핵위협으로부터 시작해왔다. 따라서 미국도 핵군축의 노력을 보여줘야 북한이 오랫동안 갖고 있던 의심을 해소시켜 줄 수 있다. 이를 위해서는 북한을 절대적인 악으로 보는 시각은 지양해야 한다. 미국 역시 사람들의 생명을 앗아가는 핵무기를 포기하지 않고, 오히려 핵탄두의 개수를 증가시켰기 때문이다. 민주주의를 지키고 인권을 수호한다고 말하는 미국 역시 핵군축에 나서야 하며, 북한과의 군축 조약을 필두로 많은 국가들에게 모범을 보이는 용기 있는 실천이 필요하다. 미국이 바라는 전 세계에 핵무기의 수평적 확산을 막기 위해서라도 자국부터 핵군축에 나서는 정의로운 행동을 보여야 국제질서 속 그토록 미국이 원하는 헤게모니를 다시 잡을 수 있고 신뢰받는 패권국이 될 것이다.

　핵군축 조약이 어려운 상황이라면, 이케다 박사가 제시한 양국 간 핵무기 선제사용금지 각서를 통해 서로가 공격 의사가 없음을 확인해볼 필요가 있다. 북한이 핵무기를 발사할 경우 자멸한다는 것을 알고 있고, 미국 역시 대량살상무기인 핵무기가 갖고 있는 의미와 파장력이 크다는 것을 인지하고 있다. 북중러-한미일로 대립하고 있는 상황에서 한반도의 핵전쟁 위협을 없애고, 평화를 유지하기 위해서는 미국과 북한이 대화를 통해 서로에게 핵무기를 먼저 발사하지 않는다는 본래의 의사를 확인해야 한다. 북한은 핵무기를 국제사회에서 평화를 수호하는 역할로 사용한다고 스스로 말해왔으며,

미국은 NPT를 주도한 국가이고 가입을 한 상황으로 '핵무기선제사용금지' 각서는 이뤄질 수 있는 현실적인 조약이다. 북한의 핵 동기를 보면, 체제 유지와 안보, 경제적인 이유로 사용되어왔다. 북한이 선제공격을 하기 위한 도구로서 핵무기가 개발된 것이 아님을 인지해야 한다. 북한의 동기와 의사를 정확히 파악하고, 그에 따른 조약들을 맺어나가고 양 측이 양보를 해서 풀어나가야 되는 것이 북핵문제이며, 이를 통해 핵무기가 사람들의 생명을 잇아가고 국가를 파괴하는 일임을 동시에 깨우치는 것이 필요하다.

조영식 박사와 이케다 박사의 평화사상으로 도출된 미국과 북한의 핵 군축 조약 및 양국 간 핵무기선제사용금지 각서는 북핵 문제를 다루는 데 있어서 이전의 비핵화 정책과는 다르며 실현 가능한 새로운 해결법으로 의의가 있다. 미국과 북한 중 어느 한 쪽에게만 일방적으로 유리한 조약이 아닌 두 국가 모두가 비핵화를 위해 노력해야 함을 전제로 하고 있다. 미국에게는 북중러 체제의 공고화를 막기 위해서라도 지금의 북핵문제를 시급히 해결해야 하며 경제 제제와 같은 기존의 방법으로 가능하지 않다. 따라서 핵무기선제사용금지 각서를 상호 간에 맺으면서 당장의 군축이 이루어지지 못하더라도 양국 간 고조되는 핵 위협을 완화 시킬 수 있다. 북한도 미국이 북한에 핵무기를 사용하지 않겠다는 약속을 받아냈다는 것을 활용하여 체제를 안정적으로 유지해나갈 수 있다. 핵 군축 조약도 북한의 고도화 된 핵무기 기술의 사용을 방지하기 위해서 미국 역시 소량이라도 단계적으로 핵 군축에 나서는 모습을 보여주는 것이 미국의 장기적인 이익에도 도움이 된다.

조영식 박사와 이케다 박사의 평화사상을 기반으로 한 핵 군축 조약 및 핵무기선제사용금지 각서를 통해 당장의 북핵위협을 해결하는 데에 있어 미국과 북한이라는 두 국가를 납득시키기 위해서 국익에 유리하다는 현실적인 논거를 제시하며 타당성을 밝혔다. 하지만 가장 중요한 것은 위 방법들은 인간의 생명은 존엄하고, 핵무기의 본질은 절대 악임을 바탕에 두고 있으며 핵무기를 사용하지도 않고, 없애나가는 발판으로서의 단계적 프로세스이다. 상호 간 핵무기의 위험성을 인식한 후 진실한 대화를 통해 맺은 핵 군축 조약과 핵무기선제사용금지 각서는 생명존중의 한반도 시대를 열어나갈 것이다. 위 방법 이외에도 조영식 박사와 이케다 박사의 평화사상의 공통점을 바탕으로 하여 개인 차원, 집단 차원, 사회 차원 등 여러 차원에서 북핵문제를 해결할 다양한 방법들이 나올 수 있다. 향후 조영식 박사와 이케다 박사의 평화사상을 원칙으로 하여 외교정책을 수립해나간다면 비핵화와 같은 여러 정치적 난제들을 보다 근본적이고 효과적으로 해결해나갈 수 있을 것이다.

다시로 야스노리 (田代康則)

일본 소카대학교 학사 및 석사 졸업 후 창가학회(創價學會) 본부 근무. 1990년부터 소카대학교에서 근무하며 이사, 총무국장, 부이사장 등 역임. 2004년 소카대학교 이사장에 취임하여 현재에 이름.

김수갑

법학 박사(헌법학). 충북대학교 법학전문대학원 교수. 충북대학교에서 제21대 총장, 전국 국공립대학교 총장협의회 회장, 한국헌법학회 부회장 등을 역임했음.

양병기

정치학 박사(연세대학교). 제34대 한국정치학회 회장. 청주대학교 명예교수. 현재 세계평화연구원 원장. 주요 저서 『현대 남북한 정치론』(법문사, 2014).

신대순

행정학 박사. 경희대학교 행정대학원 명예교수. 밝은사회국제클럽(GCS) 한국본부에서 이사, 부총재, 사무총장을 역임했음. 내무부(현 행정자치부) 새마을운동담당 전문위원 등을 역임했음.

홍덕화

한국군사문제연구원 이사. 조선일보, 국제뉴스 기자 근무 후 연합뉴스에서 홍콩특파원, 정치부 통일외교팀 차장, 북한부장, 홍보기획부장, 국제경제부 선임기자, 콘텐츠평가위원 탐사보도팀 부국장, 독자부 기자 등을 역임했음. (사)한국국제개발연구소(KIDI) 이사, 대한카누연맹 이사 겸 국제위원장. 주요 저서에 『두 개의 중국과 실리외교』(1998, 자작아카데미), 『과거청산과 통합: 독일. 프랑스. 스페인. 칠레. 체코슬로바키아. 캄보디아, 베트남의 과거사 청산 사례에서 살펴보는 통일한국의 성공 조건』(2016, 북한인권정보센터,共), 『경희대 설립자, 유엔 세계평화의 날 주창자: 미원 조영식 전기』(2022, 이지출판사) 등이 있음.

하영애

정치학 박사(국립대만대학교). 조영식 · 이케다 다이사쿠 연구회 회장. 학교법인 경희학원 이사. 경희대학교 후마니타스칼리지 교수, 여교수회 회장, 중국 북경대, 청화대 방문교수 등 역임. 1994년에 사단법인 한중여성교류협회 설립 및 회장 취임. 경희대학교와 일본 소카대학교 설립자 연구에 중점을 두고 조영식 · 이케다 다이사쿠 연구회를 설립. 주요 저서로서 『아름답고 풍요롭고 보람 있는 BAR 사회』, 『한중사회 속 여성리더』, 『밝은사회 운동과 여성』, 『한중사회의 이해』, 『중국현대화와 국방정책』, 『대만 지방자치 선거제도』, 『조영식과 평화운동』, 『조영식과 이케다 다이사쿠의 교육사상과 실천』, 『조영식과 이케다 다이사쿠의 교류협력과 문명융합』, 『조영식과 민간외교』. 『대만을 생각한다』, 『중국을 생각한다』 등이 있음.

정다훈

외교학 박사(중국 북경대학교 국제관계대학원). 서강대학교 글로벌 한국학부 대우교수 및 중앙대 국익연구소 전임연구원. 경희대학교 평화복지대학원(GIP) 아태지역학 석사 및 미국 예일대학교 동아시아학 석사. 일본 와세다 대학교 아태지역학 대학원 연구 펠로우 및 카자흐스탄 키맵(KIMEP)대학교 조교수 역임. 주요 저서로서 『빅데이터 시대의 중국학』(서울: 북코리아, 2021), 『그랜드 피스투어: 유럽에서 전쟁과 평화를 묻다』(서울: 서해문집, 2020), 『평화 무임승차자의 80일』(서울: 서해문집, 2016), 『아빠와 딸이 여행을 하며 고전을 이야기하다』(서울: 휴머니스트, 2007), 『다훈이의 세계 신화여행』(서울: 휴머니스트, 2005년, 공저), 『클릭! 차이나』(서울: 도서출판 씨엘, 2001) 등이 있음.

권찬호

중앙대, 국방대, 미국 노스웨스턴대학교에서 정치학을 전공 후 독일 라이프치히대 교육학과 교환교수 역임. 제22회 행정고시 합격, 국무총리실 근무, 대통령 비서실 외교안보수석실 선임행정관, 제도개선비서관, 의전비서관, 주미 시애틀총영사 등 역임. 상명대학교 행정학과 교수, 총장실장, 대학원장, 교학부총장을 지낸 후, 현재 상명대 수탁 은평구평생학습관장으로 재직 중임. 주요 저서로 『집단지성의 원리』(박영사, 2022), 『협력의 원리』(박영사, 2023) 등이 있음.

이윤진

교육학 박사(숭실대학교 대학원 평생교육학과). 숭실대학교 글로벌HRD연구소 연구교수. 주요 연구분야는 평생학습, 교육정책, 지역공동체 평생학습활동, 폭력예방교육, 양성평등교육 등임. 평생교육 및 교육강사 대상 교수학습설계, 디지털 시민성 함양, 양성평등 관련 교원 연수 등에 관해서 강의하고 있음.

김보연

교육학 박사(일본 소카대학교). 경희대학교 무용학부에서 학사, 경희대학교 교육대학원에서 석사 학위 취득 후, 일본 소카대학교 문학연구과에서 교육철학 전공으로 박사학위 취득. 신구대학교 평생교육원, 한국문화예술교육진흥원, 서울문화재단, 학교 현장에서 예술교육 기획 및 실행. 주요 연구로는 "한국에서의 무용교육의 전개(韓国における学校舞踊教育の展開)", "무라이 미노루의 교육관에서 해석한 학습자 중심의 학교무용교육의 가치", "세기전환기의 새로운 무용교육: 한국 문화예술교육정책에서 학교무용교육의 사례연구(世紀転換期における新たな舞踊教育-韓国の文化芸術教育政策における学校舞踊教育のケーススタディ-)" 등이 있음.

유동민

중앙대학교 정치국제학과에 재학 중. 제3기 조영식·이케다 다이사쿠 펠로우(2023년). 서울특별시의회 의정모니터 요원(2022년). 제로서울 프렌즈(2023년). 중앙대학교 국제홍보대사 GLAM 12기를 역임. 한국정치학회 대학생 기자단으로도 활동, 2024년도에는 한국정치학회에서 주관하는 지역 경쟁력 강화를 위한 대학생 정책 제안 공모전에서 우수상을 수상함.

■ 연구회 소개

◈ 설립 목적

조영식 박사와 이케다 다이사쿠 박사의 교육, 문화, 평화, 종교 등과 관련된 사상과 철학, 운동을 심층적으로 연구 및 실천하여 아름답고, 풍요롭고, 보람 있는 BAR(Beautiful, Affluent, Rewarding) 사회를 만드는 데 목적을 둔다.(2016년 설립)

◈ 주요 활동

1) 연구: 조영식과 이케다 다이사쿠의 사상, 철학, 운동에 관해서 연구한다.

2) 소통: 학술 행사나 특강을 통해 연구 주제와 결과를 공유 및 확산한다.

3) 연대: 국내외 기구 및 인사와의 학술적 교류 · 연대를 넓힌다.

4) 실천: 사상 · 철학을 실천 운동으로 연결해 나간다(교육, 사회운동 등).

5) 후계: 인간성 회복과 평화 구현을 위한 젊은 인재를 양성한다(조이 펠로우 장학생 사업).

◈ 주요 출판물

『조영식과 이케다 다이사쿠의 생태문명과 평화운동』(연구회 총서 제3권, 한국학술정보. 2023)

『조영식을 생각한다: 조영식 박사 탄생 100주년 기념문집』(한국학술정보. 2021)

『문화세계의 창조와 세계시민』(연구회 총서 제2권, 한국학술정보. 2020)

『조영식과 이케다 다이사쿠의 평화사상과 계승』(연구회 총서 제1권, 한국학술정보. 2018)

『조영식과 이케다 다이사쿠의 교류협력과 문명융합』(한국학술정보. 2017)

『조영식과 이케다 다이사쿠의 교육사상과 실천』(한국학술정보. 2016)

일본 소카대학교 교류 간담회(2018년)

이케다 다이사쿠 사상 국제 심포지엄(중국, 2018년)

제3회 공동 심포지엄(2019년 7월 3일)
– 대주제: 평화사상과 실천
– 기조연설: 조영식·이케다 다이아쿠의 평화 사상과
  코스모폴리터니즘
– 연구발표: 인간주의 사상, 세계시민성 등

조영식·이케다 다이사쿠 평화포럼 2022
– 대주제: 평화·지구·미래를 위한 대화
– 기조연설: 조영식의 평화운동, 이케다 다이사쿠의
  지속가능한 평화
– 연구발표: 평화철학, 1·26제언 연구, 지속가능발전,
  펠로우 발표 등

- 1921년 평안북도 운산 출생
- 경희대학교 설립자 겸 학원장, 밝은사회국제클럽 국제본부 총재
- 세계대학총장회 영구명예회장, 평화협의회 의장
- 인류사회재건연구원 총재, 일천만 이산가족 재회 추진위원회 위원장 등
- 유엔 평화공로 특별상, 마하트마 간디상, 만해평화상, 국민훈장 무궁화장 등 수상
- 소카대학교 법학명예박사, 모스크바대학교 평화철학명예박사 등 수여

"21세기의 인류사회는 더 말할 것 없이 인간을 과거와 같이 정신적 존재 또는 육체적 존재로만 편협하게 떼어 보는 것이 아니라, 정신과 육체를 가지고 통정된 인격적 존재로 보는 사회가 되어야 하므로, 사회에서 인간을 가장 존중해 주고 인격을 높이 평가하는 인격적 인간사회 즉, Human-centrism(重人思想에 의한 인간중심주의)의 사회가 되어야 한다는 것이 나의 지론이다."

"나는 그것을 Oughtopia - 당위적 요청사회라고 명명하였다. 그 Oughtopia는 즉 소망스러우면서도 소망할 수 있는 인간의 이상사회라는 의미에서, 과거 소망만을 바라보던 비현실적, 비당위적 이상사회를 지향했던 유토피아와 구별한다. 이 이상사회는 인간이 행복하고 값있기 위하여 당위적으로 그렇게 살아야 한다는 의미에서 ought(當爲)와 topia(場所) 즉, Oughtopia라고 이름한 것인데 이것은 인간으로서 바랄 수 있고 또 당위적으로 그래야 할 실현 가능한 사회라는 뜻에서다. 그것은 BAR 즉, 정신적으로 아름다운(spiritually Beautiful) 사회, 물질적으로 풍요하고(materially Affluent) 편익하여 살기 좋은 사회, 인간적으로 보람 있는(humanly Rewarding) 사회를 말한다."

『오토피아』에서

◈ 이케다 다이사쿠 박사 Profile

• 1928년 일본 도쿄 출생
• 일본 소카대학교 설립자, 국제창가학회(SGI) 회장
• 미국 소카대학교 설립자, 도다기념국제평화연구소 설립자
• 계관시인, 세계민중시인, 로마클럽 명예회원, 퍼그워시회의 명예의장
• 유엔평화상, 유엔인도상, 타고르평화상, 대한민국 화관문화훈장 등 수상
• 경희대학교 명예철학박사, 모스크바대학교 명예박사 등 수여

"우리 인류가 도전해야 할 과제는 단순히 전쟁이 없다는 소극적 평화의 실현이 아니라, '인간의 존엄'을 위협하는 사회구조를 근본부터 변혁하는 적극적 평화의 실현입니다. 따라서 국제협력과 법제도의 정비도 필요하겠습니다만, 그보다 더 중요한 것은 그 기반이 되는 '평화의 문화'입니다.… 법률, 제도라 해도, 그것은 인간이 만들고 인간이 운용하는 것입니다. 만약 내적인 인격의 연마를 소홀히 한다면 아무리 훌륭한 시스템이라 해도 원활하게 기능한다는 것은 불가능할 것입니다.… 나날의 행동 그리고 착실한 대화를 통하여 '생명의 존엄', '인간의 존엄'에 대한 서로의 마음을 높여 가는 가운데 '평화의 문화'의 토양이 풍부해져 새로운 지구문명은 꽃피는 것입니다."

"인간의 정신은 어떠한 곤란한 상황도 타개하고 더욱 풍부하고 결실 있는 가치창조를 성취하는 힘을 갖추고 있습니다. 이러한 위대한 정신의 힘을 인간 각자가 종횡으로 개화하면서 변혁을 지향하는 연대의 기반을 강하게 하여 '평화의 문화'를 구축해 간다. ─ 여기에 제가 '생명의 세기'로 이름 한 21세기의 가장 중요한 최대의 도전이 있다는 것을 호소합니다."

제25회 SGI의 날 기념제언『평화의 문화, 대화의 대륙』에서

조영식과 이케다 다이사쿠의
평화 창출 리더십

초판인쇄 2025년 5월 26일
초판발행 2025년 5월 26일

지은이   하영애
펴낸이   채종준
펴낸곳   한국학술정보(주)
주   소 경기도 파주시 회동길 230(문발동)
전   화 031-908-3181(대표)
팩   스 031-908-3189
투고문의 ksibook1@kstudy.com
등   록 제일산-115호(2000. 6. 19)

ISBN   979-11-7318-420-8 93330